KB174760

스포츠경영

■ P. Chelladurai 저

■ 신경하 · 한지희 · 이희화 공역

이담 Books

:: 감사의 말

작가들이 자신의 연구에 도움을 준 사람들에게 감사를 하는 것은 전통적인 일이다. 나의 전문적 성장에 도움을 준 두 개인 Earle F. Zeigler 교수와 Albert V. Carron 교수에게 감사하는 마음을 표현하고 싶다. 그들은 그들만의 독특하고 흉내 낼 수 없는 방법으로 나에게 무엇을 어떻게 해야 하는지를 보여주었다. 신뢰와 지속적인 격려, 긍정적인 의견은 나를 전진하게 해주었다. 하지만 그들은 내 책의 빈약함과 견해에 대하여 책임이 있지는 않다. 말을 물가에 데리고 갈 수는 있지만 물을 먹일 순 없지 않은가!

또한 나의 학구적 추구에 도움이 되어준 Western Ontario 대학 체육학부에 감사를 표하고 싶다.

내 원고의 대부분을 읽어준 친구이자 동료인 Terry Haggerty에게도 감사를 전한다. 그의 제안과 의견들은 아주 유용했다.

마지막으로 이 책을 쓰기 위한 시간을 마련하게 한 캐나다의 '사회적 공부와 인류의 연구를 위한 회의'에 굉장한 감사를 전한다.

:: 머리말

스포츠경영의 선생이자 학생으로서 스포츠경영의 성질과 생산품, 목표의 명확함, 조직 행동의 구별과 통합성 등 스포츠경영의 대규모 문제점에 대한 책이 부족해서 좌절한 적이 있다. 과거에 나는 학생들에게 다른 분야의 책을 나의 강의를 보충하기 위하여 읽으라고 한 적이 있다. 이 책은 그 공허함을 채우기 위함이다.

이 책에 담긴 생각들을 표현하는 방법은 여러 가지가 있지만 나는 스포츠경영의 큰 문제점을 전통적인 경영의 기능(계획, 조직화, 통솔, 평가)들로 강조하였다. 내 생각으로 기능을 중점으로 한 접근법은 경영과 조직을 분석하기에 유용한 방법이라 생각된다.

나는 이 책이 재학생과 졸업생, 전문 종사자들 모두 사용할 수 있는 자료를 제시하려고 하였다. 재학생들은 내용이 전문어가 없고 직접적이기 때문에 쉽게 이해할 수 있을 것이며, 졸업생들은 더 다양한 내용에서 적절하게 참고를 할 수 있을 것이다.

이 책은 내가 재학생들과 졸업생들의 교육과정에서 지난 10년간 가르친 내용을 담고 있다. 물론 내가 가르쳐왔던 것은 체육교육과 경영과학, 교사/코치로서의 내 경험 모두에 기반한 훈련의 산물이다.

나의 개인적 편견은 내가 선택한 학설, 참고문, 다양한 문제에 대한 나의 견해에서 분명할 것이다. 한 관점에서 볼 때 이러한 나의 편견은 약점이 될 수 있다. 하지만 다른 견해에서 볼 때 이것은 선생님들에게 책과 반대된 자신의 시점에 대하여 말할 수 있다. 무엇이 스포츠 경영에 더 좋은 범위를 제공하겠는가?

마지막으로 만약 이 책에서 보람이 있는 내용을 찾는다면 다른 사람에게도 제발 전해 주길 바란다. 부족한 부분을 찾는다면 나에게 말해주길 바란다.

::서 문

직업적 즐거움 중 하나는 내가 흥미를 갖고 있는 주제에 관한 새로운 책을 위하여 서문을 써달라고 질문을 받는 일이다. 부탁하는 사람의 배경과 경험에 큰 믿음을 갖고 있다면 이것은 더욱 더 사실이다. 만약 이 사람을 동료와 친구로서 개인적으로 알고 존경한다면 그 사람을 위하여 몇 글자 쓰는 재미는 더욱 증가된다. 하지만 만약 이 사람이 캐나다에 온 이후의 발전에 연관이 있다면 그 사람으로 인한 새롭고 소중한 책의 탄생은 더욱더 떨리고 감동적이다. 이것이 나와 Chelladurai 박사가 쓴 이 책과의 관계이다.

내 생각에 Chelladurai 박사는 세계 스포츠경영 분야에서 독특한 인물일 것이다. 독특하다는 것은 Chelladurai 박사가 지식과 능력, 기술, 국제적으로 겪은 실제적인 경험과 결합하여 이 주제에 이론적으로 내세운다는 것을 뜻한다. 예를 들어, 그의 체육과정 학위는 경영과학 박사학위가 추가되었다. 점수 또한 상당히 높다. 추가적으로 그는 30년간 두 개의 대륙에서 성공적인 경험을 가졌다. 또한 그는 이 분야에서 가장 작품이 많은 사람 중 하나다(다른 한 사람은 캘리포니아 대학의 Bonnie Parkhouse 박사이다).

이 책은 작가의 우수한 이론적 지도를 사용하여 사람들이 스포츠 조직 또는 부서를 위해 준비할 수 있게 해주는 첫 책이다. 내가 이 책의 내용물과 각 장들을 보면 이론적 지도는 실제적 직장에서의 경험도 다루었다. 여기서 사용된 출처들은 사용할 수 있는 것들 중 최고란 것에 대한 것에는 의문이 없다. 추가적으로 각 장 뒤에는 개인과 그룹을 위한 질문들이 있다.

이 책이 전문적 교육과정에 적합한지는 교육과정 계획과 각 대학과 대학원 교과과정에 따라 결정된다. Western Ontario 대학에서는 체육학위 프로그램으로 전문화된 경영자들을 키우는 중으로 관리자 또는 경영자는 (1) 기초적인 경영과정을 대학 전이나 지금 경험하고 있어야 하며 (2) 과정에서 이론적으로 전공해야 한다고 합의를 보았다. 더욱이 우리는 다양한 실험경력이 공급된 경영 능력을 믿는다.

그러므로 Chelladurai 박사의 책은 스포츠경영을 전공으로 할 사람에게 감탄할 만큼 정확한 이론적 지도를 제공할 것이다. 난 Chelladurai 박사와 박사의 책을 높게 기린다.

Earle F. Zeigler
Ph. D., LL. D., FAAPE
Western Ontario University

:: 목차

제5장 통솔: 동기부여의 기초

제6장 통솔: 대인관계 과정

제7장 평가

제1장
경영

1. 경영의 의미

경영에 대한 정의는 많지만 공통적으로 경영은 동일한 목표를 향해 다른 사람들의 노력을 조정하는 것이라고 할 수 있다. Robbins (1976)는 경영을 "여러 사람들을 통해 효과적으로 활동을 성취할 수 있는 보편적인 방법"(p.15)이라 하였다. 이 간략한 뜻을 부연하기 위해 그는 다음과 같이 표현하였다.

> 경영학 서적들을 보면 경영의 뜻을 세 가지의 단어로 표현하였다. 목표, 제한된 자원, 사람(p.15).

목표와 사람의 중요성은 경영 초기부터 강조되었다. 예를 들어 1911년 Taylor는 모든 일은 과학적으로 분석될 수 있으며 그 일에 있어서 가장 좋은 한 가지 방법이 있는데 성과급(ex. 봉급을 직원이 하는 일만큼 주는 것)이 직원들로 하여금 이 가장 좋은 방법을 확실히 따르게 하도록 하는 데 유용하다고 제안하였다. 이러한 일에 대한 분석의 결과는 시간과 행동에 대한 연구, 적절한 작업 환경과 장비에 대한 디자인이 수반된다. 일을 디자인한다는 이 고전적인 생각(과학적 경영으로 알려진)은 아직까지도 모든 선진국의 비즈니스와 산업에 퍼져 있다. 스포츠/신체활동 분야에서 선생님들과 코치들은 기술과 전략을 실행할 수 있는 가장 좋은 방법에 대해서 이야기하고, 끊임없이 새로운 장비와 도구를 만들기 위해 노력한다.

일에 대한 Taylor의 독보적 집중과는 대조적으로 1933년 Mayo는 조직에서 인간이란 요소에 집중해야 한다고 강조했다. 그의 연구에서 사람들은 기계 속에서 일하는 단순한 일꾼이 아니며 본인의 필요와 욕구에 의하여 생산력이 좌우된다고 하였다. 경영에 대한 관점이 사람으로 이동한 것(인간관계 활동이라 한다)은 경영사고 발전에 크게 기여했다. 하지만 과학적 경영 접근과 같이 인간관계 활동 역시 경영 활동의 단 한 가지 요소에만 집중되었기 때문에 비판의 대상이 되었다. Robbins의 정의에서처럼 최근 경영이 일과 사람 모두에 강조하고 있는 것은 전혀 놀라운 일이 아니다. 이 접근법을 Behavioral Movement(일과 사람, 과정을 하나로 모아 준다)라고 한다.[1)]

1) 경영이론의 진화는 행정경영과 운영연구 같은 다른 접근법을 포함한다. 여기에선 간결성을 위해 생략한다.

2. 경영의 기능

'경영'에 대한 개념을 명백하게 잡기 위해선 경영자들에게 필요한 기능들을 조사하면 알 수 있다. 사업 활동을 능률적으로 완수하기 위해서 경영자는 특정과정에서 서로 다른 기능을 할 수 있도록 사람들을 고용해야 한다. 이 기능들은 1916년 Fayol의 저서 <General and Industrial Management>에서 설명됐다. Fayol은 경영이 계획, 조직화, 통솔, 조화, 통제로 구성되어 있다고 생각하였다. Fayol의 독창적인 리스트가 제시된 뒤 경영의 기능에 대하여 많은 논의가 있었다. 그 결과로 경영 기능의 수와 종류가 바뀜을 경험하였으나 현대 스포츠경영의 관점에선 4가지 기능인 계획, 조직화, 통솔, 평가가 강조된다.[2)]

2) 더 포괄적인 경영의 기능들은 계획, 편성, 직원, 감독, 조화, 보고, 예산관리 등을 포함한다. 몇 기능들은 4가지 기능을 강조한 외관으로 볼 수 있다. 예를 들어 예산관리는 계획의 부분이고, 직원채용은 편성기능의 한 부분이라고 생각할 수 있다. 조화는 조직화와 통솔 기능에서 보장된다. 이와 같은 이유로 주 4가지 기능만 토론된다.

1) 계획

계획에는 조직과 조직구성원들에게 목표를 정해 주고, 목표달성을 위한 특정활동이나 프로그램을 자세히 구체적으로 쓰는 것 등이 포함된다. 1976년 Robbins가 지적한 것처럼:

> 계획은 우리가 현재 있는 곳과 우리가 있고 싶어 하는 곳의 사이를 연결해 주는 것이기 때문에 4가지 기능 중 가장 기초이다. 더불어 계획은 실행하기 전에 결정을 요구하기 때문에 계획하는 중에 계속 의사결정을 하여야 한다. 하지만 의사결정만으로 계획이 되는 것은 아니다(p.16).

계획과정에서 경영자는 조직 활동의 제약을 확인해 두어야 한다. 조직의 목표와 목표달성을 위한 방법은 조직의 재정능력에 맞아야 함과 동시에 조직 활동이 사회적으로 받아들여질 수 있어야 한다. 계획은 미래의 상태를 예측하는 것까지 포함된다. 예를 들어, 개인 헬스장을 만들 경우 경영자나 소유자는 시장흐름뿐만 아니라 시장의 미래가능성과 어떤 운동을 선호할지까지도 고려하여야 한다.

목표와 방법이 결정되면 정책, 진행과정, 방법, 표준, 규칙 등의 형태로 공식 문서화되어야 한다. 공식문서는 조직구성원들에게 무엇이 이루어지고 어떻게 이루어져야 하는지 윤곽을 그리기 위한 것이다. 뿐만 아니라 이 문서는 고객들로 하여금 조직과 조직 구성원들에게 무엇을 기대할 수 있는지 알려 준다.

대학 미식축구 팀의 수석코치를 예로 생각해 보면 수석코치는 팀이 쟁취할 챔피언십이나 승수를 목표로 정한다. 목표를 정할 땐 재정적 문제, 선수들의 능력, 상대팀을 고려한다. 더불어 목표를 달성하기 위한 방법은 경기, 리그, 대학의 규칙과도 맞아야 하며 사회적 기대치에도 부합되어야 한다. 그 다음 수석코치는 목표와 목표달성을 위해 전략과 전술의 형태로 표현한다. 계획은 전체 시즌이나 시즌을 넘어서도(장기계획) 할 수 있고, 몇 게임만을(단기계획) 할 수도 있다.

모든 계획과정을 보통 세분화, 정책 세우기, 전략 만들기, 기타 등등으로 나타나나 여기서는 계획이라는 보편적인 말로서 서로 다른 많은 구성요소들을 다루게 된다.

2) 조직화

경영의 두 번째 기능인 조직화는 계획과정에서 제시된 모든 일을 구체적으로 나누고 일과 일을 하는 사람들 간의 관계를 설정한다. 계획과정이 무엇이 어떻게 이루어져야 하는지를 설명한다면 조직화과정은 누가 무엇을 해야 하는지를 상세히 설명하게 된다.

조직화는 개별직원뿐만 아니라 그룹 내 직원들에게도 관련된다. 모든 큰 조직에서는 여러 그룹들이 정형화된 형태로 만들어지고 서로 다른 부서나 팀으로 지정된다. 이 그룹 또는 부서는 조직화과정의 중요한 구성요소이다.

역할과 부서가 만들어진 후 적합한 사람들에게 적절한 일을 배정하는 것은 중요하다. 직원배치 단계가 비효율적이거나 비효과적이라면 전 단계에 들어간 모든 노력은 쓸모없게 된다. 실제 많은 이론가들이 이 단계에 중요성을 강조하며 아예 다른 기능으로 취급하기도 한다.

조직화단계의 또 다른 필수적인 요소는 조직 내 사람들의 활동을 조율하는 방법을 명확히 기술하는 것이다. 이것은 조직 내의 지휘계통을 정의하는 정형화된 서열을 만들어 주면 된다. 모든 조직에는(아주 작은 조직은 제외) 개인들과 조직 내 부서 간의 관계를 정의해 주는 조직적인 차트가 요구된다.

미식축구 코치의 경우 코치는 선수들을 공격수, 수비수, 특수 팀으로 나누어 적합한 선수를 적당한 포지션에 배치해야 하고, 선수 개개인에게 모든 경우에 무엇이 요구되는지를 알려 주어야 한다. 플레이북은 이런 계획들을 작성해 놓은 문서이며, 조율장치로서 사용된다. 또 다른 조화된 형태는 수석코치, 보조코치, 특별코치, 공격주장, 수비주장, 쿼터백 등으로 이루어진 서열관계를 발전시켜 나가는 것이다.

3) 통솔

경영의 세 번째 기능은 통솔로 Barrow(1977. p.232)는 "조직의 목표를 위한 영향력 있는 구성원들의 대인관계 과정"으로 정의하였다. 계획과 조직화 기능이 해야 할 일들을 설정하는 단계라면, 통솔기능은 개개인의 구성원들에게 할당된 일을 능률적으로 할 수 있도록 설득하고 자극하는 것이다.

효과적인 리더가 되기 위해서 경영자는 각 개인에 대한 동기부여 과정, 그들이 필요로 하는 것, 성격, 그들에게 동기부여를 하거나 그 반대가 되는 상황에 대한 실용적인 지식을 갖고 있어야 한다. 사람 간의 상호작용과 관리자, 하급자, 실제상황 사이에서의 상호적인 영향과 개개인마다의 복잡하고 큰 차이 때문에 통솔은 경영 기능 중 가장 어렵고 결정적이다. Likert(1967)는 "인적 요소를 얼마나 잘 관리하느냐에 따라 모든 것이 좌우되기 때문에 사람을 다루는 것이 가장 중요한 과제이다(p.1)"라고 하였다.

다시 미식축구 팀의 예로 돌아가서 수석코치와 부코치가 선수들을 개별적으로나 혹은 그룹으로 선수들의 노력과 좋은 성적에 대해서 격려한다면 그것이 바로 통솔기능이 되는 것이다(ex. 동기부여). 의욕을 유발하는 포스터를 탈의실에 붙여 놓거나 짧은 격려 한마디 등은 리더(혹은 동기부여자)로서 코치가 쓰는 기법이다.

4) 평가

마지막으로 경영자는 조직 전체로서, 다양한 부서로서, 개개인으로서 해야 할 일을 제대로 하였는지 등급을 매겨야 한다. 이 과정이 평가이다. 평가는 조직의 성취도가 기대치에 못 미칠 경우 바로잡기 위한 필요한 피드백을 경영자에게 제공하게 된다.

평가과정에서는 성과를 측정하고 계획과정에서 수립한 성과표준치와 비교하게 된다. 경영자는 만약 성과가 설정된 표준치를 만족하지 못하였을 때, 기대치가 비현실적이라고 판단되면 경영자는 성과기대치를 낮출 수 있고, 반대로 조직구조, 의사전달방법, 통솔방법 등을 바꾸거나 또는 원하는 성과를 이루었을 때 보상시스템을 생각할 수 있다. 무엇을 어떻게 해야 할지 결정하는 과정에서 평가는 필수적이다. 다른 강조할 만한 중요한 점은 평가가 프로그램 활동 시작 시의 전력상 중요한 시점부터 활동의 끝까지 이루어져야 한다는 것이다.

축구 코치가 녹화한 경기를 본다거나 시합의 통계치를 철저하게 연구하는 것은 평가기능인 것이다. 코치 자신의 주관적인 관찰과 세세한 기록들은 다음 경기에 적용할 전략과 전술을 다듬거나 계획할 때 사용된다.

이상에서 기술한 4가지 경영과정은 순서대로 일어날 것이라는 기대를 줄지 모른다. 하지만 이것은 진실과는 동떨어진 이야기다. 조직이 새로이 만들어지거나 독립적인 프로젝트가 시작되어서 이 일련의 경영과정들이 순서대로 일어날 수 있다 하더라도 현실적으로는 일 진행 중에 동시에 일어날 수도 있고 순차적으로 일어날 수도 있다. 또한 이 과정들이 서로 독립적일 수 없다는 것은 매우 중요하다. 예를 들어, 평가과정에서의 피드백은 목표설정(계획 과정)과 개개인에게 분배된 일(조직화 과정), 지도자의 행동(통솔 기능)에 영향을 미친다.

3. 경영의 기술

경영의 개념은 계획, 조직화, 통솔, 평가인 4가지 경영기능을 관찰함으로써 이해 할 수 있을 뿐만 아니라 이 기능들을 구현하는 데 필요한 기술들이 무엇인지 결정함으로써 알 수 있다. Katz(1974)는 경영에 필요한 전문적 기술, 대인관계 기술, 개념적 기술 등 세 가지 기술을 제시하였다. Katz는 모든 기술은 이 세 가지 기술로 이루어진 계층구조 내에 포함되는데 전문적 기술이 기반이 되고 그 위에 대인관계 기술이 있고 개념적 기술이 맨 위에 있다고 하였다.

Katz가 제시한 3단계의 개념화된 경영기술에서 경영자는 만들어지는 것이 아니라 타고난다는 전통적인 생각에 기반을 둔 것이다. 초기에 Katz는 이 기술들은 타고난 자질과는 무관하게 발달시킬 수 있다 했지만, 후기에 가면서 개념적 기술은 청춘기 이후에는 쉽게 발달될 수 없다고 하였다.

1) 전문적 기술

Katz에 의한 전문적 기술은 "특정활동, 특히 방법이 포함된 절차와 기술에 대한 이해와 능력(p.91)"으로 이러한 전문적 기술은 조직이 종사하고 있는 전문분야에만 한정된다고 하였다. 예를 들어, 테니스 라켓을 만드는 전문적 기술은 헬스장을 운영하는 것과는 관련이 없으나 몇몇 전문적 기술은 조직 사이에서 필요하다. 모든 조직은 자신들의 재정 상태를 효과적으로 운영해야 하기 때문에 예산 편성과 회계와 관련된 기술을 필요로 한다.

헬스장의 경영인이 필요로 하는 전문적 기술은 장비에 대한 지식과 사용 경험, 운동의 생리적인 효과, 다이어트, 신체구성 간의 관계, 운동량과 운동규정에 대한 전문기술 등등이다. 또 회계와 법률, 헬스장을 운영하는 것과 관련된 모든 것에 능숙하여야 한다.

2) 대인관계 기술

용어에서 보이듯 경영자에게 대인관계 기술은 사람들과의 상호관계에 중점을 둔다. Katz는 대인관계 기술을 설명할 때 이 점에 강조하였다.

> 그룹 구성원으로서 효율적으로 일하고 그가 이끄는 팀을 협력적으로 만들 수 있는 실행력. **전문적 기술**은 사물(과정 혹은 물질적인 물건)과 일하는 것이 주된 관점인 반면에 **대인관계 기술**은 사람들과 일하는 것에 관점을 둔다. 이 기술은 사람들이 그의 상급자, 동급자, 하급자를 분간하고 인지할 때 잘 드러난다(p.91).

헬스장 경영인의 대인관계 기술은 헬스장 내의 다른 직원(지도자, 의료 전문가, 관리인)들이나 고객들과의 대인관계에 반영된다. 인간은 처리 과정이나 물질적인 물건들보다 훨씬 다양하기 때문에 대인관계 기술이 전문적 기술보다 더 높은 서열에 있다.

3) 개념적 기술

세 가지 기술의 계층구조에서 가장 상위에 있고 복잡한 기술은 개념적 기술이다. Katz는 개념적 기술을 다음과 같이 정의하였다.

> 기업체 전체를 하나로 볼 수 있는 능력. 이 능력은 조직의 각 기능이 어떻게 서로 의존되어 있는지를 이해하고, 한 부분의 변화가 다른 부분들에게 어떤 영향을 미치는지를 아는 것이다. 그리고 개인의 비즈니스를 국가 전체의 산업, 공동체, 정치, 사회, 경제적 영향력으로 확장하여 볼 수 있어야 한다(p.93).

헬스장 경영자를 위해 이 설명이 내포한 뜻은 조직을 전체로서 인식할 수 있어야 하며 경영에 대한 결정은 조직 전체나 일부분(예를 들어 헬스장의 경우 더 비싼 장비를 사겠다는 결정은 파트타임 직원의 임금을 낮추고, 정직원들의 사기에 영향을 미칠 수 있다)에 영향을 미친다는 것을 인식해야 한다. 또한 경영자는 헬스장의 여러 가지 목표(ex. 어떻게 손님의 수를 늘려야 하는지, 서비스의 품질을 높여야 하는지에 대한 고민)에 상대적인 중요성을 가져야 한다.

근래에 와서 Zeigler(1979)는 통합기술과 개인기술이 Katz(1974)의 3가지 기술에 더해져야 한다고 제안하였다. 통합기술은 Katz의 전문적 기술, 대인관계 기술, 개념적 기술을 혼합해 놓은 것이다. 유능한 경영자는 이 세 가지 기술 모두에 능숙하여야 하기 때문에 Zeigler가 이렇게 서로 다른 부문을 통합해 놓은 것은 의미가 있다. 개인기술은 개인의 시간을 관리하고, 생각을 조직화하여 분명하게 하고, 현재 상태와 혁신을 병행하고 훌륭한 경영자를 만드는 다른 여러 특성들의 효과적인 방법을 개발하는 것을 언급한다.

4. 경영자의 역할

경영의 기능과 기술에 대한 논의는 경영자를 충분한 시간, 시야, 이 기능들을 수행할 수 있는 능력을 갖춘 사람으로 보이게 한다. 또한 경영자는 일상적인 일이나 평범한 활동은 하지 않을 것이라고 암시한다. 하지만 이것은 몇몇 연구원(Carson, 1979; Guest, 1956; Mintzberg, 1975; Stewart, 1967)들이 보여준 것처럼 진실과는 거리가 멀다. 이 연구결과는 Carson(1979)이 가장 잘 요약하였다.

> 이 연구를 하기 전에 나는 최고경영자를 자신의 연단에 멀리 떨어져 서 있는 오케스트라의 지휘자로 생각했다. 하지만 지금 나는 경영자를 100명이 넘는 사람들을 줄을 당겨 움직이게 하는 인형극 연기자라고 생각하며 존경심을 표현하고 싶다(p.52).

타 연구에 비해 그 결과가 훨씬 더 명료한 Mintzberg(1975)는 경영에 대한 고전적인 정의는 이제 신화가 되었다고 결론지었다. 그는 예를 들어, 사려 깊거나 체계적인 계획자들이 아니라 경영자들은 "격렬한

속도로 일하며……그들의 활동은 순간적이며 연속성이 없고…… 행동 지향적이며 신중한 행동을 싫어한다(p.50).” 또 그는 일반적인 생각과는 반대되는 것을 찾아냈는데 “경영활동에는 종교적 행사, 의식, 협상, 조직과 그 주변 환경을 연결해 주는 정보처리와 같은 통상적인 일들이 포함되어 있다(p.51).” 마지막으로 경영자는 정형화된 공식적 정보시스템보다는 “전화나 회의처럼 말로 하는 것을 매우 좋아한다”고 하였다.

경영에 대한 고전적인 설명을 듣는 것보다 경영자들이 매일매일 하는 활동을 보면 경영이 무엇인지 설명할 수 있다고 Mintzberg는 제시했다. 경영자의 역할은 대인관계 역할, 정보수집 역할, 의사결정 역할 등 3개의 큰 범주로 나누어졌다. 이것은 <표 1-1>에 설명되어 있다.

〈표 1-1〉 경영자 역할

Reproduced with permission from Minzberg, H. The manager's job: Folklore and fact. Harvard Business Review, 1975, 53, p.55. Copyright(c) 1975 by the President and Fellows of Havard College, all rights reserved.

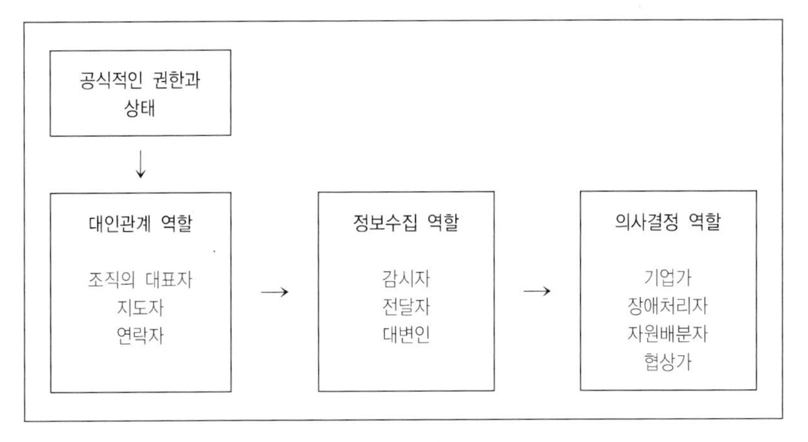

1) 대인관계 역할

경영자의 공식적 자리는 세 가지(조직의 대표자, 지도자, 연락자)의 서로 다른 대인관계 역할을 갖고 있다. 조직의 대표자 역할로 경영자는 조직을 공공에 드러낼 때 의례적 의무를 갖게 된다. 이 역할은 큰 조직에서 특히 더 중요하다. 리더의 역할에서 경영자는 그의 지배하에 있는 직원들을 감독하고 자극하며, 연락자 역할에서는 자신의 부서 또는 조직 외부의 사람들과 네트워크를 구성하고 유지하는 것이 요구된다. 대인관계 역할의 예로서 체육학과 학과장이 공동체의 명예로운 체육인 모임을 연다거나(조직의 대표자), 학과의 조직원들, 개인적으로나 혹은 조직 전체, 보조금 신청의 중요성에 대해 이야기하는 것이나(지도자) 다른 학장, 다른 대학의 총장, 이사들과 만나는 것(연락자) 등을 들 수 있다.

2) 정보수집 역할

세 가지 대인관계 역할에서 접촉하게 되는 사람들과의 연락으로 경영자들은 정보가 넘쳐나게 되고, 이는 그 그룹의 중추신경이 될 수 있다. 정보를 기반으로 하여 경영자는 세 가지의 역할(감시자, 전달자, 대변인)을 하게 된다. 감시자의 역할에서 경영자는 자신의 부서 안팎에서 의식적으로 정보를 수집하게 된다. 여기서 고려할 점은 조직과 관련된 모든 정보를 얻어야 한다는 것이다. 이 시점에서 경영자는 적절한 정보를 하급자들에게 넘겨줌으로써 전달자의 역할로 바뀌게 된다. 세 번째의 역할은 대변인이다. 경영자는 조직을 위해 로비를 하며 부서나 조직에서 일어나는 일을 정당화한다. 학장은 의식적으로 학과에 영향을 미칠 정보를 찾고(감독), 수집한 정보를 관계가 있는 학과의 학과장과 교수들에게 전달하고(전달자), 외부를 대상으로 홍보활동을 하게 된다.

3) 의사결정 역할

경영자의 지위에 부여되는 대인관계 역할, 정보수집 역할, 공식적인 권위는 경영자에게 네 가지의 의사결정 역할을 부여한다. Mintzberg는 네 가지 의사결정 역할로 기업가, 장애처리자, 자원배분자, 협상가라고 하였다. 기업가로서 경영자는 조직의 실행가능성과 유효성을 발전시키는 데에 초점을 두고 새롭고 혁신적인 기획안을 제시한다. 경영자가 이런 새로운 기획안을 제시하는 것은 위에서 설명된 감독직을 통해서 실행된다. 경영자들은 그들의 통제능력을 넘어선 변화와 압박에 대응할 수 있도록 강요당할 수 있다. 경영자는 장애처리자가 되는 것이다. 경영자들은 다른 구성원들에게 할당되는 자원에 책임이 있으므로 경영자는 자원배분자로서의 역할도 책임진다. 직원과 직원이 아닌 사람들 사이의 문제들을 처리하는 협상가의 역할도 있다. 교수진들 사이에서 학장은 어떤 연구가 시작될 때 기업가로서의 역할도 하고, 교수진 내에서 이탈자가 생기면 일의 양을 새로이 조절함으로써 장애처리자가 되고, 부서에 대한 예산분배를 결정할 때 자원분배자가 되며, 갈등을 해결하는 협상가로서의 역할도 한다. Mintzberg는 이러한 역할들은 분리될 수 없으며, 모든 경영자들은 이 열 가지 역할을 효율적으로 수행하여야 한다고 주장하였다. 하지만 "이런 열 가지 역할이 전체를 형성한다고 하여 모든 역할에 균등한 주의를 기울여야 하는 것은 아니다"(p.59)라고 하였다.

5. 경영과정의 개요

경영의 열 가지 역할(대표자, 지도자, 연락자, 감시자, 전달자, 대변인, 기업가, 장애처리자, 자원배분자, 협상가)과 경영의 세 가지 기술(전문적 기술, 대인관계 기술, 개념적 기술)을 검토해 보면 경영의 네 가지 기능(계획, 조직화, 통솔, 평가)과 적지 않은 공통점을 찾을 수 있다. Katz가 주장한 경영자 기술 세 가지는 네 가지 경영자 기능과 쉽게 합칠 수 있다. 예로 계획과 조직화 기능은 대인관계 기술에 필수 조건이며 더 높은 수준의 대인관계 기술을 만들게 된다. 마지막으로 전문적 기술은 경영의 평가단계와 밀접한 관련이 있다.

비슷한 맥락으로서 Mintzberg의 열 가지 경영 역할과 네 가지 경영 기능은 겹치는 점이 많다. 경영자의 기업가 역할과 자원배분자 역할에서의 결정은 감시자의 역할에서 모인 정보를 토대로 한다. 사실상 이것들은 계획기능에 본질적인 요소들이다. 경영자는 중요도에 따라서 우선적인 목표를 결정하고 관련된 모든 정보를 확보한 후에 적당한 방법을 결정하게 된다. 자원들은 목표의 중요도에 따라 배분된다.

〈표 1-2〉 경영의 기능, 기술, 역할의 조화

경영의 기능	경영의 기술	경영의 역할
		감시자
계획		전달자
	개념적	기업가
		장애 처리자
조직화		자원 배분자
		협상가
통솔	대인관계	지도자
평가	전문적	
		대변인
		연락자
		대표자

6. 경영과정의 보편적인 법칙

다양한 여러 조직에서 직원이나 손님들을 경험해 본 사람들은 조직이 규모, 복잡성, 결과, 목표 등등에서 서로 매우 다르다는 것을 알 수 있다. 그러므로 이 조직들이 모두 같은 방법으로 경영될 수 없다는 것은 기본 상식이다. 하지만 앞에서 말했듯 경영의 의미는 "여러 사람들을 통해 효과적으로 활동을 성취할 수 있는 보편적인 방법"(Robbins, 1976, p.51)으로 이것은 매우 일반적이며 이전될 수 있는 과정임을 암시한다. 어떻게 이럴 수 있을까?

간단히 말해서 경영은 어떤 조직이나 계획, 조직화, 통솔, 평가로 이루어지며 그 과정은 모든 조직에서 동일하다. 하지만 이것은 네 가지 경영기능의 방법과 그 결과가 조직마다 서로 다르지 않아야 한다는 것을 의미하는 것은 아니다.

예를 들어 조직의 기능은 전체의 작업을 특정한 역할로 나누고 그 역할들을 다시 중요한 부서들로 분류한다. 이 기능은 작은 조직에서는 한정된 활동과 적은 수의 조직원들로 인해 더욱 간단해진다. 조직화 관점에서는 세 명의 동업자 혹은 직원들이 건강 상담을 해 주는 회사가 40명의 교수와 8개의 프로그램이 있는 체육학과보다 덜 복잡하다. 하지만 중요한 점은 조직화의 기능은 얼마나 간단하고 복잡한지가 아니라 어느 조직에서나 필수적이라는 점이다. 소규모의 건강 상담을 해 주는 회사도 큰 학교와 마찬가지로 조직원 간에 일의 분배가 얼마나 잘 이루어지는지, 얼마나 활동이 잘 관리되고 협력이 되는지에 조직의 기능이 크게 의존된다.

약간 다른 관점에서 볼 때 똑같은 프로그램 또는 똑같은 물건을 만드는 데에도 많은 조직들이 서로 다르게 편성돼 있다는 걸 쉽게 알 수 있다. 예를 들어, 많은 주정부들은 스포츠 및 레크리에이션을 활성화시키는 것에 열중하고 있다. 몇몇 정부는 스포츠와 레크리에이션을 위한 부서가 따로 있으며, 이 조직체를 보건부 또는 교육부에 포함시켰다. 또 다른 예로는 대학교들의 체육부서 구성을 보면 적지 않은 차이점을 찾을 수 있다(제4장 <그림 4-1> 참고).

위에서 보여준 예들은 편성 과정의 결과와 다를 수 있으나 편성 과정은 전반적으로 모든 조직에서 동일하다는 것을 설명하고 있다. 간단히 말해서 경영의 네 가지 기능(계획, 조직화, 통솔, 평가)은 조직이 효과적이기 위해서는 반드시 성취하여야 한다. 조직에 따라 독특하고 특정한 환경과 경영자의 성향에 따라 달라지는, 각 과정들에서 이루어지는 결정들이다.

서로 다른 조직유형 간에 발생하는 경영의 보편성은 <표 1-3>에 설명되어 있다. 다음 장에서는 스포츠조직들 간의 유사점과 다른 점, 조직들이 어떻게 경영과정을 조장하고 강요하는지가 상세히 설명된다.

〈표 1-3〉 경영의 보편적인 법칙

조직 타입	경영 기능			
	계획	조직화	통제	평가
사업과 산업				
병원				
군대				
스포츠조직				

7. 경영과 행정

많은 저자들이 경영과 행정을 다르게 분류했다. 몇몇 경우에서 이렇게 구별하는 것은 서로 추구하는 목표를 바탕으로 만들어지는데 이 경우에 경영은 계량적인 목표와 관계있다고 추정되므로 영리조직에게 적용할 수 있다. 반대로 행정은 양을 잴 수 없는 목표와 관계가 있다고 추정되므로 비영리조직과 관련된다.

경영과 행정을 구별하는 방법은 계획과 실행의 일반적인 작업을 기본으로 한다. 이 점에 관해서 행정은 가치, 정책, 전략을 다룬다고 알려져 있으며 이것은 본질적이며 심오한 것으로 여겨지고, 조직의 최상층 영역으로 추정된다. 반대로 경영은 경영자에 의해 만들어진 전략을 실행에 옮기는 것과 관계가 있으며 양으로 계산되는 특징이 있어 조직의 하부영역이 된다.

이상의 논의에도 불구하고 많은 학자들과 학회에서는 두 용어를 호환성 있게 사용한다. 예를 들어 경영이나 행정과 관련된 강좌나 프로그램을 제공하는 교육기관을 '상업 관리학', '경영학' 또는 '경영과학' 등으로 명시하고, 경영의 계층구조를 '최고경영자 과정', '중간 경영자 과정'이라고도 한다. 이런 구분은 수준의 차이지 본질은 아니다. 어느 수준의 경영자들이건 간에 앞에서 말한 네 가지 경영의 기능을 가지고 있어야 한다. 그러나 각 기능의 정도는 수준에 따라 다르다. 비슷하게 모든 경영인들은 Katz가 설명한 세 종류의 경영기술 역시 수준에 따라 다르나 갖고 있어야 한다. 그러므로 경영의 보편성 개념은 경영계층 간의 다양한 수준으로 확장된다. Robbins(1976)는 두 용어(경영과 행정)가 동의어로 사용된다고 한다. 그의 시각으로는 두 용어의 차이점이 항상 일관되어 있는 것도 아니며 또한 특별한 의미가 있는 것도 아니라고 지적한다. 스포츠나 운동 분야에서도 여러 저자들은 두 용어에 구별을 두지 않았다(ex. Parkhouse and Ulrich, 1979, Soucie, 1982, Zeigler, 1979, Zeigler and Bowie, 1983). 이와 동일한 접근법이 이 책에서도 사용되고 있다.

프롤로그

목차에서 보았듯이 이 책은 7장으로 이루어져 있다. 첫 장에서는 여러 관점에서의 경영의 개념(용어의 정의와 의미, 경영의 기능과 과정, 경영과 관련된 기술, 경영자가 매일 해야 할 일들)을 논했다.

경영의 개념은 조직을 배경으로 할 때만 의미가 있기 때문에 조직의 의미와 속성에 관한 설명은 제2장에 두었다. 또한 여러 다른 스포츠조직을 동일한 그룹으로 분류할 수 있는 적절한 표준에 대해서도 논의한다.

그 다음 장에서는 각 경영의 기능(계획, 조직화, 통솔, 평가)과 연관된 문제들을 여러 스포츠조직과 연관지어 논의한다. 조직의 목적을 확인하고, 목적달성 방법을 다루는 계획과정은 제3장에서 언급된다. 대부분의 스포츠조직들이 직면한 문제점(조직의 애매모호한 목적)은 이 장에서 깊게 논의한다.

조직화 과정을 다루는 제4장에서는 일반조직에서 스포츠조직까지 망라하는 여러 이론들의 타당성에 관한 요점이 설명된다. 조직 설계에 관한 여러 방식의 장점과 단점들이 최근의 접근방법과 함께 강조된다.

그 다음 두 장은 통솔 과정을 다룬다. 통솔력은 조직원들로 하여금 그 조직의 목표를 달성하는 데 강한 영향을 주기 때문에 무엇이 조직원들을 자극하는지 이해하는 것은 매우 중요하다. 그러므로 여러 유형의 동기유발과 스포츠조직에서의 적용 가능성에 대한 이론들을 제5장에서 다룬다. 여러 통솔력 관련 이론들은 제6장에 제시된다. 이 장에서 가장 중요한 점은 다양한 통솔력 관련 이론들과 스포츠조직들과의 관계를 나타내는 것이다.

제7장에서는 조직들의 여러 효과적인 이론 모델들의 개요를 파악하고, 스포츠조직과의 관련성도 논의된다.

스포츠경영은 새로운 학구적인 연구와 학술이기 때문에 이 책은 다른 전문 경영(ex. 경영학, 교육행정)의 이론과 연구에 많이 의지했다. 하지만 스포츠조직과 연관된 몇몇 제안과 가설도 포함되어 있다. 일부 제안은 Parkhouse and Ulrich(1979)가 완곡하게 말했듯이 차후에 행해질 연구의 기반이 되거나 그 중간쯤 되는 법칙으로 사용될 수도 있다.

요 약

제1장은 경영의 개념과 뜻에 대해 논하였으며, Robbins(1976)는 경영을 "여러 사람들을 통해 효과적으로 활동을 성취할 수 있는 보편적인 방법"(p.15)이라고 정의하였다. 경영의 기능, 기술, 경영자의 역할이 기술되었으며 토론되어 있다. 또 경영과정의 보편적인 법칙도 강조되어 있다.

토의를 위한 질문들

1. 임의의 두 스포츠조직을 4가지 기능의 상대적 중요성 면에서 비교하자.
2. 큰 스포츠조직을 고른 뒤 어떤 방법, 어떤 수준으로 경영자가 4가지 경영의 기능과 관련돼 있는지 토론하자.
3. 본서를 읽고 있는 당신의 부서 책임자는 평일에 무슨 일을 하는가? 책임자의 시간이 Minzberg가 묘사한 10가지의 경영 역할에 어떻게 배분되어 있는가?
4. 스포츠 팀 코치와 부서 책임자의 하루 업무를 비교해 보자. 그런 후 그들의 역할과 역할에 할애하는 시간의 차이점을 토론해 보자.

참고문헌

Barrow, J. C.(1977), The variables of leadership: A review and conceptual framework. *Academy of Management Review*, 2, 231 – 251.

Carlson, S.(1979), *Executive behavior: A study of the workload and the working methods of managing directors*. New York: Arno Press(original work published in 1951).

Fayol, H.(1949), *General and industrial management*. London: Pitman. First published in French in 1916.

Guest, R. H.(1956), Of time and the foremen. *Personnel*, 32, 478 – 486.

Katz, R. L.(1974), Skills of an effective administrator. *Harvard Business Review*, 52, 90 – 102.

Khandwalla, P. N.(1977), *The design of organizations*. New York: Harcourt Brace

Jovanvich.

Likert, R.(1967), *The human organization, its management and value*. New York: McGraw – Hill.

Mayo, E.(1933), *The human problem of an industrial civilization*. Cambridge, Mass: Harvard University Press.

Mintzberg, H.(1975), The manager's job: Folklore and fact. *Harvard Business Review*, 53, 49 – 61.

Parkhouse, B. L. & Ulrich, D. O.(1979), Sport management as a potential cross – discipline: A paradigm for theoretical application. *Quest*, 31, 264 – 276.

Robbins, S. P.(1976), The administrative process; Integrating theory and practice. Englewood Cliffs, N. J.: Prentice – Hall.

Soucie, D. G.(1982), Management theory and practice. In, E. F. Zeigler(Ed.), *Physical education and sport: An introduction*. Philadelphia: Lea & Febiger.

Stewart, R.(1967), *Management and their jobs*. New York: McMillan.

Taylor, F. W.(1911), *The principles of scientific management*. New York: Harper & Bros.

Zeigler, E. F.(1979), *Elements of a competency based approach to management development: A preliminary analysis*. Paper read at the Convention of the Canadian Association for Health, Physical Education and Recreation. Winnipeg.

Zeigler, E. F. & Bowie, G. W.(1983), *Management competency development in sport and physical education*. Philadelphia: Lea & Febiger.

제2장
조직

제1장에서 다루어졌듯이 경영은 조직의 환경에서만 의미가 있다. 그러므로 사회적인 맥락에서 조직의 의미, 특성, 기능을 확실히 할 필요가 있다. 경영과정의 4가지 기능의 방식과 내용은 조직마다 차이가 있기 때문에 각 조직들의 유사점과 차이점을 고려하여 여러 조직을 분석하는 것이 중요하다. 여러 조직들은 그들의 특수한 성격에 따라 몇 가지 그룹으로 나눌 수 있다.

'조직'이란 용어는 많은 연구자들에 의해 정의되어 왔는데 Sofer(1977), Applewhite(1965), Caplow(1976)의 정의가 가장 전형적이다.

> "목적을 가진 형태로서 많은 참여자들을 조율하여 공통된 목표로 이끌어 냄으로써 대가를 받는 것(Sofer, 1977, p.6)"
> "두 명 이상의 사람들이 각자 전문영역을 갖고 공식적인 규칙에 의해 통제되고, 동일한 목적을 위해 같이 협력하는 것(Applewhite, 1965, p.1)"
> "어떤 확실한 목적을 실행하기 위해 계획적으로 만들어진 사회시스템(Caplow, 1976, p.3)"

이 정의들은 기본적으로 4가지 요소들로 통합된다.

1. 두 사람 이상 필요하다.
2. 각자의 역할이 전문화되어 있다.
3. 전문화된 역할이 서로 조율되어 있다.
4. 같은 목적을 가지고 있다.

제1장에서 논의한 경영과 조직의 요소들을 서로 겹쳐서 이해하는 것이 중요하다. 물론 이 겹치는 요소들은 경영 개념의 전제와 연관성이 반드시 조직을 기반으로 하기 때문에 논리적이라 할 수 있다.

1. 조직 속성

조직에 관한 설명은 조직의 특성을 파고들면 더 명확해질 수 있다. Caplow(1976)와 Sofer(1977)는 정체성, 수단, 활동 프로그램, 멤버십, 명확한 경계, 영속적인 지위, 분업, 권력서열, 규정된 규칙과 절차들을 조직의 특성들로 나열해 왔다.

정체성: 조직의 정체성은 조직을 만든 회원들의 정체성과는 다르다. 즉 조직은 회원이 누구인지에 상관없이 그 조직의 고유한 정체성을 가지고 있다. YMCA 조직의 정체성은 회원들이나 결정권을 가진 사람들의 정체성에 묶여 있지 않다. 대학의 운동부는 매니저, 코치, 선수들과는 무관한 정체성을 가지고 있다. 법률 용어로 이 정체성의 분리에 대한 개념은 '정체성 통합'이라고 불린다. Sofer(1977)에 의한 정체성 통합은 다음과 같다.

> 회원들의 개인적인 소유와 의무를 조직의 집단적 역량으로부터 분리하게 해 준다 (p.3).

하지만, 이러한 합법적 신분을 얻기 위해선 조직은 법에 등록되어야 한다.

수단: 조직은 개인회원들의 수용능력을 넘어 목적달성을 할 때 수단이 된다. 이것은 조직의 존재 이유이다. 만약 조직들이 어떤 결과를 지향하는 수단이 아니라면 개인들은 조직에 합류할 필요를 못 느낄 것이다. 어떤 사람이 동네에 있는 스포츠클럽에 가입한다. 왜냐하면 스포츠에 필요한 시설들이 있고, 전문적인 교육을 제공하고, 같은 취미와 기술이 있는 사람들을 다 같이 화합시키는 수단이 되기 때문이다.

활동 프로그램: 조직이 어떤 구체적인 목적을 이루기 위해 수단이 된다는 개념은 또한 조직이 구체적인 활동에 관련되어 있음을 함축한다. 예를 들어, 테니스 클럽은 운동을 위한 시설을 제공하고, 여러 가지 활동들과 대회들을 계획하고, 운동 강좌를 제공한다는 사실을 통해 인식할 수 있다. 또 스포츠 용품을 판매하는 회사는 스포츠 용품의 구매, 홍보, 판매에 관련되어 있다. 어떤 부분에서 이런 활동 프로그램들은 조직의 목적과 이것이 작용하는 범위를 정의한다.

멤버십: 조직은 멤버십의 자격을 제한하는 경향이 있다. 또한 어떤 이유로든 탈퇴하는 회원들을 대체하기 위한 절차도 만든다. 예를 들어 한 대학의 일원이 되기 위해서는 높은 학위를 가지고 교수진의 일원이 되거나, 좋은 고등학교 성적을 가지고 학생이 되어야 한다. 이 특성은 조직의 회원들은 조직 활동을 실행할 수 있는 기술과 전문지식을 가져야 한다는 사실을 명확하게 한다.

명확한 영역: 한 조직의 영역은 위에서 말한 특성들에 의해 정의된다. 즉 조직의 목적, 활동 프로그램, 회원 등은 활동의 범위, 직원, 고객 등을 통해 조직의 영역을 확실하게 한다. 예를 들어 대학의 영

역은 강의, 연구, 서비스, 교수, 조직원, 고객인 학생들로 정의된다.

영속적인 지위: 일반적으로 말해서 조직은 조직을 조직한 사람들보다 상대적으로 더 오래간다. 로마 가톨릭 교회, 정부 기관, 대형 기업체, 대학, YMCA와 같은 자생적 조직들이 이 특성을 명백하게 보여주는 예이다. 조직에는 개인의 이직, 사임, 죽음을 초월하는 영속성이 있다. 하지만 작은 조직들, 특히 잘 갖추어지지 않은 조직들은 주요 구성원이 떠날 때 무너질 가능성이 크다.

분업: 분업과 분업의 중요성, 전문성은 조직을 능률적인 존재로 만든다. 이전에도 언급되었듯이 조직의 경영과정은 효율성을 위해 선택된 목적과 프로그램 활동이 분업에 있어 합리적이고 일관되어야 함을 강조한다. 예를 들어, 체육과 교수의 분업은 체육실기와 이론을 가르치고 연구를 하는 것이다.

권력서열: 회원들과 그들의 직무를 다른 사람들과 조율시키는 데에는 한두 급 이상의 지위를 필요로 한다. 또한 이러한 통제와 조율을 하기 위한 지위에는 적절한 권위가 있어야 한다. 그러므로 조직은 권력의 계급과 서열로 나뉜다. 이것은 조직 간의 대등하지 않은 권력, 권위, 영향력, 신분을 갖게 한다. 체육학과 교수진 같은 경우에는 학장, 부학장, 학과장들이 체육과 학생들의 활동을 위해 필요한 통제와 조율에 관한 권위를 가지고 있다. 계급체제는 일반적으로 회원들의 활동 계획, 자금 할당 등을 감독한다.

규정된 규칙과 절차: 조직의 확고한 특징은 명료한 규칙과 규제의 존재이다. 이런 규칙의 목적은 조직원이 실행하는 업무들이 조직의 기준과 일관되고, 다른 활동들과 조율되는 것을 확실하게 하는 것이다.

요약하면, 조직은 아홉 가지의 특성인 정체성, 수단, 활동 프로그램, 멤버십, 명확한 영역, 영속적인 지위, 분업, 권력 서열, 규정된 규칙과 절차로 구분된다.

이런 특성은 크거나 작은 규모 조직에 존재한다. 회사, 공장, 병원, 군대, 스포츠 구단, 적십자사 같은 봉사활동 조직, 교육기관을 포함한 많은 조직들은 이러한 특성들을 가지고 있으며 동시에 다양한 관점에서 조직 간에 다를 수 있다. 예를 들어, 적십자사나 군대는 다른 목적과 다른 내부 처리과정을 가지고 있기 때문에 완전히 다른 존재로 여겨진다. 반면에 대학교나 고등학교 같은 조직들은 주요목적이 동일하고 활동이 유사하기 때문에 비슷하다고 여길 수 있다.

2. 스포츠 팀 조직

위에 설명되어 있는 조직의 특성은 대학이나 산업체뿐만 아니라 스포츠 팀을 포함할 만큼 대단히 포괄적이다. Ball(1975)은 스포츠 팀들도 이러한 조직의 특성을 가지고 있으며 팀이 가지고 있는 선수규모와 규정집에 의거한 활동의 체계화, 팀의 공식적이고 정확한 기록들이 하나 밖에 없는 팀으로 만든다고 주장하였다. 이러한 특성들은 특히 비교되는 이문화적 문맥에서 스포츠 팀의 조직적 분석을 용이하게 한다.

3. 개방시스템 조직

Immegart와 Pilecki(1973)는 시스템은 "(1) 수많은 부분, (2) 이런 부분들 간의 관계, (3) 구성 부분과 관계 간의 특성으로 이루어져 있다고 하였다(p.30)." 조직은 개방시스템으로 몇몇 이론가들에 의해 보였다. 시스템적 관점으로 조직을 보면 모든 조직들은 공통적으로 기본 요소, 요소들 간의 관계, 주변 환경과의 상호작용 등을 갖고 있다는 점에서 일반적인 시스템으로 본다.

인체는 Immegart와 Pilecki에 의해 정의되었듯이 시스템의 좋은 예를 제공한다. 인체는 머리, 다리, 눈, 심장 등과 같은 많은 부분들로 구성되어 의미있는 형체를 이룬다. 각 부분은 각자의 특성과 기능을 가지고 있지만 시스템으로 만드는 것은 그 인체 부분들 간의 상호관계와 이러한 상호관계에서 만들어지는 특정한 기능들이다.

이것은 작은 키에 중간 정도의 몸집을 가진 사람과 큰 키에 호리호리해 보이는 사람을 대조해 보았을 때 명확하다. 이 두 가지 인체의 전형은 어떠한 구체적인 활동에서 각기 뛰어날 가능성을 가지고 있다. 이렇게 서로 다른 인체의 차이는 그 특성들의 차이뿐만이 아니라 인체 각 부분들 간의 관계에도 근거한다.

목제식탁도 한 시스템으로 보일 수 있다. 고유의 방법으로 만들어진 네 개의 다리와 상판은 식탁이란 시스템을 이룬다. 여러 가지의 형태로 조립될 수 있는 외형은 여러 식탁들의 각기 다른 시스템으로 만들 수 있다. 비슷한 방법으로 거의 모든 것들이 시스템으로 보일 수 있다.

하지만 인체와 식탁 사이에는 한 가지 기본적인 차이점이 있다. 인체는 차가움에 노출되면 떨고, 열에는 땀을 흘리며 반응한다. 인체는 숨 쉬는 공기에서 산소를 소비하고 이산화탄소를 내보낸다. 이러한 환경에 대한 반응들과 에너지의 교환은 식탁의 경우에선 일어나지 않는다. 그러므로 인체는 개방시스템으로 보일 수 있고(인체는 살고 있는 환경의 영향에 개방되어 있다), 식탁은 폐쇄시스템으로 생각될 수 있다(식탁은 환경에 둔감하다).[1)]

또한 조직들은 그 조직이 운영되는 공동체의 사회적 · 문화적 · 경제적인 조건에 영향을 끼치고 영향을 받으므로 개방시스템이라 볼 수 있다. 조직들은 조직의 자원을 사회에 의존하고, 그 대가로 사회에 상품이나 서비스를 제공한다. 예를 들어, 대학은 사회와 정

---

1) 인체는 상대적으로 개방되어 있으며 테이블은 상대적으로 폐쇄적일 때는 신중해야 한다. Immegart와 Pilecki는 '개방'과 '폐쇄'를 한 연장선의 양끝으로 보아야 하며, 체제는 이 연장선의 어디에나 위치할 수 있다고 주장하였다. 다시 말해서 어떤 체제는 다른 체제보다 상대적으로 좀 더 개방적(혹은 폐쇄적)일 수 있다는 것이다. 상기 예에서 환경적 영향이 테이블에 미치고 그 결과로 시간이 지남에 따라 테이블은 파손된다. 그러나 인체에 미치는 환경의 영향과 비교해 보면 테이블은 그 연장선의 '폐쇄' 쪽 끝에 있는 반면 인체는 그 반대의 종단 가까이에 있다. Immegart와 Pilecki는 한 체제 밑에 있는 부분적인 체제가 개발/폐쇄 정도 차이가 있을 수 있다는 것도 주장하였다. 그래서 체제의 골격을 이루는 부분 체제는 순환체제보다 상대적으로 더 폐쇄적이다. 이와 유사한 차이점들을 조직 부서들 간에서도 찾아볼 수 있다.

부로부터의 생존이나 성장을 위해 필요한 자금과 시설을 제공받는다. 반대로, 대학은 학생들을 교육함으로써 사회에 서비스를 제공한다.

1) 개방시스템 조직의 특성

개방시스템으로서의 조직의 관점은 조직에 관련된 시스템의 여러 특성들을 조사해 보면 더욱 확실해질 수 있다. 그중 가장 적합해 보이는 두 가지 특성은 경계와 환경이다.

시스템, 하부시스템과 경계: 모든 시스템은(매우 작은 시스템은 제외하고) 하부시스템을 가지고 있다. 예를 들어, 인체 하부시스템의 하나로서 순환계는 심장, 동맥, 혈관, 근육의 모세관, 폐포들로 구성된 하나의 완벽한 시스템이다.

유사하게 한 대학의 체육과는 관리자, 간부, 여러 소속 운동 팀들, 시설과 기구들로 구성되어 있다. 체육과의 하부시스템 중 하나인 운동 팀은 다른 관점에서 보면 이 자체로 하나의 시스템이 될 수 있다. 이것은 코치, 운동선수들, 그 팀의 시설과 기구 등으로 이루어져 있다.

시스템과 하부시스템의 개념이 매우 명백하고 직접적인 반면, 경계의 개념은 덜 명백하고 간접적이다. 이유는 경영자 혹은 분석가 같은 사람들이 어떠한 요소가 시스템에 포함되어야 할지를 결정하기 때문이다. 하지만 사람들은 분석하고 경영하는 능력에 있어서 한계가 있다. 그러므로 어떠한 관점에서는 이 세상 모든 것이 서로 다른 모든 것들과 관련되어 있다고 말할 수 있다. 인간의 분석에서는 이런 많은 것들과 시스템에 간접적으로 관련된 많은 사람들을 배제해 버리는 경향이 있다. Khandwalla(1977)는 이에 대해 "조금이라도 '시스템'을 인지할 수 있는 여러 미세한 연관 관계들을 보지 못하는 것은 우리의 능력문제이다(p.224)."라고 하였다.

이러한 문제의 좋은 예가 운동과학 교육에서 볼 수 있다. 인체의 모든 하부시스템이 서로 상호작용을 하고 있으나 운동생리학자는 심장혈관과 근육시스템에 초점을 맞추고 있으며, 역학자는 골격과 근육시스템, 운동을 지배하는 물리법칙을 강조한다. 그러나 학자들은 연구 분야에 따라 각자 경계를 설정하고 있으나 각자의 분야가 인체라는 최상위 시스템을 구성한다는 것은 알고 있다.

조직의 경우에서 시스템의 경계는 중요하다. 어떤 도시의 레크리에이션 부서에서 관심을 가지게 되는 시스템은 경기장과 놀이터, 간부, 참가자들로 구성될 것이다. 반면에 한 경기장의 관리자에게 관심 대상이 되는 시스템은 경기장 건물, 온냉방 관리, 전기와 배관 공사, 직원들과 경기장 관리를 위해 규정된 규칙과 절차 등으로 한정된다. 시스템의 경계는 구체적인 목적에 부합하기 위하여 임의로 만들어지고, 그 선택된 경계밖에 있는 모든 것들은 이 시스템의 환경이라고 할 수 있다.

환경: 개방시스템으로서의 조직 특성을 이야기할 때 환경을 고려하는 것은 중요하다. 환경은 주로 두 가지 범주로 다시 나누어진다. '가까운 환경'과 '먼 환경'(<그림 2-1> 참조). 환경의 어떤 요소들은 그 시스템과 더욱 밀접하게 연관되어 있으며, 더 직접적으로 영향을 끼친다. 이런 요소들은 '가까운 환경'을 이룬다.

그 외 다른 요소들은 '먼 환경'을 이룬다. 그러므로 이익 지향적인 테니스 클럽의 경우 '가까운 환경'은 그런 활동을 하는 경쟁자와 공동체의 태도를 포함한다. 이 테니스 클럽의 '먼 환경'은 테니스에 대한 공동체의 태도에 긍정적인 영향을 끼칠 수 있는 대형 토너먼트 경기의 텔레비전 중계 방송이라 할 수 있다. 이것은 테니스 클럽 서비스의 수요를 높일 수 있다.

〈그림 2-1〉 시스템의 가까운 환경과 먼 환경

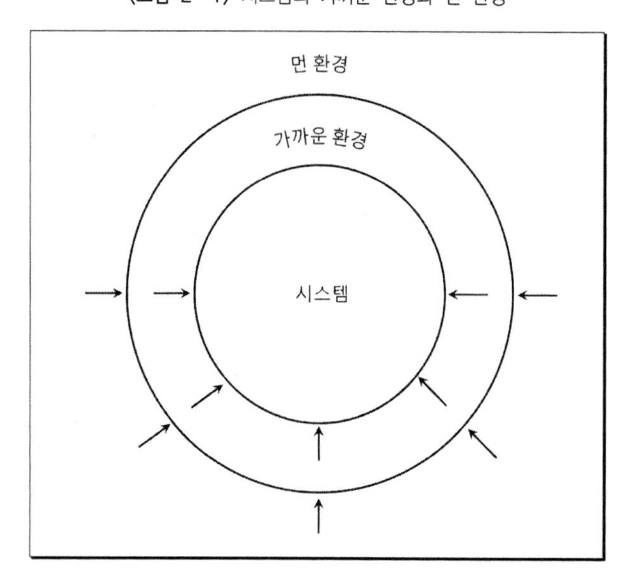

2) 개방시스템 조직의 절차

개방시스템 조직의 관점은 조직의 절차를 조사해 보면 더욱 확실해질 수 있다. 가장 적합해 보이는 다섯 가지 과정들은 반엔트로피(엔트로피: 열역학 용어, 일로 변환할 수 없는 에너지의 총 양, 즉 엔트로피가 증가할수록 유용한 활동은 줄어든다), 자체 조절, 진보적 분리,

진보적 기계화, 동일종료성(equifinality)이다.

반엔트로피: 엔트로피는 혼란과 쇠락으로 진행되는 시스템의 성향이기도 하다. 하지만 조직과 같은 개방시스템은 꾸준하게 환경적인 조건을 발전시키고 수용함으로써 조직의 수명을 연장시킬 수 있고 조직의 능력을 향상시킬 수 있다. Immegart와 Pilecki(1973)는 다음과 같이 지적하였다.

> 개방시스템은 조직의 존재와 운명에 관해 엄청난 지배력을 가지고 있다. 조직이 엔트로피에 맞서 싸울 것인가, 조직의 존재를 최대화할 것인가를 선택할 수 있다. 모든 생존하는 개방시스템은 유한한 기간 동안 시공간 속에서 존재한다. 소수는 무한한 삶을 가지고 있기도 하다. 하지만 개방시스템의 수명과 능력은 조직의 손에 달려 있다(pp.44－45).

여기에 함축된 의미는 조직의 경영에서 변화하는 조건을 수용하기 위한 긍정적 단계를 거치지 않으면 엔트로피 증가 과정을 절대 억제하지 못한다는 것을 반드시 이해해야 한다는 것이다. 그러므로 체육과 교수진은 반드시 꾸준하게 활동 프로그램을 면밀히 연구하고 환경적인 위급함을 맞추기 위해 프로그램을 변경하거나 업그레이드시켜야 한다.

자체조절: 개방시스템 혹은 조직이 쇠퇴하지 않는 경향이 있다는 언급은 이런 시스템들이 자체적으로 활동을 통제할 수 있다는 뜻이다. 인체가 고열의 나쁜 효과를 줄이기 위해 땀을 흘리는 것처럼, 조직은 조직 환경의 동요와 소란에 반응한다. 이런 자체 조절은 인사이동, 조직의 구조, 내부과정으로 구성되어 있다.

이러한 조절은 시스템의 동적 평형을 유지하도록 한다. 즉 조직의 하부시스템은 반드시 시스템 간의 조화를 이루어야 하며, 완전한 전체로서의 시스템은 반드시 환경적인 영향과 압력에 대해서 조화를 이루어야 한다. 그러므로 체육과 교수진의 교과과정 변화는 반드시 학생들의 전문기술뿐만 아니라 졸업생들을 받아들일 사회의 요구와 함께 일관되어야 한다. 환경에서 발생하는 변화들은 새로운 상태의 평형상태를 만들기 위한 적절한 개조를 필요로 한다.

진보적 분리: 시스템의 조정 과정 중 하나는 기능적이고 전문화된 단위로 하부시스템을 분리하고 계층으로 서열화하는 것이다. Immegart와 Pilecki(1973)는 이런 과정에 대해 다음과 같이 말하였다.

> 기본적인 단계로써 어떠한 하부시스템을 공식적으로 만들 것인지, 절차에 어떤 하부시스템을 사용할 것인지, 하부시스템 활동의 특성 및 순위, 전체 시스템 관점에서 하부시스템의 우선순위 등을 결정하는 것이 개방시스템의 취지이다(pp.43－44).

캐나다의 국가 스포츠조직(NSO)은 이런 과정에 훌륭한 예를 제시한다. 운동선수들의 경기력을 향상시키고 세계적인 선수로 키워야 한다는 압박에 대한 반응으로 NSO는 각각 그들만의 전문화된 기능을 가지고 있는 전문적인 관리자들을 기반으로 구성된 새로운 하부시스템을 만들었다.

결과적으로 정예화된 대규모의 프로그램들을 지휘하기 위하여 위원회들이 만들어졌다. 권위와 책임이란 계급체제 안에서 모든 직급과 위원회에는 서열이 있고, 이런 진보적인 분리는 업무의 보다 큰 전문성과 규제를 위해 행해진다.

진보적 기계화: 시스템이 성장하고 전문화된 기능을 갖춘 하부시

스템의 수가 많아지면서 시스템은 이 모든 활동들을 조화시키는 데 초점을 맞춘다. 이런 조화는 각 하부시스템이 어떤 업무가 언제, 어떻게 끝나야 하는지의 과정과 규제를 조절하여 이루어 낼 수 있다. 이런 과정적이고 일상적인 조절은 시스템 전체 조화의 관점에서부터 진행된다. 수영, 헬스, 에어로빅 등과 같은 많은 피트니스 활동에서 시설과 교육을 제공하는 큰 규모의 피트니스 클럽들은 전체적인 노력이 조화롭고 생산적이 될 수 있도록 규정과 규제를 명문화하는 경향이 있다. 이런 규정과 규제들이 이해될 수 있는 범위에서 업무는 점점 기계화, 일상화되어 간다.

동일종료성(equifinality): 어떤 두 시스템은 하부시스템의 숫자와 특성, 각 시스템 내의 특정한 내부업무 처리과정으로 구분될 수 있다. 하지만 각 시스템의 하부시스템과 절차가 시스템 간 혹은 업무환경과의 일관성이 유지될 수 있기 때문에 어느 시스템도 동일한 효과를 낼 수는 없다. 예를 들어, 두 축구팀의 코치는 서로 다른 방식인 권위적인 지도와 참여적인 지도로 대조를 보일 수 있다. 팀의 선호하는 지도방식이 코치의 지도방식과 일치하다면 두 팀 모두 효과를 낼 수 있다. 만약 권위주의적인 코치 밑에 있는 선수들이 무엇을 언제 어떻게 하라고 지시받는 것을 선호한다면 그 팀 내부는 일관성이 있어 효과를 볼 수 있다. 또 다른 예로 만약 모두가 참여하는 형태의 지도를 선호하는 감독 밑에 있는 선수들이 자립적이고 자신이 결정하는 것을 선호한다면 선수들은 코치의 지도 방식과 일관성이 있어 앞서 이야기한 팀과 같은 효과를 보일 것이다. 서로 다른 출발점에서 시작한 두 시스템이 서로 동일한 수준의 결과에서 끝나는 개념을 동일종료성(equifinality)이라 한다. Immegart와 Pilecki (1973)은 동일종료성

(equifinality)에 관해 이렇게 말했다.

> 이것은 개방시스템이 조건이 다르거나 서로 다른 업무 때문에 고용인이 달라도 동일한 결과를 낼 수 있는 능력을 가지고 있다는 뜻이다. ……이것은 시스템이 어떤 것이든 할 수 있으며, 어떤 특정한 결말로 갈 수 있다는 것을 의미하는 것이 아니라, 주어진 서로 다른 초기조건이나 다른 절차를 이용하여 시스템의 활동이 합리적으로 자연스럽게 목적을 향해 가면 동일한 결과가 구현될 수 있다. -물론 그 목적은 실행 가능한 것이어야 한다(p.42).

요약하면 동일종료성(equifinality)의 개념은 조직을 경영하는 데 있어서 단 한 가지의 방법만이 있는 것이 아니라는 것을 보여준다. 각 조직은 독특하다. 중요한 점은 하부시스템과 절차 간에 업무요구 조건이 일관성이 있어야 한다는 것이다.

3) 조직의 입력-처리-결과

개방시스템은 주변 환경과 교환관계에 있다는 것은 앞서 설명하였다. 즉 시스템은 필요한 정보를 주위 환경으로부터 받아들이며, 이런 정보들은 환경의 이익에 부합하는 특정한 결과로서 가공한다. 입력, 처리, 결과로 이루어져 있는 시스템의 세 단계 개념은 <표 2-1>에 나타나 있다.

입력: 시스템으로 흘러 들어가는 입력의 종류는 많으며 다양하다. 첫째로, 조직은 자금, 시설, 장비, 보급품, 원료의 형식으로 물질적인 자원을 필요로 한다. 전문가나 비숙련자들을 고용의 형태로 한 인적 자원도 필요로 한다.

조직에 연관된 사람들의 개인적인 특성은 큰 범위로는 조직의 성격을 정의하며 조직의 색깔을 만들어 낸다. 체육과 교수들은 같은 목표와 구조를 가지고 있을 수 있지만 교수들과 학생들의 관점은 서로 다르기 때문에 실제 활동은 다양해진다.

시스템이 필요한 자원들을 확보하기 위해 활동할 때, 그 주변 환경은 조직에 대해 여러 가지 요구와 기대를 하게 된다. 사회적 가치, 기준, 기대는 조직으로 하여금 구체적인 방법으로서 활동하도록 요구한다. 예를 들어, 개인의 필요와 욕구는 남미에서 가장 높은 반면 일본사회에서는 조직의 조건을 개인의 조건에 앞세운다. 따라서 조직의 구조와 운영은 두 문화에서 서로 다르다는 것을 보여준다.

〈표 2-1〉 조직의 입력-처리-결과 모델

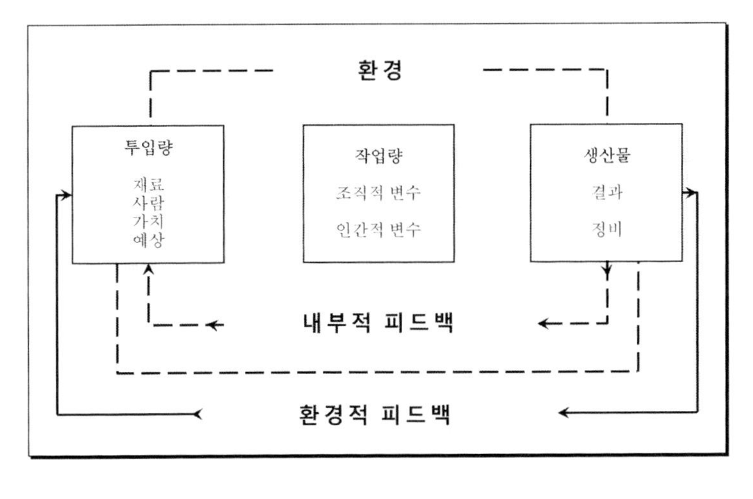

처리: 시스템의 처리과정은 시스템 입력물을 상품이나 서비스와 같은 바람직한 결과물로 만들어 낼 수 있도록 바꾸거나 전환하는 과

정을 말한다. 계획, 조직화, 통솔, 평가의 과정은 모두 '처리'의 한 부분을 이룬다. 즉 조직의 생산 활동, 권위와 통제의 구조, 조직 안에서의 보상 체계를 실행하는 방법과 수단에 대한 규정은 '처리'의 중요한 면이다. 훌륭한 경영의 기본은 조직 안에서 이 '처리' 과정을 업무에 대한 태도, 신념, 숙련도, 역할, 적응, 노조와 조율하도록 하는 것이다. 체육과 교수들이 교과 이수과정을 만들 때 교수의 능력, 학생들의 필요, 사회의 필요조건과 일치하여야 한다는 건 이미 언급한 바이다.

결과: 조직의 결과물은 상품 결과물과 지속적인 유지 결과물로 간단하게 나눌 수 있다. 상품 결과물은 상품(ex. 제조회사에서 생산된 스포츠 용품들)과 서비스(ex. 자치 조직의 레크리에이션 부서에서 제공되는 서비스)의 형식으로 나눌 수 있다. 조직의 결과물이 주위 환경에 적합해야 한다는 것은 중요하다. Milstein과 Balasco(1973)가 이를 강조하며 다음과 같이 언급하였다.

> 시스템은 결과물과 상품을 주위 환경 자원에 의존하는 만큼, 주변 환경이 이 시스템을 허용하느냐에 의존하게 된다. 실제 두 종류의 의존형태(필요 자원의 제공과 결과물의 수요)간의 관계가 관여변수로서 다른쪽에 직접적인 영향을 미친다(p.81).

그러므로 자치 조직의 레크리에이션 부서는 레크리에이션 서비스(결과물)가 대중이 필요로 하고 소비된다면 필요한 자원들(입력물)을 그 지역사회에서 확보할 수 있다.

상품과 서비스의 제공 외에도 조직은 또한 생존과 성장에 관심을 갖고 있다. 그러므로 고용인들의 만족, 조직과 그 구성원들이 외부의 영향을 극복하고 받아들이는 능력은 모두 조직의 지속, 성장, 생존 능력에 중요하다. 그러므로 이러한 양상은 유지 결과물을 구성한다.

피드백: <그림 2-2>에 보이듯이 시스템에는 두 가지의 피드백 과정이 있다. 하나는 조직 내부의 것이며, 다른 하나는 그 조직을 주위 환경과 연결시키는 역할을 한다. 조직의 피드백은 그 조직이 어느 정도까지 목적을 이루었는지를 가리킨다. 어떠한 목적달성에서 발생하는 부족한 것과 본래의 구체적인 예정 유형에서 벗어난 것들은 입력과 처리과정에서 변경을 필요로 한다. 한 도시의 레크리에이션 부서 책임자가 고민하는 것 중 하나가 그의 관할 아래에 있는 경기장의 효율적인 운영이다. 주기적인 정밀 검사와 보고는 유지 보수 조치에 기본이 되는 피드백을 제공한다.

두 번째 피드백 과정은 조직의 결과물이 주위 환경의 필요와 조화로운 상태를 유지하도록 한다. 즉 조직의 결과물의 수요는 그 결과물의 품질과 주위 환경의 필요성에 달렸다. 예를 들어, 체육과 강사의 수요가 많아졌다고 보자. 결과적으로 강사 학위 프로그램을 제공하는 기관들은 강사 교육을 강조하지만 환경의 필요조건이 바뀌게 되면 그 결과로서 프로그램의 내용과 구조도 바뀌어야 하는 것이다.

이런 환경적인 피드백 과정의 또 다른 중요한 특성 중 하나는 필요한 입력물의 출처다. 이는 정보를 제공하는 것이다. 만약 조직이 경계조건에 대한 정보를 활발히 찾지 않거나 주변 환경의 변화를 받아들이지 못한다면, 결과물의 수요처를 찾지 못할 것이며 그렇게 되면 입력물을 보장하지 못할 수도 있다.

그러므로 그 경계를 찾는 활동은 조직에 매우 중요해진다. 예를 들어, 어떤 도시의 레크리에이션 부서의 성공은 다양한 프로그램을 진행할 수 있도록 돕는 봉사자들과 아르바이트생을 구하는 능력에 달렸다. 또한 일반인들이 그 프로그램들의 무엇을 좋아하고 무엇을 싫어하는지에 대한 연구를 지속하는 데 달렸다. 그러므로 레크리에이션 부서의 책임자와 몇몇 관계자들은 반드시 그 지역사회와 지속적인 교섭을 갖고 있어야만 한다.

4) 시스템적 접근 개요

조직에 영향을 미치는 사회, 문화, 재력; 사람, 개인 특성 간의 상호작용; 권위, 통제, 업무 활동들의 내적인 과정들; 그리고 이 모든 변수들 사이에서 일어나는 역동적인 상호작용들을 개념적으로 설명하는 데 있어 조직에 대한 시스템 관점은 매우 유용하다.

반면에 시스템적인 관점은 매우 복잡하다. 시스템에는 많은 변수가 있고 변수 간의 상호작용이 매우 다양하기 때문에 시스템적 접근으로서는 이런 변수들 간의 최적의 관계를 구체적으로 제시하지는 못한다. 또한 주어진 시스템 변수에 대한 관리적인 접근방법도 제시하지 못한다.

하지만 시스템적 접근은 조직 혹은 내부 하부조직의 분석에 있어서의 기본 골격을 제공한다. 관리자는 먼저 상관 요소들을 포함시키고, '가까운 환경'이 미치는 업무 영향력을 확인함으로써 관련 시스템의 경계를 정의해야 한다. 시스템 내의 '처리' 과정들 또한 확실하게 열거되어야 한다. 모든 불일치 점들은 문제를 해결하려는 관점과 그 조직의 성과를 향상시키려는 관점을 가지고 확인되어야 한다. 어떠한 조치가 취해질 때, 이러한 조치가 하부조직과 전체 조직에 미치는 영향에 대해서 조사되어야 한다. 그러므로 시스템적 접근은 조직 전체적인 관점을 강조하는 동시에 분석과 조치의 목적을 위해 하부조직을 정의함으로써 잘 실현될 수 있다.

4. 조직 유형학

유형학 또는 분류학은 어떤 적절하고 결정적인 기준에 근거하여 현상(물체, 생명체, 조직)을 분류하기 위한 학문이다. "생물들을 분류하는 것은 아마도 인간심리의 가장 기초적이고 특징적인 활동이며 모든 과학의 기초이다(Crowson, 1970, p.1)."

조직 분류학의 개발 필요성을 강조하기 위하여 Mills와 Margulies(1980)가 다음과 같이 발표했다.

> 분류학은 이론 개발에 있어서 중요한 역할을 한다. 그 이유는 정확한 분류학이 물질이나 사건들을 과학적으로 분류하는 보편적인 방안을 제시하기 때문이다. 분류학을 하는 이유는 방대한 데이터를 줄이는 것만이 아니라, 더 중요한 생각을 할 수 있도록 자극하는 분석적 도구이자 수단이 되기 때문이다(p.255).

경영자들에게 있어서 분류학의 중요성은 Mckelvy(1975)에 의해 더욱 강조되었다.

> 타당한 수준의 분류학이나 조직 분류 방법이 나타나기 전까지는 조직 과학(특히 조직과 경영자들이 문제점을 찾아내기 위한 응용)에서는 가시적인 법칙이나 원칙이 나타나지 않았다. 동일한 종으로 분류하기 위해 연구된 현상들 없이는 과학의 귀납적, 연역적 기초 과정들이 성립될 수 없다. 모든 과학적 조사 결과가 자신들의 상황에 적용된다는 것을 입증해 내지 못한다면 과학의 성과를 경영자들이 사용할 수는 없다(p.523).

스포츠 또는 운동조직 활동에 밀접한 관련이 있는 몇몇 분류 시스템이 아래에 설명되어 있다.

1) 생산품으로서의 상품 vs 서비스

Sasser, Olsen and Wyckoff(1978)는 상품과 서비스의 차이점에 대해 이렇게 말했다.

> 상품은 유형의 물리적인 물체나 만들어질 수 있고 나중에 사용될 수 있는 생산품을 말한다. 서비스는 무형이며 사라지기 쉽다. 이것은 만들어짐과 동시에 사용될 수 있는 산출물 혹은 과정이다(p.8).

서비스가 행해지는 과정에 있어서 상품이 사용될 수 있다는 점은 매우 중요하다. 예를 들어, 운동 생리학자는 개인의 신체 상태를 평가하고, 적합한 운동 프로그램을 진단하기 위해 매우 세련된 비싼 장비를 이용할 수 있다. 이 장비들은 상품인 동시에 서비스를 용이하게 해 준다. 다른 말로 하자면 고객은 그 장비를 사지 않고 운동 생리학자를 통해 이용만 하였다. 라켓볼 경기장을 빌리면 비싼 라켓볼 경기장에 연관된 서비스가 모두 포함되어 있다. 야구 글로브를 스포츠 용품 매장에서 사는 경우도 마찬가지다. 야구 글로브 가격의 대부분은 상품인 야구 글로브의 것이지만 그 가격의 일부분은 상품을 제조공장에서 구매해 와서 고객들의 편의를 위해 전시해 놓은 소매상인이 제공하는 서비스까지 관련되어 있다. 도매가격과 소매가격의 차이점은 고객서비스의 가격 차이이다.

상품과 서비스는 위에서 설명된 예제들과 같이 몇몇 형태로서 연관되어 있지만, 서비스의 구성은 스포츠/체육 활동 조직과의 연관성 때문에 더욱 깊이 논의되어야 한다.

서비스의 특성: 서비스의 성격은 적당한 특성들을 조사해 봄으로써 확실히 드러난다. 가장 자주 거론되는 특성들은 형체가 없음, 사라지기 쉬움, 이질성, 동시성 등이 있다.

고객이 서비스를 직접 받기 전까지는 그 서비스의 품질을 평가할 수 없으므로 서비스는 형체가 없다. 고객은 주로 과거의 경험, 조직의 명성 혹은 그 서비스를 제공하는 사람의 명성에 따라 좌우된다. 학생의 대학 선택은 그 대학만의 명성, 특정학과 교수진의 명성에 따라 좌우될 수 있다. 혹은 친구의 추천으로 결정될 수도 있다. 하지만 직접 경험하기 전까진 그 서비스가 얼마나 좋은지 그 학생은 알 수가 없다.

Sasser 등(1978)은 이러한 서비스의 무형적인 특성이 고객이 서비스로부터 받는 관능적이고 심리적인 이익에서부터 생겨났다고 주장한다. 편안함, 웰빙의 상태가 개인적인 한 제공되는 서비스는 무형의 상태를 지속할 것이다.

서비스는 또한 사라지기 쉽다. 서비스는 미래의 사용을 위해 생산되거나 저장되지 않는다고 앞서 언급하였다. 만약에 두 시간의 상담

시간 동안 어느 고객도 피트니스 센터의 상담원에게 아무 문의도 하지 않았다면, 그 기간 동안 상담원이 제공할 수 있었던 서비스는 이제 더 이상 이무런 의미도 없다고 할 수 있다. 또 다른 예로 만약 라켓볼 경기장을 빌리지 않는다면, 서비스(일정기간 동안 경기장을 이용하는 것)는 더 이상 존재하지 않는다. 그러나 제조사는 어떤 기간 동안 아무런 수요가 없어도 상품을 지속적으로 생산할 수 있다.

이질성은 상품(ex. 어떤 특정한 브랜드의 테니스 라켓)이 주로 동일한 품질을 가지나 이와 대조적으로 서비스의 품질이 다양할 수 있다는 사실을 뜻한다. 여기에는 두 가지 이유가 존재한다. 첫째는 서비스 품질은 고객의 마음에 있다. 즉 서비스는 고객의 마음에 따라 좋고 나쁨을 가를 수 있다. 두 번째로 고용인은 항상 똑같은 수준의 서비스를 제공하지 않을 수도 있다. 예를 들어, 어떤 테니스 강사의 수업은 날마다 그 품질 수준에서 차이가 날 수 있다. 그러나 이질성은 테니스 경기장을 빌리는 것과 같은 경우에는 명확히 드러나지 않을 수도 있다.

동시성은 서비스가 생산됨과 동시에 소비되어야 한다는 사실을 뜻한다. 코치가 지도할 때 운동선수들이 반드시 존재해야 한다. 서비스의 생산과 소비는 동시에 이루어져야 하기 때문에 고용인(서비스의 생산자)과 고객(서비스의 소비자)의 관계는 매우 중요해진다. 이와 반대로 테니스 라켓의 생산은 고객과 다른 시점에서 진행된다. 그러므로 생산자와 소비자의 관계는 덜 중요해진다.

조직을 구분할 때 상품을 생산하는지 서비스를 생산하는지에 대한 기준을 적용한다면 거의 모든 스포츠/운동 조직은 서비스 조직으로 나눌 수 있다(스포츠 용품을 제조하는 조직은 제외될 수 있다).[2)]

체육교육 기관들은 관련 교과목에서 전문적인 교육을 제공하고 운동 프로그램들은 일반 학생들에게 참여와 경쟁의 기회를 제공한다. 전문적인 운동 팀들은 대중들에게 즐거움을 제공한다. 자치시의 레크리에이션 부서 같은 정부기관들은 시설물의 이용을 제공하고 대회들을 계획한다.

스포츠/운동 조직들은 대부분 서비스 지향적이며, 상품을 제조하는 조직같이 대규모 조직들은 이 책의 취지를 위해 고려하지 않았다. 하지만 이것이 모든 서비스 조직들이 비슷하다는 의미는 아니다. 간단한 연구조사에 의하면 체육교육 기관들, 운동부서, 전문적인 스포츠 팀 등과 같은 조직들이 모두 서로 다르다는 것을 보여주었다. 그러므로 여러 서비스 조직들을 동일한 그룹으로 세분하기 위해서는 다른 분류 변수들이 필요하다.

2) 전문서비스 vs 소비자서비스 조직

제공되는 서비스의 성격은 고용인-고객 상호관계에서 실제 일어나는 것에 의해 정의된다. 예를 들어, 코치-운동선수 관계에서의 실체는 교육, 지도, 동기부여, 훈련 등이다. 그러므로 코치가 제공하는 프로그램은 지식과 전문기술이 바탕이 된다. 반면에 탈의실 안내원이

---

2) 서비스 조직이란 용어는 기본적으로 대중을 위해 만들어진 학교, 대학, 병원과 같은 조직들을 말한다. 이 용어는 Blau와 Scott(1960)에 의해 조직의 주 수익자 범주에 기초한 조직의 네 가지 분류 중 하나를 지칭할 때 사용되었다. 그 분류는 1) 구성원들이 주 수익자가 되어 서로 이익을 나누어 가지는 조직(ex. 조합), 2) 조직의 주인이나 경영인이 주 수익자가 되는 상업적 조직, 3) 고객이나 일반대중이 주 수익자가 되는 서비스 조직(ex. 학교, 병원, 공립 운동센터), 4) 넓은 범위의 대중이 주 수익자가 되는 공공복지 조직(ex. 교도소). 이 책에서는 상품과 반대되는 개념의 서비스를 제공하는 조직을 서비스 조직이라 말한다.

제공하는 서비스는 이런 정도의 지식과 전문기술을 필요로 하지 않는다. Sasser 등(1987)은 서비스에 관련되어 있는 지식이나 전문적인 기술을 전문서비스 조직과 소비자서비스 조직으로 나누는 기준으로 이용해 왔다.

전문서비스 조직은 "일부의 특별지점과 각 고객에게 개인적으로 차별화된 광범위한 서비스 제공, 상대적으로 전문화된 인력서비스 제공 등을 포함하는 회사를 뜻한다(Sasser 등, 1978, p.400). 전문서비스 조직의 예로는 변호사, 기술자, 경영 컨설턴트 조직이 있다. 전문 운동 생리학자를 고용한 피트니스 상담 회사는 위에서 언급한 기준에 의해 전문서비스 조직으로 나누어질 수 있다. 교수진이 전문기술 지향적인 학교, 전문대학, 종합대학교들은 전문서비스 조직이 될 수 있다. 고용인들이 제공하는 서비스는 대체적으로 그들의 지식과 전문적인 기술이 배경이 되고, 서비스는 고객 개인마다의 필요에 의해 결정되는 것이므로 표준화가 된 것은 아니다. Sasser 등(1978)은 "전문서비스 조직에서 서비스를 제공하는 개인들이 그 조직을 정의하게 되며, 고용인이 대체될 경우, 고용인 모두의 대체는 그 조직의 특성과 제공하는 상품의 특성을 바꾸게 된다(하지만 많은 직원들을 거느리는 대형 전문서비스 조직에서는 일어나기 힘든 일로 보인다)(p.401)."고 하였다. 그러므로 어떤 스포츠 심리학 교수가 대학을 떠나게 되면 그 분야의 커리큘럼과 의무 연구는 변경될 수밖에 없어 그 분야에서의 서비스 상품이 달라지는 것이다.

Sasser 등은 상대적으로 비숙련된 고용인들을 고용하여 제한된 수준의 서비스를 큰 시장에 제공하는 조직을 소비자서비스 조직으로 정의했다(p.400). 대부분의 소매 서비스(ex. 식료잡화점)와 임대 서비스

(ex. 호텔, 차량임대)는 소비자서비스 조직에 속한다.

라켓볼 클럽이 멤버십 형태의 렌탈 사업에 집중한다면 소비자서비스 조직이라고 볼 수 있다.

서비스 조직을 두 종류로 대별하는 핵심은 전문적이거나 비전문적인 양쪽 고용인들의 차이에 있다. Hoy와 Miskel(1982)에 따르면 전문가들은 다음과 같은 특성을 가지고 있다.

> 오랜 훈련을 통해 얻은 기술적인 능력, 이상적인 서비스, 객관성, 비개성적, 중립성을 포함한 전문적인 표준에 대한 이해, 동료 그룹, 독립적이고 전문적인 결정, 지식과 표준을 바탕으로 하는 자기 통제력(pp.111 - 112).

전문서비스 조직과 소비자서비스 조직의 고용인들 간의 이러한 특성 차이는 결정을 내릴 때, 업무를 조직화할 때, 동기부여를 줄 때 서로 다른 형태로 나타난다.

Mills와 Margulies(1980)는 서비스 조직들을 구분하는 고용인 - 고객 상호관계와 관련하여 일곱 가지 변수를 제시했다: 정보, 결정, 시간, 문제점, 양도, 권한, 애착[3] 이러한 변수들은 소비자서비스 조직과 전

3) Mills와 Margulies는 고용인 - 고객 상호관계에서 어떤 일이 일어나는지 그리고 그 상호관계에서 정보의 중요성에 따라 서비스 조직을 세 그룹으로 나누었다. 유지 - 상호작용(maintenance - interactive) 유형의 조직에서는 고용인이 처리한 정보는 제한되어 있고 매우 간단한 결정을 하게 된다. 회원관리나 라켓볼 클럽 예약관리를 하는 고용인들을 예로 들 수 있다. 고객과의 거래에는 짧은 시간, 간단한 선택, 최소의 정보를 필요로 한다. 업무 - 상호작용(task - interactive) 서비스 조직에서는 더 많은 시간이 투입되고 결정이 매우 복잡하고, 고용인은 더 많은 정보를 가지고 있다. 결과적으로 자신이 뭘 원하는지는 알지만 어떻게 하여야 할지는 모르는 고객들보다 고용인들이 더 큰 권력을 가지고 있다. 예를 들어, 새로운 라켓볼 피트니스 시설을 만들기로 결정한 어떤 기업가는 반드시 그 시설에 대한 계획과 건설을 위해 엔지니어링/건설회사에 의존하여야 한다. 그 기업인은 어떠한 구체적인 업무에 대해 건설회사 고용인의 지식과 전문적인 기술에 의지해야 한다. 개인 - 상호작용(personal - interactive) 서비스 조직에서 고객들은 "무엇이 그들의 이익을 최대한으로 높여 줄 수 있는지, 문제가 있는 상황을 어떻게 고칠 수 있는지에 관해 대개는 정확하게 알고 있지 못하다(Mills and Margulies, 1980, p.264)." 피트니스 상담 회사 또는

문서비스 조직을 구분하는 차이점으로 나타난다.

정보: 고용인-고객의 상호관계에서 진행되는 정보의 내용과 특성은 서비스 조직에 따라 매우 다양하다. 코치와 탈의실 안내원이 제공하는 서비스를 예로 들 수 있다. 코치는 운동선수들의 훈련과 교육에 관한 많고 다양한 정보를 처리하는 반면, 탈의실 안내원은 고객이 원하는 것(라커인지 수건인지)과 고객이 탈의실 이용 자격이 있는가에 대해서만 알면 된다. 그러므로 고용인-고객의 상호관계에서 처리되는 정보의 충분한 차이를 보인다.

결정: 두 서비스 조직은 고용인-고객의 상호관계에서 만들어지는 결정의 복잡 정도에 따라 구별될 수 있다. 탈의실 안내인이 매우 간단한 결정을 내리는 동안 코치는 비교적 좀 더 복잡한 결정을 내린다.

시간: 결정을 내리기 위해 투입되는 시간은 처리되어야 하는 정보의 양에 따라 다르게 된다. 여기서도 코치와 탈의실 안내원의 예는 매우 유용하다. 탈의실 안내원들보다 코치들이 그들의 선수들과의 상호적인 관계를 위해 다양한 역할에서 더 많은 시간을 필요로 한다.

문제점: 이 특성은 고객이 문제와 해결책을 어느 정도 파악하고 있는지를 말한다. 탈의실의 고객이 자기가 원하는 게 무엇인지를 정확히 알고 있는 반면에 운동선수들은 그들의 경기 내용이 떨어지는 이유와 고칠 방법을 모를지도 모른다.

양도: 탈의실 안내원들은 간단하고 일상적인 결정을 내리므로 쉽

운동선수 부상 진료소가 스포츠/체육 활동 분야에서 찾을 수 있는 예가 된다. 고객들이 그들의 질병의 원인과 성질에 대한 구체적인 정보를 제공한다고 해도 모든 정보를 처리하고 결정을 내리는 사람은 조직의 고용인이다. 고객들은 높은 수준의 서비스를 제공받고 있는지조차 모를 수도 있다. Sasser 외 2인과 Mills와 Margulies가 제시한 두 가지 분류체계가 서로 비슷하다는 것은 중요한 점이다. 양쪽 모두 정보의 수준과 고용인의 상대적 전문 기술수준을 각각의 분류체계를 위한 주요한 기초자료로 활용하였다.

게 대체될 수 있고, 새로운 고용인을 빨리 훈련시킬 수 있다. 반면에 코치는 팀에 심각한 문제를 일으키지 않는 한 쉽게 대체될 수 없다.

권한: 코치와 탈의실 안내인의 경우 양자의 권한 차이는 명백하다. 즉 코치는 전문적인 기술을 가지고 있으며 결과적으로 더 큰 권한을 가지고 있다. 탈의실 안내인이나 이용자는 그렇지 못하다.

애착: Mills와 Margulies가 열거한 변수 중 마지막 변수는 조직과 고객에 대한 고용인의 상대적인 애착이다. 전형적으로 코치가 운동선수들에게 가지고 있는 애착은 조직에 대한 애착보다 더 크다. 반면에 탈의실 안내인의 고객에 대한 애착은 조직에 대한 애착보다 작다.

Mills와 Margulies(1980)는 위에서 열거된 변수들은 상호 연관되어 있으며 서비스 조직에 투입되는 정보와 원자재의 필요성과 연관되어 있다고 주장한다(p.262). 따라서 처리되는 정보 및 고용인의 전문적인 기술과 지식은 서비스 조직들을 분류하는 데 기초가 된다. 다른 고용인-고객 상호관계의 변수는 이 두 가지에서 파생되었다고 볼 수 있다.

Sasser 외 2인과 Mills와 Margulies가 제안한 변수들에 의한 소비자 서비스 조직과 전문서비스 조직의 차이점은 <표 2-2>에 열거되어 있다.

3) 영리 vs 비영리조직

앞에서는 제공되는 서비스(ex. 서비스와 연관된 정보와 전문지식의 양)의 종류에 따른 서비스 조직의 분류에 관해 논하였다.

〈표 2-2〉 일반 소비자서비스 조직과 전문서비스 조직

범위	소비자서비스 조직 (ex. 스포츠 용품 소매상)	전문서비스 조직 (ex. 피트니스 상담사)
정보 기반	약함	강함
결정 종류	간단함	복잡함
상호관계 지속	짧음	오랫동안 지속
고객의 지식	많음	적음
상품의 종류	저수준의 지식과 기술로서 표준화됨	높은 수준의 지식과 기술로서 표준화되어 있지 않음
고용인들의 대체 기회	높음	낮음
고용인의 권한	낮음	높음
고용인의 유형	비숙련 조작자	전문적으로 훈련받고, 자기 동기부여적인 개인들
조직 구조의 유형	엄격한 서열체계 표준화된 업무 엄격한 통제	구조화되지 않은 서열체계, 느슨한 통제

서비스 조직의 목적이 영리를 위한 것이냐에 따라 조직들을 분류하는 것도 가능하다. 피트니스 서비스를 제공하는 개인 사업은 영리조직에 속하며, 동일한 서비스를 제공하는 대학교 내의 부서는 비영리조직으로 볼 수 있다. 같은 방법으로 전문스포츠 클럽은 영리를 추구하는 조직인 반면, 국가의 스포츠조직은 그렇지 않다. 모든 정부시설은 비영리조직에 속한다.

4) 민영부문 vs 공공부문 조직

자금 출처는 조직을 민영부문 조직과 공공부문 조직으로 크게 나누는 데 이용되어 왔다. 조직의 운영과 생존을 위한 사적인 기여 혹은 주요 투자자에 의지하는 조직들은 민영조직으로 분류된다. 공공조직은 국가, 주, 지방 혹은 자치조직의 세금으로 움직이는 조직들이다. 그러므로 스포츠 활동과 관련 있는 모든 정부시설은 공공부문 조직이다. 그 외 모든 다른 스포츠조직들은 민영부문 조직으로 여겨질 수 있다.

많은 연구자들이 최근 새로운 조직의 유형을 세 번째 부문 조직이라고 이름을 붙였다. 세 번째 부문 조직의 주요한 특성은 전통적인 민영부문 조직과 공공부문 조직 사이에서의 파트너십 혹은 협동이다. 파트너십은 주로 잘 정의된 목적을 가지고 공공부문 조직의 경제적인 지원을 맡고 민영부문 조직은 경영을 책임지는 것으로 이루어진다.

스포츠조직이 세 번째 부문 조직으로 바뀔 수 있는 데에는 두 가지 구체적인 방법이 있다. 첫째, 정부 혹은 정부의 기관들이 세 번째 부문의 새로운 조직을 만드는 것이다. 예를 들어, 캐나다에서는 국민들에게 피트니스를 보급시키기 위한 구체적인 목적으로 '참여 캐나다'라는 조직을 시작했다. 정부는 500,000달러의 교부금을 제공하고 계획된 사업을 실행시키기 위해 사업 책임자를 포함한 공동체의 저명한 구성원들을 참여시켰다. 그 후 그 조직은 이제 피트니스를 홍보하기 위한 부분만 남았다. 정부의 기여는 오직 재정상으로만 지속됐지만 백만 달러짜리 '참여 캐나다'의 홍보효과에 비하면 대단한 것이 아니다.

세 번째 부문 조직이 되는 두 번째 방법으로는 특정사업을 지원하기 위해서 정부가 민영부문 조직에 자금을 제공하는 것이다. 예를 들어, 캐나다 연방정부와 주정부는 정부의 이미 존재하는 스포츠조직의 경제적 기반을 확충함으로써 세 번째 부문 조직을 만들었다. 1983년에 정부는 2억 달러를 지원하였다. 어떤 정부 스포츠조직의 경우에는 총수입의 반 이상이 정부 지원금이다. 정부가 지원을 하면 할수록 스포츠조직은 더욱더 세 번째 부문 조직이 되어 간다.

그러므로 공공, 민영, 세 번째 부문 조직의 구분은 어떤 자금이 상위조직의 법제화를 통해 공급되었는지로 좁혀진다. 만약 이 기준이 사용된다면 학생들의 학비로 운영되고 대학 이사회에서 승인되는 대학의 운동부는 세 번째 부문 조직과 유사하게 된다.

더 큰 범위에서 보면 독립적으로 경영이 된다고 하여도 대학교는 정부로부터 많은 지원을 받기 때문에 대학은 이 자체로서 세 번째 부문 조직에 속한다.

전반적으로 다양한 분류들이 토론을 목적으로 제시되어 왔다. 그러나 제시된 분류들이 상호 독립적이진 않다. 이익의 동기나 자금출처에 기초한 분류들은 서로 독립적이지 못하다. 예를 들어, 정부조직은 이익을 추구하지 않는다. 유사한 예로서 세 번째 부문 조직의 대부분은 자연스럽게 비영리조직이 된다. 그리고 이런 조직들은 Sasser 등이 제안한 분류의 기초가 된다. 예를 들어, 비영리 세 번째 부문 조직인 대학은 동시에 전문적인 서비스 조직이 된다. 반면에 자치 시에서 운영하는 스포츠 경기장은 공공부문이면서 비영리 소비자서비스 조직이다.

〈표 2-3〉 스포츠조직을 분류하는 체계

	소비자서비스		전문서비스	
	영리	비영리	영리	비영리
민영부문				
공공부문				
세 번째 부문				

이런 세 가지 분류(전문서비스 vs 소비자서비스, 영리 vs 비영리, 공공부문 vs 민영부문)는 <표 2-3>에 나와 있는 것처럼 서로 결합되어 더욱 복잡한 체계가 될 수 있다. 그러나 이러한 분류 설계는 스포츠조직과 방대한 연구자료의 종류와 숫자가 더욱 커지기를 기다려야 한다.[4] 게다가 <표 2-3>에 있는 열두 칸 모두 스포츠조직이란 문맥상에서 의미가 있는지 명백하지 않다. 그러므로 이 책에서 이 세 가지 분류는 스포츠조직을 연구하는 데 있어 독립적으로 사용된다.

5) 스포츠조직의 자원봉사자

대부분의 스포츠조직들은, 본부 및 지역 조직, 자발적 조직체이다. 즉 자원봉사자들로 운영되는 조직들이다. Sills(1972)는 자원봉사 조직

4) 이 점에 있어서 Fottler는(1981) 이익동기와 기금출처의 조합에 의거하여 4가지 조직 유형으로 정의하였다. 이 4가지는 개인 영리조직(투자자에 의해 자본이 제공된 사업체들), 개인 비영리조직(기부자, 증여자, 정부보조금 등에서 지원받는), 개인 준공공 조직(정부에 의해서 일부분 만들어지고 자금이 조달되며 특별한 상품과 서비스의 조달이 위임된), 공공조직(주 재원이 세금) 등이다.

을 이렇게 정의하였다.

> (1) 회원들의 미래의 공동이익을 위해 만들어지고 (2) 필수적으로 회원자격을 갖출 필요가 없으며 출신성분에 의해 자격이 얻어지는 것도 아니며 (3) 국가를 떠나서 독립적으로 존재하는 조직을 뜻한다.

이 정의는 스포츠조직 본부 및 지역조직뿐만 아니라 선수조합과 심판조합들을 포괄할 정도로 광범위하다. 그러나 조합의 목적이 조합원들의 경제적인 복지를 보호하기 위함인 반면에 '진정한' 자원봉사 조직의 경우 구성원들의 생계를 위함이 아니라고 Sills는 주장한다. 게다가 그런 연합이 자발적이라고 불리기 위해서는 반드시 참여자의 과반수가 자원봉사자들로 이루어져야 한다. 예를 들어, 병원이나 대학교 이사회는 자원봉사자들로 이루어져 있다. 그러나 돈을 받는 참여자(ex. 교수, 의사, 스텝들)들의 비율이 훨씬 크다. 그래서 이런 기관들은 자원봉사 조직의 참된 특징을 잃는다. 반면에 스포츠조직은 거의 모든 활동들이 자원봉사자들에 의해 이루어진다(하지만 최근에는 계속 늘어가는 스포츠조직 활동을 위해 돈을 받고 일하는 직원들을 고용하는 경향이 보인다). 자원봉사자들의 존재와 그들 조직의 목적과 업무에 끼치는 영향력은 이런 조직들의 경영을 다른 조직들의 경영과 차이를 보인다. 경영 활동에서의 차이점은 다음 장에서 언급된다.

요 약

이 장에서는 '조직'이란 개념을 정의하였고, 조직의 특성에 대해서 기술하였다. 더해서 조직을 개방시스템으로서 살펴보고 개방시스템으로서의 특성과 일처리과정을 논의하였다. 마지막으로 조직을 동일한 그룹으로 구분하는 다양한 분류가 제시되었으며 스포츠조직과의 관련성이 언급되었다.

토론을 위한 질문

1. 개방시스템의 관점에서 두 개의 스포츠조직을 기술하고 대조해 보자.
2. 조직이 제공하는 서비스에는 상품이 포함될 수도 있다. 다양한 스포츠조직들이 서비스를 제공하는 데 있어 상품을 이용하는 수준을 토론해 보자. 또한 각 스포츠조직 안에서 서비스의 상대적인 중요성을 찾아보자.
3. <표 2-2>에 있는 열두 칸 중에서 얼마나 많은 칸들이 스포츠조직의 예로서 채워질 수 있는지 해 보자.

참고문헌

Applewhite, P. B.(1965), Organizational behavior. Englewood Cliffs, N. J.: Prentice-Hall.

Ball, D. W.(1975), A note on method in the sociological study of sport. In: Ball, D. W. & Loy, J. W.(Eds.), *Sport and social order*. Reading, Mass.: Addison-Wesley.

Blau, P. M., & Scott, W. R.(1960), *Formal organizations: A comparative study*. San Francisco: Chandler Publishing Company.

Caplow, T.(1976), *How to run any organization*. New York: Holt, Rinehart, and Winston.

Crowson, R. A.(1970), Classification and Biology. New York: Atherton Press.

Etzioni, A.(1973), The third sector and domestic missions. *Public Administration Review*, July-August, 314-327.

Fottler, M. D.(1981), Is management really generic? *Academy of management Review*, 6, 1-12.

Hoy, W. K., & Miskel, C. G.(1982), *Educational administration: Theory, research, and practice*. New York: Random House.

Immegart, G. L., & Pilecki, F. J.(1973), *An introduction to systems for the educational administrator*. Reading Mass.: Addison-wesley.

Khandwallah, P. N.(1977), *The design of organizations*. New York: Harcourt Brace Jovanavich.

McGill, M. E., & Wooten, L. M.(1976), Management in the third sector. In: Gibson, J. L., Ivanccvich, J. M., & Donnelly, J. H.(Eds.) *Readings in organizations: Behavior, structure, processes*. Dallas, Texas: Business Publications.

McKelvy, B.(1975), Guidelines for the empirical classification of organizations. *Administrative Sciences Quarterly*, 20, 509-525.

Milstein, M. M., & Belasco, J. A.(1973), *Educational administration and the behavioral sciences: A systems perspective*. Boston: Allyn and Bacon.

Mills, P. K., & Margulies, N.(1980), Toward a core typology of service organizations. *Academy of Management Review*, 5, 255-265.

Sasser, W. E., R. p., & Wyckoff, D. D.(1978), *Management of service operations*. Rockleigh, N. J.: Allyn and Bacon.

Sills, D. L.(1972), Voluntary Associations: Sociological aspects. In: *International encyclopedia of the social sciences*, (vol.16). New York: Crowell, Collier and MacMillan, Inc.

Sofer, C.(1977), *Organizations in theory and practice*. New York: Basic Books.

제3장
계획

4가지 경영의 기능(계획, 조직, 통솔, 평가)들은 모두 없어서는 안 될 요소들이지만 계획기능이 항상 먼저 시작된다. 이것은 Filley, House와 Kerr(1976)가 계획을 "미리 정해진 결말을 실제행동으로서 결론에 도달하기 전에 이루기 위한 방법의 설명"(p.429)이라고 정의를 내리면서 강조하였다. 이 정의는 결말(ex. 목표 또는 목적)의 진단이나 처방이 계획단계의 시작점임을 함축적으로 표현하고 있다. Steiner (1969)는 계획을 다음과 같이 정의하면서 이 점을 강조하였다.

> 목표를 향해 시작하는 과정이며 목표를 달성하기 위하여 전략과 정책, 세부적인 방법을 정의하고, 조직이 결정을 내릴 수 있게 하며 수행능력의 평가와 다음 계획단계로서의 참조를 포함한다(p.7).

1. 계획 절차

Filley 등(1976)은 전체 계획과정에 걸쳐 정의를 내리고 논의의 체계를 제시하였다<그림 3-1>. Filley 등의 모델에서 계획은 7가지의 단계의 과정으로 되어 있다. 이 과정에는 목표 내역, 제약 확인, 대안 생성, 성과기준 설정, 대안평가와 선택, 문서화된 계획의 발표 등을 포함한다.

1) 목표 내역

위에서 언급되었듯이 계획과정의 첫 단계는 조직의 목표를 준비하는 것이다. Robbins(1976)는 선택된 목표들은 이익과 시장점유율, 생산력과 능률, 통솔력과 고객들의 만족도와 사회의식들 중 하나 또는 그 이상의 것과 관계가 있다고 하였다.

수익성은 이익지향적인 스포츠조직이 정해진 수익을 목표로 삼는 것을 말한다. 혹은 자산투자 비율을 이익으로 간주할 수도 있다. 그러므로 헬스장은 10,000달러를 버는 것을 목표로 할 수도 있고 혹은 자본투자의 15% 수익을 목표로 삼을 수도 있다.

다른 목표는 조직의 성장(이익, 전체 수입, 시장점유율, 직원의 수, 생산품이나 사업 활동)과 관계가 있다. 성장의 개념은 영리조직이나 비영리조직 모두에게 똑같이 해당된다. 예를 들어, 체육학부는 학부 학생 수나 개설된 강좌 수를 늘리려고 노력한다. 규모를 종종 지위와 동등하게 여기기 때문에 비영리 조직의 성장을 자신의 첫 번째 목표로 삼는 것은 보기 드문 일이 아니다.

시장점유율이란 시장의 일부분을 확보하는 것을 조직의 목표로 삼는 것을 말한다. 실제로 시장점유율은 조직의 유효성을 측정하는 비교학 연구에 많이 사용되었다. 대학교조차 전교생의 몇 퍼센트 새로운 학생을 더 모집하는 것과 같은 목표를 갖고 있는 경향이 있다. 피

〈그림 3-1〉 계획절차(Filley 등, 1976)

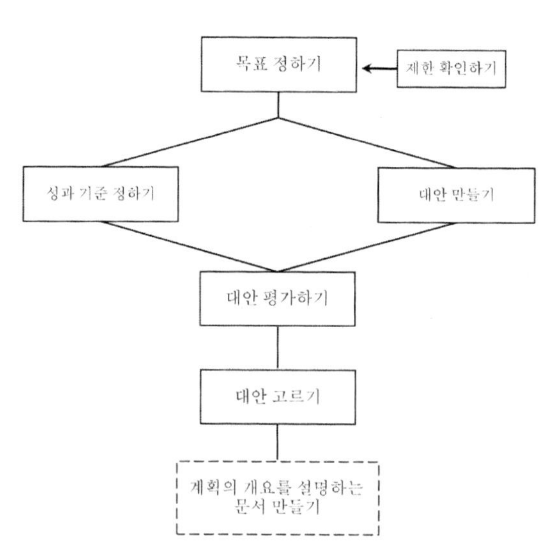

트니스나 스포츠 서비스를 제공하는 비즈니스에서도 같은 지역에 있는 다른 업체들과 시장점유율을 놓고 경쟁한다.

생산력과 능률의 개념은 투입량 대비 생산량을 최대화하는 것이다. 그러므로 많은 체육부서들은 장학금의 대부분을 받아가는 운동선수들이 학위를 따고 졸업할 수 있도록 노력한다. 많은 조직들이 능률에 관심을 갖고 있지만 위기 상황에서는 보기 드문 관심사가 된다. 예를 들어, 학원들은 점차 감소하는 재정문제로 인해 능률을 고려하도록 압박을 받고 있다.

조직들은 생산품이나 제조에서 시장선도자가 될 수 있도록 노력한다. 예를 들어, 많은 컴퓨터 회사들은 새롭고 혁신적인 생산품(하드웨어와 소프트웨어 모두)을 만들기 위해 경쟁한다. 또한 스포츠 용품 제조업자들은 새롭게 개선된 신발류나 보호 장비 등과 같은 많은 생산품을 만들기 위해 서로 경쟁한다. 대학들은 더 새롭고 더 적절한 강좌를 만드는 것에 자부심을 갖는다.

고객들의 만족도 또한 조직들이 추구하는 중요한 목표 중 하나다. 이 만족도는 주로 고품질 생산품(물건 또는 서비스) 여부에 달려 있다. 엄격한 품질관리와 고품질의 원자재를 확보하는 것, 그리고 생산과정을 개선하는 것은 스포츠 용품 제작자들이 목표를 달성하기 위한 주요 관심사들이다. 헬스장의 경우에는 고객들을 만족시키기 위해 건물과 장비들을 깨끗하게 하도록 노력하고 고객들의 요구에 빠르게 반응하며 적절한 분위기를 조성한다.

많은 조직들이 '사회적 인식(사회적 책임과 반응)'을 목표로 하기도 한다. 화학 산업의 오염을 줄이기 위한 자발적 노력과 자치조직의 레크리에이션 담당 부서의 놀이터 안전장비 설치 등은 사회적 인식의 두 가지 예로 들 수 있다.

대부분의 비영리적 조직들은 사회가 무엇을 필요로 하는지를 인식하고 그것을 목표로 삼는다. 적십자사와 구세군은 사회적 인식이 주 행동 목표거나 유일한 목표인 두 가지 예이다. 학교와 종합대학들은 그들의 기여가 현재의 학생들뿐만 아니라 지역사회에도 해당된다는 사실을 알고 있다. 어느 대학에서나 체육부서들의 목적은 운동선수들이 우수한 교육을 받고 유용한 시민이 되는 것을 보증하는 것이다.

조직이 그들의 목표를 위의 분야 중 하나로 제한하는 것은 필요하지도 실용적이지도 않다. 사실 대부분의 조직들은 여러 개의 목표를 가지고 있다. 목표의 개념과 목표에 관련된 문제점들은 뒷부분에서 토론된다.

2) 제약 확인

계획과정의 두 번째 단계는 제약을 확인하는 것이다(<그림 3-1> 참고). 조직은 여러 목표를 원하지만 몇몇 목표는 특정한 제한 때문에 이룰 수 없다. 이 제한들은 자금, 시간, 인력 등 한정된 자원의 형태를 이루고 있다. 따라서 헬스장이 프로그램을 늘리고 싶어 하더라도 부족한 자본금 때문에 할 수 없을지 모른다. 사회의 기준과 정부의 규정, 조직들 사이의 경쟁 등 추가적인 제약이 조직에 적용된다. Tennebaum(1950)은 조직에 적용되는 제약을 다섯 가지로 나누었다.

1. 권위적인 제약: 조직의 정책도 제약이 될 수 있다. 그래서 대학의 특정 부서에서는 박사과정을 허용하지 않는다. 정부의 규정

들도 이 부류에 포함된다.

2. 생물학적인 제약: 개개인의 한계도 하고자 하는 바를 어렵게 만든다. 예를 들어, 농구팀에 키 큰 선수들이 없으면 특정한 공격이나 수비방식의 채택이 어렵게 된다.
3. 자연적인 제약: 지리, 날씨, 물질적 자원은 계획의 실행을 제약한다. 예를 들어, 열대지역 국가에서는 더운 기후 때문에 아이스하키 발전 계획이 불가능하다.
4. 기술적인 제약: 필요로 하는 기술을 손에 넣을 수 없을 경우 특정한 계획의 실행은 제약된다. 헬스장의 경우 전문가나 장비가 기술적 표준을 충족시키지 못하면 인정받을 수 없게 된다.
5. 경제적 제약: 금전상의 제약은 결정의 실행을 제약한다. 앞의 예에서 나온 헬스장은 필요로 하는 장비를 살 돈이 없을 수도 있다.

관련된 모든 제약을 계획단계에서 미리 파악함으로써 어떤 목표들이 달성 가능하고 어느 것들이 실행될 수 없는지를 알 수 있게 된다. 그러므로 모든 제약에 대한 고려는 조직의 목표를 정의하는 데 있어 필수 부분이 된다.

3) 대안 생성

목표를 명시하고 난 뒤에는 두 개의 활동이 독립적으로 행해져야 한다. 이 두 활동은 첫째, 목표를 달성할 수 있는 다른 활동 방안을 만드는 것과 둘째, 이 대안을 평가하여 더 좋은 것을 선택할 수 있는 기준을 만드는 것이다<그림 3-1>.

'생성한다'는 말은 기획자들이 단순히 기존에 시도되었던 방안들에 만족하지 않고, 새롭고 시도해 보지 않은 대안들을 만들어 내려고 하는 것을 뜻한다. Filley 등(1976)은 효과적인 의사결정에서의 가장 큰 위험요소는 "대안 자체를 만드는 실제적인 어려움은 무시하고 목표를 설정하는 것이나 대안을 평가하는 과정을 강조하는 것(p.431)"이라고 했다. 여러 종류의 대안을 확실히 만들기 위해서 기획자들은 조직의 적절한 조직원들과 정보교환을 해야 한다. 새로운 것을 만들어 내기 위한 창조성과 창의력이 장려되어야 한다.

4) 성과기준 설정

대안들이 만들어진 다음에는 최상의 대안을 골라야 한다. 그러기 위해서는 성과기준서 <그림 3-1> 같은 지침서가 필요하다. 위에서 말했듯이 대안을 평가하는 기준은 대안을 만드는 과정과 독립적으로 이루어져야 한다. 그렇지 않을 경우 선호하는 대안에 맞추어서 평가기준을 만들게 되며 선택은 최상이 아닐 수 있다. 성과기준에는 모든 대안들의 상대적 비용과 이익(ex. 효율), 하나 이상의 목표에 기여하는 잠재력 정도, 실행의 용이함, 평가의 용이성, 사회규범과 정부 인허가 적합성, 대안 실행에 필수적인 인력의 확보, 유사한 요소들이 포함된다.

5) 대안평가

대안평가는 성과기준을 설정하고 대안을 만든 다음에 하게 된다

<그림 3-1>. 이 단계에서 성과의 기준이 모두 계량적이라면 오로지 계산 과정만이 된다. 이 상황에서 기획자는 판단을 내릴 필요가 없다. 대부분의 경우 성과기준과 평가기준은 계량적이다. 이 경우 선택된 성과기준에 따라 대안을 평가함에 있어 가능한 객관적이 될 수 있도록 많은 주의를 기울여야 한다. 평가가 흔들리게 되면 한 대안이 다른 것보다 뛰어나다고 잘못 판단할 수 있다.

6) 대안선택

계획과정의 마지막 단계는 <그림 3-1>에서 나타낸 바와 같이 기술적이고 관례적인 것들이다. 가장 높은 평가를 받은 대안은 자동적으로 목표를 달성하기 위한 수단이 된다. 두 개 이상의 대안이 동일하게 높은 평가를 받는다면 동전을 던지는 것으로 선택할 수 있다. 이 단계의 간단함은 심사숙고나 신중함 그리고 필요한 계산들은 이미 전 단계에서 완료되었어야 한다는 것을 강조하고 있다.

7) 계획의 문서화

계획과정의 마지막 단계로서 조직의 모든 조직원들의 이익을 위해 관리자는 문서를 만들어야 한다<그림 3-1>. 이 문서에는 추구하는 목표, 목표를 이루기 위한 활동, 관련된 경영의 주도권, 구성원과 부서의 해당 책임, 유지되어야 하는 기준, 성과 평가 방법, 계획과 일치시키기 위한 다양한 단계에서의 통제방법들이 기술되어야 한다.

2. 계획의 합리성

<그림 3-1>에 있는 단계들이 모두 신중하게 시행되었다면 계획과정은 합리적이다. 주어진 완결을 달성하기 위한 가장 좋은 방법이 선택됐다는 것이다. 합리적 관념은 목표의 선택이 아니라 목표를 달성하기 위한 가장 좋은 방법이다. 그러므로 누군가가 운송수단으로 차를 원한다면 비싸지 않은 능률적인 차를 사는 것이 합리적인 결정이다. 롤스로이스를 구매했다면 그것은 합리적인 결정이 아니다. 두 번째 사람은 차를 소유함으로써 지위와 명성을 얻고 싶어 한다. 그러므로 그 사람이 롤스로이스를 구매한다면 그건 합리적인 결정이다. 다시 말해서 롤스로이스를 구매하는 것은 이루고자 하는 목표에 따라서 합리적이거나 비합리적이 된다. 이런 관점에서 볼 때 계획과정의 합리성은 대안을 만들어 내는 것과 미리 지정된 성과표준에 따라 정해진다.

Simon(1976)은 '도덕적인 내용'과 '사실적인 내용'의 결정의 차이를 만들었다. 도덕적인 내용은 결정자의 '무엇이 그래야 하는지'의 믿음

에 따라 결정된다. 따라서 관리자가 따르고자 하는 목표를 반영한다. 하지만 이 목표에 따른 결정이 제대로 된 것인지 잘못된 것인지 증명할 수가 없다. 앞에서 살펴본 차를 사는 예에서 결정자가 운송수단으로서 차를 사는 것과 지위와 명성을 위해 차를 사는 것을 옳거나 그르다고 논쟁할 수는 없다. 하지만 경제적인 차를 사거나 롤스로이스를 사거나 '사실적 내용'으로서 논리적 혹은 비논리적이 될 수 있다. 어떤 차를 사느냐의 결정은 주어진 주목적(운송수단 vs 명성)에 따라 그 결정이 논리적인가를 보여줄 수 있다. Simon은 합리성의 개념은 '도덕적인 요인'이 아닌 '사실적인 요인'에 의한 결정에만 적용된다고 하였다.

3. 계획과 결정

결정(여러 대안들 중 하나를 고르는 것)은 모든 경영활동의 기초가 된다. Simon(1976)은 결정을 경영과 동일시하였다.

> 무엇인가를 고르는 일은 무엇인가를 하는 것만큼이나 조직의 모든 경영에 영향을 끼치며 경영의 일반적인 이론은 올바른 결정과 효율적인 행동을 보증하는 원칙을 포함해야 한다고 하였다(Simon, 1976, p.1).

결정단계는 계획단계와 같다. 계획이 결정의 한 분야이기 때문에 이건 놀라운 일이 아니다. 결정은 달성되어야 할 목표나 해결하여야 할 문제의 정의로부터 시작된다. 그 다음 미리 정해진 기준들에 의해 평가되는 대안들을 만든다. 마지막으로 가장 알맞은 대안을 선택한다.

결정이 경영활동에 도입되어 있지만 모든 결정상황에서 같은 수준의 관심과 주의를 기울여 대안을 만들 수 있는 것은 아니다. 이 말은 관리자들이 모든 경우에서 완벽하게 합리적일 수 없다는 것이다. 합리적 관심이 주어진 경우 vs 무관심의 경우는 두 가지 결정 모델('경제적인 사람'과 '경영적인 사람')을 제시한다.

1) '경제적인 사람'의 모델

경제적인 사람의 모델에서 결정권자는 이익을 최대로 늘리고 비용은 최소로 하고 싶어 한다. 그러므로 모든 가능한 대안들을 평가하고 최상의 것을 선택한다. 이것은 이상적인 합리적 방법이다. 무엇을 해야 하는지에 대한 세부사항을 제시하기 때문에 규정적이다. Filley 등(1976)에 따르면 경제적인 사람의 모델은

> 개개인은 각 상황에서의 모든 대안과 각각의 결과를 알고 있다. 나아가서 자신의 직위에 따른 합리적인 행동을 할 것이며 항상 원하는 가치를 최대화하기 위한 방법을 모색할 것으로 생각된다(p.107)고 하였다.

경제적인 사람의 모델은 고유의 매력이 있지만 사람의 재능에는 한계가 있기 때문에 문제가 생기기도 한다. 그러기 때문에 모든 가능한 대안들을 알 수도 없고 평가할 수도 없다. 더욱이 대안을 찾고 평가하는 데 소요되는 비용이 이로 인한 이득을 초과할 수도 있다.

2) '경영적인 사람'의 모델

경영적인 사람의 모델은 경영자가 어떻게 결정을 내리는지를 설명하기 때문에 설명적이라고 할 수 있다(Simon, 1976). 결정권자들이 모

든 대안을 평가하기에는 지식과 재능이 부족하여 원래부터 한계가 있다. 이런 한계 때문에 결정을 최적화하는 것은 불가능하다('경제적인 사람'의 모델에서 제안된 바처럼). 그러므로 결정권자는 최적화시키는 것 대신 '충분히 만족'할 준비가 되어 있다('충분히 만족'은 Simon에 의하여 만들어졌으며 이 단어는 'satisfy(만족)'과 'suffice(충분)' 두 단어를 합쳐서 만들었다. 이 단어는 결정권자가 목표를 달성하기 위한 최소한의 충분한 대안을 받아들인다는 뜻이다). 경영적인 사람의 모델에서는 결정권자는 최소한 받아들일 수 있는 평가기준을 정한다. 그러고 나서는 몇 대안들이 이 기준에 따라 평가되고 기준에 맞는 첫 번째 대안이 선택된다. 그러므로 적은 연구비용으로 결정이 이루어진다. 다음 대안이 결정된 대안보다 훨씬 우수할 수도 있지만, 결정권자는 이 가능성에 관심이 없다. 결정권자는 내린 결정이 목적달성에 충분하기 때문에 만족한다.

경제적 결정과 경영적 결정에서 서로 다른 가장 큰 특징은 경제적 사람은 모든 대안을 다 평가한 뒤 가장 좋은 것을 고른다는 것이고, 경영적 사람은 대안을 하나씩 평가하되 최초의 충분히 만족스런 대안을 선택하는 것이다. Simon에 의하면 경영적인 사람의 결정은 '경계 내의 합리성'으로 특징지어진다. 그는 다음과 같이 설명하였다.

> 자기가 할 수 있는 활동 범위 내에서만 조직의 목표에 대해 합리적이고 목표에 대한 올바른 개념을 갖고 있으며 활동하는 주변 환경조건에 대한 올바른 정보를 받을 수 있다. 그리고 이러한 요인들로 만들어진 경계 안에서의 결정은 합리적이고 목표 지향적이 된다(Simon, 1976, p.241).

요약하자면 '경계 내의 합리성'은 결정권자의 능력부족과 정보부족이 합리적 결정에 한계와 제약을 준다는 것을 근거로 한다. Simon은 대안과 결과에 대한 부족한 정보를 가지고 결정을 내리는 것에 대해

> '주관적 합리성('객관적 합리성'의 반대)'이라고 했다. 결정권자가 가지고 있는 정보에 의해서 가장 좋은 결정을 내렸다면 그는 주관적으로만 합리적이다. 필요한 모든 정보를 가지고 내리는 객관적 합리성의 결정은 전혀 다른 것이 될 수 있다. 그러므로 Simon(1976)의 관점에서는 개개인이 결정을 내릴 때 인간이 가진 합리성의 실제적인 한계, 그리고 그 한계가 고정되어 있지 않고 조직의 환경에 따라 변한다는 사실 때문에 경영법칙이 필요하다. 경영의 역할은 개개인이 결정을 내릴 때 가장 합리적으로 될 수 있도록 (조직의 목표와 관련하여) 환경을 만들어 주는 것이다(pp.240-241).

결정의 두 가지 모델이 경영과 연관되어 있다는 것은 명백하다. 조직의 발전이나 생존(ex. 계획과정)과 관련된 중요한 순간들에서 경영자는 경제적인 사람의 모델이 되도록 시도해야 된다. 정수기를 사는 것과 같이 별로 중요하지 않은 순간에서는 경영적인 사람이 되는 것이 적절하다. 이런 관점에서 충분히 만족하는 것은(ex. 충분하고 만족스러운 무언가를 이루는 것) 결정권자의 목표가 조사비용을 줄이는 것이었고, 결정을 내려야 하는 상황이 조직의 기능에 그다지 중요하지 않은 것이라면 합리적이다.

3) 맹목적 선호 모델

또 다른 결정 모델(맹목적 선호 모델)은 Soelberg가 제안하였다. 이

모델에서 대안을 찾을 때 결정권자는 조사 첫 단계부터 한 가지 대안을 선호하게 된다. Soelberg는 이 대안을 맹목적 선호 대안이라고 하였다. 이어지는 조사와 평가는 그 대안이 적당한지를 검증하기 위한 것이다. Filley 등(1976)이 언급하길

> 마지막 결정과정은 결정을 확인하기 위한 것이다. 결정권자는 대안들 중 맹목적 선호대안과 동일한 것이 있기 전에는 이 단계를 시작하지 않는다. 다시 말해서 결정의 검증과정은 편파적이다(합리적인 것이 아니라 합리화하려고 한다). 결정권자는 확인단계에서 맹목적 선호대안이 '올바른' 결정인지를 확인한다(p.122).

맹목적 선호대안의 확인은 다른 대안에 적용되면 자동적으로 삭제되어 버리는 평가기준을 만들어 냄으로써 이루어진다.

운동선수들이 서로 유사한 장학금이나 프로그램, 시설, 기회를 제시하는 여러 대학 중 선택을 할 때 맹목적 선호 모델이 자주 사용된다. 운동선수들은 먼저 결정을 한 다음 이 결정을 확인하기 위해서 다른 대학들을 더 알아본다. 유사하게 조직도 특정인을 선호하게 되면 이 사람만이 해당되도록 모집요강을 만든다. 이것 또한 맹목적 선호 모델을 따르는 예 중 하나이다.

정부가 대학의 모든 직원들을 공개 채용할 것을 요구하는 것에 대한 반발로서 이러한 접근법이 사용되기도 한다. 이 방법은 다른 상황에서는 부정적일 수 있다. 맹목적 선호 모델의 함정은 오직 평가기준이 대안을 만드는 것과는 독립적인 동시에 만들어질 때만 피할 수 있다.

4. 계획과 예산

예산을 계획과는 다른 경영의 과정으로 생각하는 게 통상적이지만 예산과 계획은 필수적으로 연결되어 있다. 목표가 수립되고 평가기준에 의하여 알맞은 대안이 결정되었을 때 이 대안이 실행될 수 있도록 자금을 제공해 주어야 한다. 이 시점에서 정해진 활동에 자금을 분배하는 것은 용이한 기술적이고 사무적인 일이 된다. 예산과 관련된 모든 사전단계들은 계획단계에서 이루어져야 한다.

Haggerty와 Parton(1984)은 증액식 접근과 합리적 - 포괄적 접근으로 예산의 종류를 나누었다. 간단하게 보면 증액 예산방법은 결정권자가 사용 가능한 예산을 전례에 따라서 여러 활동, 프로그램, 부서에 나누어 주는 것이다. 이것은 정해진 이전 예산에서 증가 혹은 감소된 비율의 형태로 된다. Haggerty와 Parton은 말하길

> 증액식 접근은 프로그램이 실제 하는 일이나 예산이 쓰이고 있는 방식에 대한 정보를 많이 필요로 하지 않으며 전년도나 누적년도의 비율을 토대로 증가나 혹은 감소에 초점을 둔다(p.6).

증액식 접근법이 의미하는 바는 결정권자가 달성하고자 하는 목표와 이 목표를 위해 만들어진 프로그램, 그리고 전년도 예산으로 달성된 목표 수준 정도에 만족한다는 것이다. 결정권자들이 다른 부서와의 마찰을 피하기 위해 증액식 접근법을 택한다고 생각할 수도 있다. 그러므로 심도 있게 연구되고 논의되지는 않았지만 증액식 접근법은 계획과정과 유사하다. 또한 대안을 만드는 것과 평가하는 것도 유사하다.

예산에 대한 합리적-포괄적 접근법은 증액식 접근방법과 매우 대조적이다. 합리적-포괄적 접근법 중의 한 가지 기법은 PPBS(Planning-Programming-Budgeting System, 계획-프로그래밍-예산 편성 시스템)라 알려져 있다. 이 기법의 이름이 말해 주듯이 이것은 실제 계획과정의 또 다른 측면이다. PPBS 단계가 이 사실을 강조해 준다.

PPBS에서의 '계획' 과정은 이루어야 할 목표의 정의를 내리는 것이며 '프로그래밍'은 이 목표들을 달성하기 위한 다양한 대안을 설계하는 것을 말한다. '예산편성'에서는 다양한 프로그램들의 평가정보에 따라 어떤 프로그램에는 자금을 공급하고 또 어떤 프로그램은 취소하게 된다. 그러므로 PPBS 단계들은 앞에서 말한 계획과정 단계들과 정확히 동일하다. PPBS나 다른 예산제도는 사실은 계획 기법들이다. 그러나 어떤 연구자들은 다른 재정적 이슈(ex. 회계)들도 예산문제로서 고려할 수 있기 때문에 예산을 별도의 주제로 다루는 것이 편리하다는 것을 알았다.

요약하면 조직의 관점에서 봤을 때 경영자는 계획이나 다른 중요한 결정을 내려야 할 때 합리적이도록 노력해야 한다. 그들은 실행가능한 대안들을 최대한 많이 만들도록 노력해야 하고, 미리 결정된 기준에 따라서 평가해야 하며, 원하는 결과를 얻기 위해서 가장 좋은 대안을 선택하여야 한다. 짧게 하면 경영자는 접근방법이 합리적이 되도록 노력하여야만 한다. 그러나 항상 이렇게 될 수 있는 건 아니다. 합리성을 제한하는 두 가지 요인은 조직의 목표 자체와 부족한 정보이다. 이 두 가지는 각각 다음 장에서 설명된다.

5. 조직목표의 문제점

Louis Carrol의 이상한 나라의 엘리스(1969, p.160)에 나오는 에피소드는 여러 경영과학 교과서에서 조직목표의 중요성을 보여주기 위해 사용된다.

앨리스: "어느 길로 가야 되는지 제발 말해 주지 않겠니?"
고양이: "네가 어디로 가고 싶어 하냐에 따라 결정돼"
앨리스: "어딜 가든 상관없는데."
고양이: "그럼 네가 어느 길로 가든 상관없어."

목표는 조직, 조직원들에게 방향을 제시하고 동기부여를 한다. 또한 목표는 성과와 평가의 기준을 정한다. 앞장에서의 계획과정 설명에 따르면 정확한 목표 없이 계획은 계속될 수 없어 보인다. "그러므로 목표와 목적은 경영 전과정에 걸쳐 퍼져 있으며 계획과 방향, 동기, 통제의 기반이 된다(Richard, 1978, pp.8 – 9)." 조직 활동에서 목표의 중요성에 대해 알고 난 다음, 경영학서에서 목표와 목적으로 인해

생겨난 문제들을 조사해 보는 것도 유익할 것이다.[1)]

1) 수단과 결과의 연결로서 목표

대학 대항 경기를 예로 생각해 보자.

> 대학 대항 경기의 주목표는 뛰어난 운동 실력을 갖춘 학생들이 더 높은 수준의 선수들과 잘 만들어진 교육적인 목표 안에서 경쟁할 수 있게 하는 것이다 (Chelladurai and Danylchuk, 1984, p.34).

이 대학 대항 프로그램의 목적은 팀 코치들이 좋은 훈련 프로그램과 좋은 성능의 장비, 비슷한 팀과 경기를 함으로써 이루어질 수 있다. 이 경기들은 코치들의 목표가 된다. 그러나 코치의 목표가 더 큰 조직(ex. 대학 대항의 경기)의 목표는 아니다. 그러므로 낮은 단계의 목표들은 높은 단계의 수단이 된다. Fink, Jenks와Willits(1983)는 수단 – 결과 관계를 다음과 같이 설명했다.

---

1) 전통적으로 목표(goal)와 목적(objective)은 조직 목적상 서로 다른 것으로 여겨 왔다. 이런 관점에서 목표는 큰 범위와 긴 시간 단위를 포함한다. 반면에 목적은 훨씬 세부적이고 단기적이며 목표를 이루기 위한 필수단계가 된다. 다시 말해 광역 목표는 세부적 목적으로 나누어지고, 각 목적의 달성은 전체 목표의 성취를 보장하게 된다. 일부 연구자들은 목표와 목적의 계층구조를 뒤집어서 목적을 더 크고 추상적인 개념으로, 반면에 목표를 더 구체적이고 세부적인 것으로 제시하고 있다. 예를 들어, Radford(1975)는 시간단위를 근거로 한 목적과 목표의 대조를 제시하고 있다. 선행연구들에서 이 용어는 혼동되어 있다. Robbins(1976)는 "목표와 목적 사이에 어떠한 차이가 있다면 이는 학술적인 것이며 실용적 지식으로서는 중요하지 않다(p.128)."라고 주장하였다. 이 책에서는 Robbins의 주장을 받아들여 이 두 용어를 혼용한다. 그러나 목표와 하위목표의(혹은 목적과 하위목적) 차이는 수단과 결과의 연계성을 표현하기 위하여 유지된다.

최종목표를 위한 두 가지 특성은 주목할 만하다. 수단 자체가 결과(목표)를 만든다. 조직의 주요 목표는 목표와 하위목표들로 이루어진 체인의 시작이 된다. 각 하위 목표들은 주요 목표의 수단이 된다. 두 번째 각 하위 목표들은 다른 관련 목표들보다 더 확고하고 실제적이다(p.22).

수단과 결과의 연결로서 목표와 하위 목표들의 관점이 <그림 3-2>에 설명되어 있다.

2) 공식적인 목표와 실제적인 목표

Perrow(1961)는 조직의 공식적인 목표와 실제적인 목표 간의 구분을 제시하였다. 이 구분은 조직의 분석에 있어 매우 중요하기 때문에 다음에서 상세하게 언급된다.

〈그림 3-2〉 대학 대항 간 경기로 본 수단과 결과의 연결 목표

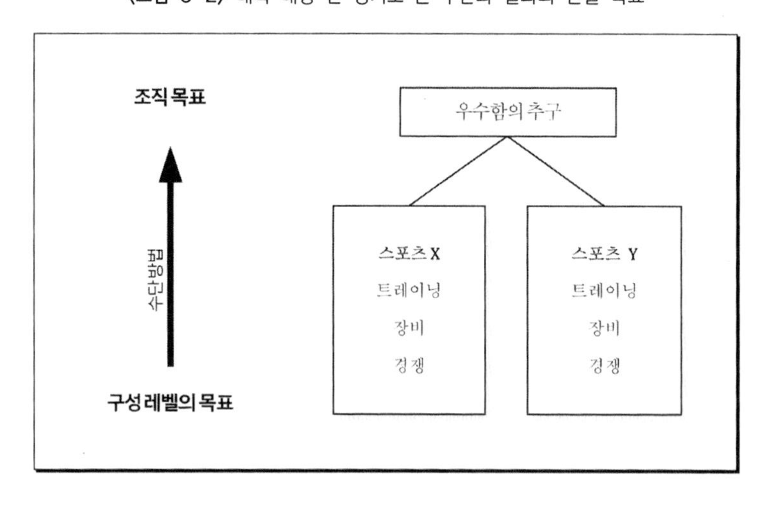

공식적인 목표: Perrow(1961)는 "공식적인 목표는 설립허가서, 연차보고서, 주요 관리자의 공식보고서, 다른 권위있는 발표에 사용되는 조직의 일반적인 목적(p.855)"이라고 하였다. 예를 들어, 대학의 공식 발표에서는 "대학 대항 경기의 목적은 훌륭한 체육활동의 기회를 제공하는 것" 정도로 찾아볼 수 있을 것이다. 하지만 Perrow (1961)는 다음을 강조했다.

> 공식적인 목표들은 고의적으로 애매하고 보편적이며 조직의 활동에 영향을 줄 수 있는 두 가지 주요요인에 대해서 언급하지 않는다. 이 두 가지 주요요인은 공식적인 목표를 달성하기 위한 대안의 결정권자와 조직 내 그룹이 추구하는 여러 목표와 비공식적 목표들 간의 우선권이다(p.855).

예를 들어, 대학 대항 경기 목적의 전 지구적 표현인 '우수성의 추구'는 수많은 스포츠들을 모두 육성하여야 하는지, 일부 스포츠에서의 우수함만을 강조하여야 하는지에 대해서 어떠한 실마리도 주지 않는다.

공식적인 목표의 형성: 목표가 조직과 조직원들에게 그들의 행동에 대한 방향이나 동기를 부여하기 위해서는 간단명료하고 잘 정의되어야 한다. 더욱이 여러 목표가 있다면 그 조직에 일관된 추진력을 주기 위해서 목표들이 서로 양립되어야 한다(Gannon, 1977). 하지만 많은 조직에서의 공식적인 목표들은 모호하고 포괄적인 용어로 되어 있다. 이런 포괄적인 표현은 조직 내외부로 연관된 요구와 선호를 맞추어 주기 위해서 필요하다.

시스템 관점에서 볼 때 조직은 주변 환경과 주고받는 관계이다. 조직은 투입자원과 생산물을 소비하기 위하여 주위의 다양한 하위그룹에 의존한다. 이런 관계가 존재하기 위해서 조직은 이 하위그룹들이 조직에게 요구하는 목표를 이뤄야 한다. 이러한 내용을 Hasenfeld (1983)는 다음과 같이 말하였다.

> 복지사업 조직들은 다양한 대중과 유권자들이 요구하는 여러 목표들에 대해 응답해야 한다. 조직은 다른 복지사업 조직, 압력조직, 입법부, 전문협회, 조직에 지분이 있는 모든 것들로 이루어진 대중들을 맞상대하여야 한다. 반대로 조직은 이런 대중들에게 자원, 합법적 정당성, 사회적 지지를 의존함으로써 서로 간에 상반되고 분쟁이 발생할 대중들의 이익을 손익계산에 고려하여야만 한다(pp.90 - 91).

예를 들어, 대학 대항의 경기에서 졸업생, 교수, 학생, 다른 대학교, 다른 스포츠조직들이 조직이 정해진 목표를 이루길 기대하는 '투자자'들이 된다. 관리자, 코치, 운동선수들은 내부의 그룹들로서 경기에 각기 다른 기대를 갖고 있다. 이 모든 목표들이 모이면 몇몇은 서로와 충돌할 수도 있다. 이를테면 모든 스포츠를 장려하는 것과 몇몇 지정된 스포츠만 추구하는 것은 두 다른 그룹 간의 목표 충돌의 예가 된다. 조직은 서로 반대되는 방향과 선호도를 갖는 그룹들 중 어느 것과도 멀리 하지 못하기 때문에 목표를 일반적이고 애매하게 만든다. 앞장에서 다루어졌듯이 대부분의 운동 프로그램의 목표는 '훌륭한 체육활동의 기회를 제공하는 것'이라고 말한다. 모든 것을 포함하는 이런 목표에서는 어떠한 하위 그룹도 배제되지 않는다. 그러므로 일반적인 목표라는 것은 외부와 내부 환경의 요구를 증류하여 얻은 비현실적인 관념이다. Warriner(1965)는 공식적인 목표를 "특별한 청중들에게 유효하고 신뢰성이 있기보다는 그저 조직의 존재를 설명하고 합리화시키기 위해서 조직이 만든 허구(p.141)"라고 하였다. Perrow(1961) 또한 공식적인 목표를 사회 환경에서 조직을 정당화하고 필요한 자원들을 확보하기 위한 것이라고 암시하였다.

실제적인 목표: 공식적 목표가 조직의 존재와 조직이 받는 지지를 정당화하기 위하여 존재하는 것이지만 목표로서 제공해야 할 초점이나 방향 제시가 없다. 하지만 광대한 목표들은 주요 관리자들이 이 목표 내의 하위영역에 집중할 수 있게 해 준다. 예를 들어, 경기력 지향이란 면에서 볼 때 대학 대항 운동경기에서는 그 지방에서 인기있는 스포츠를 하고 다른 곳에서는 국제경기를 할 수 있다. 이 대조적인 추진 방향이 조직이 이루고자 하는 진정한 목표이다. Perrow(1961)는 이 진정한 목표들을 실제적인 목표라고 불렀으며 다음과 같이 설명했다.

> 실제적인 목표는 조직의 실제 운영방침을 통해 추구하는 결과를 명시하며 공식적인 목표와 무관하게 그 조직이 실제로 하려고 하는 바를 알려 준다(p.855).

앞에서 대학 대항 경기가 가진 두 개의 대조적인 목표(지방 스포츠 후원 vs 국제적 스포츠 후원)에 대해서 언급하였다. 여러 대학 대항 경기를 분석하면 여러 가지 실제적인 목표를 찾아볼 수 있다. 다음은 Chelladurai, Inglis와 Danylchuk(1984)이 제시한 대학 경기의 9가지 실제적인 목표이다.

1. 오락 제공: 학생들과 교직원, 졸업생들과 공동사회에 오락거리 제공
2. 국가 스포츠 진흥: 국가 스포츠의 진흥과 국제경기에서의 경기력 향상에 기여
3. 재정: 대학을 위한 수익 만들기
4. 문화교류: 대학과 공동사회에 문화와 전통 알리기
5. 취업기회: 운동선수들에게 취업의 기회를 증가시켜 줄 경기 경력 쌓기
6. 대중과의 관계: 대학과 공동사회 간의 관계 향상

7. 선수들의 개인적 성장: 선수들의 개인적 성장과 건강(신체적, 정신적, 감정적) 상태의 향상
8. 명성: 대학명성 높이기
9. 경기력 향상: 다른 대학들과 비교하여 수준 높은 선수후원

다음에 나오는 실제적 목표의 특징들에 주의하여야 한다. 첫째로 모든 실제적 목표들은 우수한 체육 활동을 추구하자는 공식적 목표의 부분이 된다. 위의 9개의 실제적 목표는 어떤 경우에서도 공식적 목표에 어긋나지 않는다. 공식적인 목표와 실제적인 목표와의 관계는 <그림 3-3>에 설명된다.

〈그림 3-3〉 공식적인 목표와 실제적인 목표

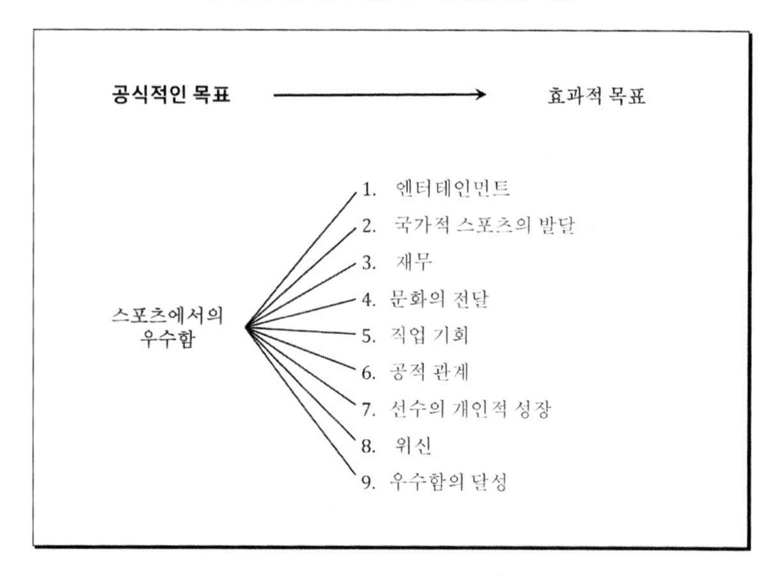

두 번째로 일부 실제적 목표들은 상호 보완적이지만 서로 대립되기도 한다. 예를 들어, 오락거리를 제공하고 명성을 높이고, 대중과

좋은 관계를 만드는 것은 승리한 팀의 역할이며 상호보완적이다. 한 가지 목표에 중점을 두면 다른 두 가지의 목표도 같이 향상된다. 반대로 문화 교류와 국가 스포츠 진흥은 서로 대립될 수 있다. 더 명확히 언급하자면 문화교류가 그 지방의 유명 스포츠(ex. 미식축구)를 후원하고 국가 스포츠 진흥은 세계적으로 성행하는 스포츠를 후원한다면 이 두 가지의 목표는 서로 대립된다. 하나의 목표에 중점을 둔다는 것은 자원이 한정되어 있는 경우 다른 목표의 쇠락을 뜻한다. 보완적 목표와 대립적 목표의 특질은 <그림 3-4>에 설명된다.

〈그림 3-4〉 보완적 목표와 대립적 목표

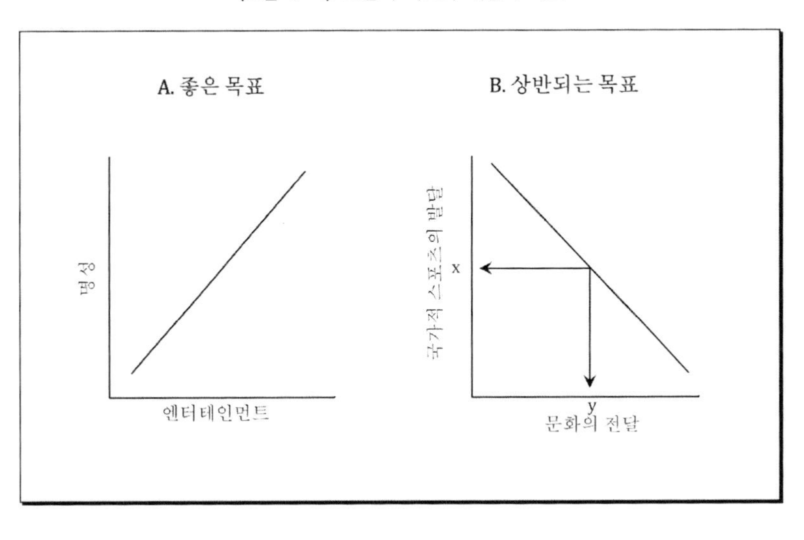

실제적 목표의 세 번째 특징은 목표가 가지고 있는 경쟁가치에 대한 결정이다. "조직의 본질에 영향을 주며 동일한 공식적 목표를 가지고 있는 다른 것과 구분하는 것(Perrow, 1961, p.856)" 이것은 캐나다

의 대학에서 행해진 대학 대항 경기를 대상으로 행해진 연구에서 설명되었다(Chelladurai and Danylchuk, 1984). Chelladurai 등에 의하여 만들어진 실제적 목표의 목록을 사용하여 Chelladurai와 Danylchuk은 캐나다 대학들의 체육 관련 관리자들이－대중과의 관계, 인지도, 오락거리, 국가적인 스포츠 진흥, 재정목표 등에 중점을 두는－체육장학금, 제약조건이 없는 상태에서의 선수선발 등을 선호하는 경향이 있음을 밝혀냈다.

> 더 정확하게 하면 대학의 이미지를 높이고, 수익을 올리며, 팬들에게 만족스러운 오락거리를 제공하고자 하는 목표는 팀의 승리에 의해서 모두 이루어질 수 있다. 승리하는 팀을 만들기 위한 방법 중 하나가 체육 장학금이나 유인책이 되는 다른 혜택을 준비하여 우수한 재능을 가진 선수들을 모집하는 것이다(Chelladurai and Danylchuk, 1984, p.40).

<표 3-1>는 각기 다른 목표에 중점을 두는 두 대학에서 채택할 수 있는 과정을 설명했다. <표 3-1>를 보면 실제적인 목표로서 두 대학을 구분할 수 있다.

실제적인 목표의 또 다른 특징은 공식적인 목표가 정관, 연차보고서, 고위 간부의 발표 등에서 찾아볼 수 있는 반면에 실제적인 목표는 예산과 인사와 같은 주요 부서에서 내려지는 결정들을 정밀하게 조사하여 보아야만 알 수가 있다. 예를 들어, 오락거리나 명성을 얻고자 하는 목표는 어느 대학에서도 언급되지 않는다. 이에 반하여 많은 학자들은 이러한 목적이 비교육적임을 주장하였다.

〈표 3-1〉 대학 간 대항에서의 교육과 운동 목표

교육상의 목표	경기상의 목표
↓ 학생들이 우수해질 수 있는 기회제공 ↓	↓ 대학교의 명예와 엔터테인먼트
이기는 것은 중요하지 않다	이기는 것은 중요하다
자신만의 선수들을 만들어라	선수들을 모집해라
선수들을 다른 학생들로 대하라	운동선수들을 위한 장학금을 만들고 특별 수업과 코치들을 구하라
선수들에게 스포츠 정신과 규칙을 가르쳐라	선수들에게 "좋은 파울"을 가르치고 스포츠의 정신을 언제 조롱해야할지 가르쳐라

예를 들어, Mathews(1974)는 대학 간 대항 경기의 성공 정도가 대학이 갖게 되는 명성이나 수익, 오락성에 의해서 측정되어서는 안 된다고 하였다.[2] 하지만 예산배당이나 직원채용 절차와 관련된 실제적인 결정을 분석해 보면 대학들이 오락성과 명성, 대중과의 관계를 추구한다는 것을 알 수 있다. 물론 대학은 이 사실을 절대로 인정하지 않는다.[3] 다른 예로 "모든 스포츠는 동등하다"라고 선언하는 대학들도

2) 대학 간 운동 경기의 목적에 대해 좀처럼 언급되지 않는 대안적 관점이 Broyles와 Hay(1979)에 의해 제시되었다. 그들은 대학 간 운동 경기의 주요 목적은 팬들의 오락욕구를 충족시키기 위함이라고 처음부터 명확히 하였다. 그들은 이런 전제로 오락적 가치를 창출하는 과정을 논리적으로 보여주었다. 이 과정에는 선수들의 선발, 선수 장학금, 우수한 감독, 오락적 가치로서의 스포츠에 대한 강조 등이 포함되어 있다.

3) Chelladurai와 Danylchuk(1984)은 대학이나 학생들 신체에 각기 이득이 되는 오락거리와 명성이 대학 운동 경기의 적절한 목표라고 주장하였다. 만약 대학과 소속 부서들이 학교의 명성을 높이겠다는 관점에서 대학의 학구적이거나 비학구적인 다양한 프로그램들을 (학생들의 취업률, 연구비, 시설 등) 홍보하겠다면 대학 간 운동 경기는 홍보수단으로 사용될 수 있다. 유사하게, 대학이 연극, 음악회나 다른 오락 이벤트를 준비한다면, 전인교

있다. 그러나 한두 가지 종목에는 고액연봉 코치를 고용하려고 상당한 시간과 노력을 투자하고(ex. 최대치의 시도), 다른 종목에 대해서는 저렴한 파트타임 코치를 신속히 고용하는 것을 보면(ex. 적당히 만족해 버린다) 어떤 스포츠들은 다른 스포츠들보다 '훨씬 더 평등'하다는 것이 명백하다.

실제적인 목표의 형성: 조직에는 목표가 없고 조직에 속한 개인들만이 목표를 갖고 있다는 것은 벌써 앞에서 언급하였다. 이것은 실제적인 목표가 조직의 최상위 경영자에 의하여 만들어진 경우 더 사실이다. 실제적인 목표를 결정하는 데에는 자원공급자, 고객, 정부와 같은 외부관리자들이 영향을 미친다. Cyert와 March(1963)는 실제적인 목표들 간의 충돌은 그룹이나 개인들 사이에 연대가 생긴다고 하였다. Hasenfeld(1983)는 다음과 같이 말했다.

> 일반적으로 이런 협상들은 조직의 공동목표를 따르는 조직원들로 이루어진 다양한 연대들의 출현으로 주목을 받게 된다. 이 조직원들은 자신들의 자원을 공유하여 조직의 결정이 자신들이 원하는 방향으로 이루어질 수 있도록 영향력을 행사한다. 각 연대들의 영향력은 조직이 관리하고 유통시키기 위해서 필요로 하는 자원의 양에 따라 결정된다. 그중에서 가장 영향력이 큰 쪽이 권력을 장악하는 연대가 된다. 권력을 장악한 연대의 조직원들 간의 교섭과 타협이 조직의 실제적 목표의 본질을 결정한다(p.96).

대학 졸업생들이나 지역공동체가 대학 간 대항 경기의 목표와 과정에 영향을 주기 위해 모이게 되면 연대가 만들어진다. 연대의 지배력은 대학이나 경기가 필요로 하는 자원을 관리함으로써 생겨난다.

하지만 이것은 관리자들이 다른 사람들의 선호를 무시한다는 것이

육의 필수요소로 인식되어 있는, 대학 간 운동경기 역시 동일한 목적으로 사용될 수 있다.

아니다. Cyert와 March는 관리자들과 조직원들은 전례를 중요시한다고 하였다. 어느 정도 분쟁의 소지가 있는 방침이라도 이전에 진행되었다면 그 방침을 계속할 것이다. 이해가 대립되더라도 점진적으로 만족시킬 수 있다(하지만 조직이 풍부한 자금을 가지고 있다면 이 대립된 목표들을 동시에 만족시킬 수도 있다). Cyert와 March에 의하면 이 요소들은 관리자들이 추구하는 실제적 목표들을 비교적 확정시킬 수 있다고 하였다.

앞서 말한 분석은 다음의 예에서 잘 설명된다. 체육부서가 항상 갈등하는 것은 교육활동에 중점을 둘 것인지, 연구활동에 중점을 둘 것인지이다. 어디에 중점을 둘 것인지는 예산배정이나 교수승진 기준 등에 따라 결정된다. 교육과 연구 중 어디에 더 중요성을 둘 것인지는 최고경영자(ex. 학과장)가 바뀌거나 강의를 하는 교수와 연구교수 간의 상대적 세력판도에 따라 결정된다. 하지만 학과 전체의 기능은 이런 일들로 인해 크게 변하지 않는다.

3) 목표와 제약요인

두 개의 대립되는 목표를 한정된 자원으로서는 효과적으로 추구할 수 없다는 사실에서 Eilon(1971)은 목표를 제약요인으로서 인식할 수 있다고 주장하였다. 예를 들어, <그림 3-4>에서 한 목표(ex. 문화전달)가 최하수준(가로 좌표에서 'x'로 표시)에서 안정적으로 이루어졌다면 다른 목표(ex. 국가 스포츠 진흥)에 제한요인이 될 수 있음을 명백히 보여주었다. 국가 스포츠 진흥은 수직 좌표에서 'y'를 넘어설 수 없다. 목표를 제약요인으로 생각하는 것은 한정된 자원의 상황에서만 유효하다. 하지만 한정된 자원이야말로 조직을 만들고 경영을 강조하는 가장 중요한 이유이다.

또 다른 관점에서 Eilon(1971)은 제약요인을 다음과 같이 설명하였다.

> 제약요인이란 최저 달성치 혹은 다양한 목표기준에 따른 성과단계를 갖고자 하는 경영요구의 표현으로 볼 수 있다. **그러므로 모든 제약요인들은 목표의 표현이다** (p.295).

그러므로 최소한의 여성 경기종목을 대학 간 대항 경기에 포함시켜야 한다고 하면 이것은 제약요인이자 동시에 관리자들의 목표가 되어 버린다.

간략히 말해서 두 가지 요소가 계획과정의 합리성을 떨어뜨린다. 첫째, 공식적 목표의 애매함과 실제적 목표의 근본적인 불안정성은 전반에 걸쳐 합리적이 될 수 있는 계획을 만들 수 없게 한다. 둘째로 조직의 목표들 간의 대립은 한 목표를 다른 목표의 제약요인이 되게 한다.

6. 정보와 계획

계획과정의 합리성과 효과를 제한하는 것은 부족한 정보이다. 정보(혹은 정보의 부족)가 어떤 결정에 영향을 주게 되면 미래예측이 가장 큰 영향을 받게 되며, 계획과정의 필수단계인 대안을 만들고 개선시키는 데에도 많은 영향을 미치게 된다. 이 두 단계의 하부 계획과정에는 특별한 기술과 지식을 필요로 한다.

1) 예측

계획의 정의는 미래를 다룬다는 것이다. 특정한 프로그램이나 활동은 미래에 원하는 결과를 얻기 위하여 한다. 이런 기대는 미래에 벌어질 상황에 대한 가정을 근거로 하게 된다. 비록 미래가 정확하게 예언될 순 없지만 각 개인(경영자의 존재와 상관없이)은 자신들이 하는 모든 활동에 대해 미래를 예측한다. 예를 들어, 어린아이들이 내일

오후에 축구를 하기로 계획을 한다면 아이들은 내일 그 시간에 비가 오지 않는다고 예측하는 것이다. 이러한 예측은 일기예보나 직감 또는 운에 의지한다. 어린아이들의 축구 경기가 중요한 구경거리가 되는 이벤트는 아니기 때문에 비가 오는지 안 오는지는 별로 중요하지 않다. 하지만 계획되고 있는 이벤트가 3년 후에 이루어질 월드컵이라면 예측의 정확성은 결정적이다. 이 상황에서 기획자는 일기예보와 지난 연도의 강우량, 축구장의 잔디 상태와 배수, 비 오는 날의 내구성을 알아봐야 한다. 이 예측에는 월드컵 대회가 열리는 시점에 관심을 뺏을 가능성이 있는 다른 경제와 정치, 사회적 상황의 세부사항도 포함해야 한다. 이 모든 요소들이 월드컵의 성공에 영향을 미칠 수 있다. 그러므로 기획자는 확보할 수 있는 모든 정보를 입수하고 모든 자원들을 확인하는 데 총력을 기울여야 한다. 이것이 예측인 것이다. Gannon(1977)은 다음과 같이 개괄적으로 언급하였다.

> 예측의 4가지 기본 목적은 조직이 생산하는 상품이나 서비스의 미래의 **요구**, 미래의 **유행**, 미래의 유행의 **변화**, 그리고 유행의 변화 **규모**를 알아내는 것이다(p.119).

미래를 예측하는 것이 쉬운 과제는 아니지만 Chaircross는 유행은 그저 유행일 뿐이라고 강조하였다.

> 유행은 그저 유행일 뿐이다. 문제는 이 유행이 언제 바뀌느냐이다. 그 유행이 계속 인기를 얻을 것인가, 결국은 끝날 것인가, 너무 이르게 끝날 것인가의 문제다(Dessler 인용, 1979; p.57).

예측의 중요성과 어려움은 기획하고자 하는 기간이 길수록 같이 커진다. 이 말은 내일의 날씨를 예측하는 것은 2년 후의 날씨를 예상하는 것보다 훨씬 더 쉽다는 뜻이다. 과거의 유행과 현재의 상황을 이용하여 내일의 상태를 예측한다는 것은 불확실한 모험이다. 이것은 교육 기관들이 처한 곤경으로 설명할 수 있다. 모든 장기계획에서는 입학생의 숫자가 예측되어야 한다. 이것은 인구수와 인력시장, 새로운 세대의 높은 교육열에 따라 정해진다. 과거 교육기관들의 예측은 현실과 동떨어진 경우가 많았다.

기획자들은 정부나 다른 사적 연구조직들이 발표한 보고서들을 유용하게 사용할 수 있다. 국민총생산, 경제성장 수치, 인구동향 등에 대한 통계 보고서들이 많이 있다. 또한 기획자들은 연관있는 사람들의 여론조사를 통해서 정보를 모을 수 있다. 예를 들어, 시의 레크리에이션 부서 담당자는 도시 거주자들의 여론조사를 통해서 그들이 더 좋아하는 프로그램을 장래계획을 위해서 알아낼 수 있다. 또한 담당자는 시 행정관리들에게 레크리에이션에 투자될 예산배정에 대해서 물어볼 수도 있다.

기획자들은 예측전문가들의 도움을 받을 수 있다. 전문가들의 기술을 동원하는 데에는 두 가지 방법, 즉 명목집단 기법과 델포이 기법이 있다.

명목집단 기법: 명목집단 기법에서는 8~10명의 전문가들로 조직된 모임을 만든다. 질문이나 관심사인 문제점들을 접수한 후 이 모임은 짧은 시간 동안 이 문제에 대하여 생각할 시간을 갖는다. 그러고 난 뒤 각 전문가들은 자신의 생각을 연속해서 제안한다. 제안이 모두 끝난 뒤 제한적인 대화를 가진다. 다음 각 전문가들은 제안들을 발생

확률에 따라 순위를 매긴다. 이 순위의 평균이 그 질문에 대한 예측이 된다. 명목집단 기법에서는 모든 제안들에 동일한 중요성이 주어져야 한다. 그러므로 서기 또는 진행자가 모든 진행을 기록하고 모든 제안들이 동일한 시간과 검토를 받을 수 있도록 하여야 한다.

델포이 기법: 델포이 기법의 전반적인 개념은 명목집단 기법과 같다. 전문가의 의견은 개별적으로 검토된다. 하지만 두 기법의 다른 점은 델포이 기법은 전문가들이 모이지 않는다는 것이다. 이 과정에서 참여자들의 익명이 중요하다.

전형적으로 "축구가 남아메리카에서 직업적인 스포츠로 성공할까요?"라는 같은 질문을 전문가들에게 메일로 보낸다. 전문가들은 이 질문과 관련된 미래상황에 대한 자신들의 의견을 답장으로 보낸다. 그 다음에 의견들이 요약되어 다시 각 전문가들에게 보내진다. 이 회신을 토대로 전문가들은 자신의 의견을 수정할 수 있다. 이 모든 과정들은 여러 번 반복되기도 한다. 평균적 예측치를 낸 전문가에게는 자신의 입장을 설명할 기회가 주어진다. 전체 의견을 요약한 마지막 리포트가 최고경영자에게 전해진다.

명목집단 기법과 델포이 기법이 관습적 상호작용 집단(ex.: Van de Ven and Delbecq, 1974)보다 훨씬 뛰어나다는 것을 증명하는 증거들이 있다. 명목집단 기법과 델포이 기법이 원래는 과학기술의 변화를 예측하는 것에만 사용되었지만 스포츠나 운동관리에도 사용될 수 있다. Thueson(1985)은 이 기법을 스포츠 심리학의 미래를 예측하기 위해 사용하였다. Thueson은 전문가들 사이에서는 미래에 스포츠 심리학의 치료목적 측면이 강조되며 여러 분야의 학문과 연계하여 훨씬 우수한 과정이 만들어질 것이라는 공감대를 갖고 있다고 밝혔다.

순환 예측: Gannon(1977)은 조직이 미래에 대한 새로운 정보를 입수하면 기존의 예측을 갱신하여야 한다고 제시하였다. 조직이 5개년 계획을 만들어 낼 수도 있다. 하지만 1년이 지난 뒤에 이전의 예측이 정확하지 않다는 새로운 증거가 나타날 수 있다. 그러면 새로운 예측이 필요하다. 또한 계획도 새로운 예측과 일치되기 위해서 다시 만들어져야 한다.

이것은 보기 드문 시나리오가 아니다. 많은 조직들이 3개년 혹은 5개년 계획을 매년 다시 만든다. 이 정기적인 계획단계에서는 최초의 예측과 예산 계산, 다른 중대한 계획의 요소들이 기획자들에게 주어진 새로운 정보에 따라 수정된다.

2) 대안

예측은 과거의 자료, 유행, 미래 그리고 혁신적이고도 독창적인 대안에 관한 전문 지식을 요구한다. 대안은 계획에서의 결정적인 단계일 수도 있다. 그러므로 경영자는 이 계획단계에서 적합한 사람의 독창력을 이용하기 위해 노력하여야 한다.

브레인스토밍: 브레인스토밍에서 참가자들을 격려하고 창의적 재능을 정리할 수 있는 기법이 있다. 이 기법을 만든 Osbon(1953)은 목표를 대담하게 공격하는 특공대원처럼 뇌도 같은 방법으로 독창적인 문제를 해결해 낸다고 하였다. 브레인스토밍 과정은 적절한 참가자들이 모여 각자 자신의 의견을 제안한다. 이 과정에서 가장 중요한 지침은 제안된 의견에 대해 아무도 평가해서는 안 된다는 것이다. 이

지침은 참가자가 놀림을 받거나 비판의 두려움 없이 다양한 아이디어를 만들어 낼 수 있게 한다. 브레인스토밍의 근본적인 전제는 그 아이디어가 비록 일어날 가능성이 없고 비상식적 또는 바보 같을지라도 많은 종류의 안을 만드는 것이다. Osbon의 관점에서는 새로운 아이디어를 생각해 내는 것이 있는 아이디어를 평가하는 것보다 훨씬 어렵다.

브레인스토밍 과정의 또 다른 중대한 점은 참가자들이 다른 참가자들의 아이디어에 편승할 수 있다는 것이다. 다른 아이디어를 듣고 난 후에 참가자들은 그 아이디어를 개선하거나 다른 아이디어와 결합시켜 더 좋은 아이디어를 만들 수 있다. 어떤 참가자들은 아이디어를 만드는 것보다 있는 아이디어에 편승하는 것을 잘할 수 있으며 기획자는 이 두 가지의 재능을 잘 활용하여야 한다.

계획과정의 합리성과 유효성은 관련된 정보의 유효성에 의존한다. 비록 여기서는 예측과 대안에만 초점을 맞추었지만 다른 계획단계에서도 정보의 중요성을 간과해서는 안 된다. 정보가 부족하게 되면 계획은 합리적이 될 수 없다.

7. 지향성 계획

계획의 전통적인 관점에서 볼 때 이 과정의 첫 단계는 명확하고 간결한 목표를 세우는 것이다. McCaskey(1974)는 아래와 같은 다른 계획 방안을 제안했다.

> 기획자들은 범위와 방향을 정의한다. 범위는 조직 또는 개인이 일하는 영역을 말한다. 방향은 실제 일하는 사람의 경향, 선호하는 인식, 행동 스타일이다. 기획자들은 구체적이고 측정이 가능한 목표를 세우는 것보다 자기 자신의 정체성이나 좋아하는 것을 따라가게 된다(p.283).

McCaskey는 조직이 명확한 목표를 만들어 내지 못한다면 활동의 범위를 정해 주고 조직원들로 하여금 자신이 원하는 방향으로 활동하게 하라고 제안했다. 일단 조직이 움직이기 시작하면 목표를 찾을 수 있다고 본다.

예를 들어, 어떤 이익지향적 개인사업체가 건강과 관련된 것으로 사업영역을 결정한다. 사업자는 운동기구들을 계약하고 헬스장을 만든다. 이 첫 비즈니스 활동은 사업자가 가진 헬스장과 관련된 개인적인 전문적 기술이나 경험을 기초로 한다. 시간이 지난 후 사업자는 손님들이 변화 없고 지루한 운동에 따분해하는 것을 알아차린다. 이 관찰을 토대로 손님들에게 다양함을 제공하기 위해서 사업자는 몇 개의 테니스 코트를 오픈할 수 있다. 시간이 더욱 지나고 난 후 회사는 테니스 코트와 배드민턴 코트, 사우나, 수영장, 음식과 알코올음료(헬스장과 관계없는 것들)를 제공하는 구역을 만들 수 있다. 결국 이 회사는 헬스장이 아닌 레크리에이션 관련 비즈니스가 될지도 모른다.

또 다른 예는 스위스 시계회사이다. 처음에 이 회사는 일반층을 위한 시계를 만들었지만 나중에는 부유층을 위한 고가시계를 만들었다. 이 회사의 회장은 자신의 회사가 시계 비즈니스를 하는 것이 아니라고 하였다. 그는 회사가 '럭셔리' 비즈니스를 한다고 주장하였다. 상기 예들은 McCaskey의 제안한 조직이 어떤 영역에서든 활동하기 시작하면 새로운 목표를 찾을 수 있다는 의견을 설명한다.

McCaskey는 지향성 계획이 제공하는 탄력성을 강조했다. 명확한 목표는 주변 영향력과 상호작용을 한 이후에나 찾아진다(조직의 시스템 관점에서 일관성을 가진 접근법(제2장 참고)). 이러한 방법을 따르는 계획에서는 조직이 어떤 사업을 시작한 이후에라도 예기치 않은 기회에 투자한다거나 새로운 제한에 적응할 수 있도록 해 준다.

McCaskey는 계획(영역과 방향이 처음으로 정의되는 것)에 있어서 일반적으로 지향적 접근을 지지했으며 뚜렷한 목표를 가지고 계획을 하는 것은 확실한 상황에서만 적당하다고 하였다. McCaskey는 목표를 가지고 계획하는 것은 다음의 경우에 적절하다고 하였다.

1) 구성원들의 노력이 집중될 수 있도록 초점을 좁히길 원하는 경우
2) 주변 환경이 안정되어 예측이 가능한 경우
3) 시간과 자원이 심각하게 제한되어 있어 활동을 통제해야 하는 경우
4) 구성원들이 자신의 일에 대한 정의를 확실히 하고 싶어 하는 경우

같은 방법으로서 목표를 두지 않고 계획하는 것(ex. 지향성 계획)은 다음과 같은 상황에서 적절하다.

1) 조직이 만들어진 초기
2) 주변 환경을 예측할 수 없는 경우
3) 구성원들이 하나의 통일된 목표에 대해 확고한 신뢰를 가질 수 없거나 일치된 결정을 내릴 수 없는 경우

1) 지향성 계획과 공식적 목표

계획을 목표를 가지고 하는 계획과 목표없이 하는 지향성 계획으로 나누는 McCaskey의 분류방법은 Perrow(1961)의 공식적 목표와 실제적 목표의 분류 개념과 유사하다는 데에 유의하여야 한다. 공식적 목표는 범위가 넓고 객관적인 표현으로 되어 있어 조직 활동의 전반적인 범위를 알리게 된다.

반대로 실제적 목표의 설정은 어떤 시점에서 조직추진력이 반영된다. 그러므로 실제적 목표는 관리자, 직원, 주변상황의 변화에 따

라 바뀔 수 있다. 이것은 지향성 계획이 제공하는 융통성과 직접적으로 비교된다. <그림 3-5>에서 이 두 가지 개념이 겹치는 부분을 설명한다. 이 예에서 실제적 목표는 대학 간 대항 경기의 경우를 만족시키는 범위 내에 있음을 알 수 있다. 그리고 집중점이 급격히 바뀌더라도 조직 활동은 일반적인 범위 안에 계속 남아 있음이 명확하다.

〈그림 3–5〉 지향성 계획의 실제적 목표

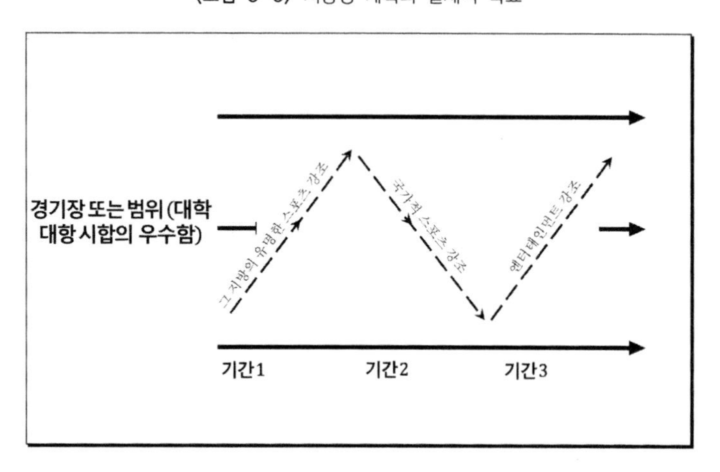

2) 지향성 계획과 정보

McCaskey가 지향성 계획을 지지하는 결정적인 이유는 기획자들이 명확한 목표 설정에 필요한 모든 정보를 가지고 있지 않다는 점이다. 지향성 계획에서는 약간의 정보를 가지고서 대충이나마 일을 가능하게 할 수 있으며 대략적인 범위나 방향 내에서 활동할 수가 있다. 새로운 정보가 입수가 가능해지면 기획자들은 계획을 더 명확하게 만들 수가 있다.

8. 계획과 스포츠조직

앞부분에서 공식적인 목표와 실제적인 목표의 차이점을 제시하였다. 또한 공식적 목표가 조직 활동의 범위와 방향을 명확하게 한다고 하였다. 제2장에서 나오는 다양한 스포츠조직의 형태에서 이 두 가지 개념의 타당성을 조사해 보는 것은 유익한 일이 될 것이다.

1) 민영부문 조직

영리조직에는 투자회수에 관심이 있는 투자자들이 자금을 제공한다. 이러한 조직들은 비영리조직보다 더욱 뚜렷한 계획을 갖고 있다. 물론 영리조직들(특히 신생조직)도 지향성 계획을 사용할 수 있지만 이익 추구의 주된 활동을 위해서는 명확한 목표가 필요하다. 비영리조직(ex. YMCA 기독교청년회)은 여러 소규모 그룹들의 기부에 의지한다. 기부자들의 요구는 서로 충돌할 수도 있다. 결과적으로 활동 방향의 변경은 영리조직보다 비영리조직에서 일어날 가능성이 더 높다. 그러므로 비영리적 조직들은 다양한 상황들을 포함시키기 위하여 목표를 포괄적이 되도록 한다. 이것은 목표를 가지고 계획을 하는 것이라기보다는 지향적인 계획임을 보여주는 것이다.

2) 공공부문 조직

공공부문의 조직들(ex. 스포츠와 연관된 정부기관)은 세금으로 운영된다. 그러므로 그들의 주요한 관심사는 모든 고객들을 동등하게 대우하는 것과 일관성 있게 운영해 가는 것이다. 이러한 필요조건들을 수행하기 위해서 공공부문 조직들은 목표를 정확하고 계량적인 조항으로 명시하여야 하고 공무를 명확하게 정의하여야 한다. 아주 자세한 절차상의 지침과 꼼꼼한 단속절차가 만들어져야 한다. 이런 관점에서 볼 때 공공부문 조직은 항상 지향성 계획보다는 목표가 있는 계획을 따라야 한다.

3) 제3부문 조직

제3부문 조직은 두 개의 상반되는 시나리오를 보여준다. 첫째로 어떤 제3부문 조직이 그 분야서 유일한 것이라면 목표와 계획은 지향성일 가능성이 높다. 앞에서 지적한 '참여 캐나다' 운동은 캐나다인들에게 건강의 중요성을 알리기 위해 캐나다 정부에서 만들었다.

이 운동의 전반적인 범위가 정의된 다음 조직은 활동을 시작하였다. 정부는 재정지원만 계속하였다. 그 결과로서 '참여 캐나다' 운동은 자생적으로 운영되었고 긴급사태나 기회에 잘 적응하고 발전하였다.

반면에 유사한 다른 제3부문 조직들이 그 분야에 존재한다면 가장 큰 후원자인 정부는 일정하고 일관된 운영에 관심을 가져야 한다. 그러므로 명확한 목표와 적절한 활동, 절차상의 명확한 지침을 필요로 한다.

올림픽 팀을 책임지는 스포츠조직은 또 다른 예이다. 세계의 많은 나라들에서는 연방정부가 가장 큰(아니면 유일한) 자금지원자이다. 하지만 이 자금지원은 스포츠조직이 명확하고 계량적인 목표를 가져야 하며 특정한 활동에 참가한다는 것을 조건으로 한다. 사실상 많은 사례에서 특정지침이 기부에 항상 붙어 온다. 이러한 지침들은 지원될 자금의 액수와 어떤 활동에 사용되어야 할지를 지정한다. 스포츠조직들은 이 보조금에 의존하기 때문에 지침들에 충실해야 한다. 결과적으로 스포츠조직들은 목표에 의해 계획하여야 한다.

4) 전문서비스 조직과 소비자서비스 조직

제2장에서 전문서비스 조직과 소비자서비스 조직의 기본적인 차이점은 제공되는 서비스의 유형과 서비스를 제공하기 위해 필요로 하는 정보의 정도라고 하였다. 또한 전문서비스 조직의 종사자들은 소비자서비스 조직 종사자들보다 더 다양하고 복잡한 환경에 직면한다고 하였다. 원래 전문서비스는 고객의 변화 요구를 만족시키는 것이

목표이다. 그렇기 때문에 서비스가 미리 결정되어 있을 수가 없다. 반대로 소비자서비스 조직의 서비스는 표준화할 수 있으며 직원들이 하는 일을 결정해 둘 수 있다. 전문서비스 조직에서는 가능할 수 없는 일이다. 게다가 소비자서비스 조직에서는 성과의 기준이 쉽게 정해지고 확인될 수 있지만 전문서비스 조직에서는 이런 것들을 정하기가 상대적으로 더 어렵다. 따라서 이 서로 상반되는 서비스의 목표와 과정은 목표를 가지고 계획하는 것과 목표없이 계획을 하는 것과의 차이와 일치한다. 목표를 가지고 계획을 하는 것이 소비자서비스 조직에서는 훨씬 더 적절하며 지향성 계획은 전문서비스 조직에 더 적합하다.

요 약

계획과정에 대한 정의와 단계가 기술되었다. 정의되지 않은 목표와 불충분한 정보로 인한 계획의 문제점이 강조되었다. 다른 유형의 계획으로서 목표없는 계획 또는 지향성 계획이 설명되었다. 마지막으로 두 형태의 계획이 다양한 스포츠조직과 어떤 관련이 있는지도 설명되었다.

토론을 위한 질문

1. 한 스포츠조직을 고려해 보자. 결정권자가 최대화시키거나 적당하게 만족할 만한 분야는 무엇인지 찾아보자.
2. 어떤 목표가 우리 대학의 대학 간 대항 경기나 학교에서 강조되고 있다고 생각하는가? 개인적인 생각을 제시해 보자.
3. 우리 대학의 대학 간 대항 경기의 목표에 영향을 미치는 환경적인 요인을 설명하자. 이 요인들 간의 지배적인 연대가 있는가? 어떻게 하여 이 연대가 다른 요인들을 압도하였는지 찾아보자.

참고문헌

Broyles, J. F., and Hay, R. D.(1979), Administration of athletic programs: A managerial approach. Englewood Cliffs, N. J.: Prentice－Hall, Inc.

Carroll, L.(1969), Alice's adventures in wonderland. In: Rackin, D.(Ed.) Alice's adventures in wonderland: A critical handbook. Belmont, Ca.: Wadsworth Publishing Company.

Chelladurai, P., and Danylchuk, K. E.(1984), Operative goals of intercollegiate athletics: Perceptions of athletic administrators. Canadian Journal of Applied Sport Sciences, 9, 33－41.

Chelladurai, P., Inglis, S. E., and Danylchuk, K. E.(1984), Priorities in intercollegiate athletics: Development of a scale. Research Quarterly for Exercise and Sport Science, 55, 74－79.

Cyert, R. M., and March, J. G.(1963), The behavioral theory of the firm. N. J.: Prentice－Hall, Inc.

Dessler, G.(1979), Management fundamentals: A framework. Reston, Va: Reston Publishing Company.

Eilon, S.(1971), Goals and constraints. Journal of Management Studies, 8, 292－303.

Filley, AC., House, R. J., and Kerr, S.(1976), Managerial process and organization behavior. Glenview, Ill.: Scott, Foreman and Company.

Fink, L., Jenks, R. S., and Willites, R. D.(1983), Designing and managing organizations. Homewood, Ill.: Richard D. Irwin, Inc.

Gannon, M. J.(1977), Management: An organizational perspective. Boston: Little, Brown and Company.

Haggerty, T. R., and Paton, G. A.(1984), Financial management of sport－related organizations. Champaign, Ill.: Stipes Publishing Company.

Hall, R. H.(1972), Organizations: Structure and process. Englewood Cliffs, N. J.: Prentice－Hall, Inc.

Hasenfeld, Y.(1983), Human service organizations. Englewood Cliffs, N. J.: Prentice－Hall, Inc.

Mathews, A. W.(1974), Athletics in Canadian universities: The report of the AUCC/CIAU study of athletic programs in Canadian universities. Ottawa:

Association of Universities and Colleges of Canada.

McCaskey, M. B.(1974), A contingency approach to p;anning: Planning with goals and planning without goals. Academy of Management Journal, 17, 281 – 291.

Osborn, A. F.(1953), Applied imagination. New York: Charles Scribner's Sons.

Perrow, C.(1961), The analysis of goals in complex organization. American Sociological Review, 26, 854 – 865.

Radford, K. J.(1975), Managerial decision making. Reston, VA.: Reston Publishing Company, Inc.

Richards, M. D.(1978), Organizational goal structures. St. Paul, Minn.: West Publishing Company.

Robbins, S. P.(1976), The administrative process: Integrating theory and practice. Englewood Cliffs, N. J.: Prentice – Hall, Inc.

Simon, H. A.(1976), Administrative behavior. New York: The Free Press.

Soelberg, P.(1967), Unprogrammed decision making. Industrial Management Review, 8, 19 – 29.

Steiner, G. A.(1969), Top management planning. New York: Macmillan.

Tannenbaum, R.(1950), Managerial decision making. Journal of Business, 23, 22 – 39.

Thueson, N.(1985), Forecasting the future of sport psychology using the delphi technique. Psychology of motor behavior and sport: 1985. Gulf Park, Mississipi, May, 1985.

Van de Ven, A. H., and Delbecq, A.(1974), The effectiveness of nominal, delphi, and interacting group decision – making processes. Academy of Management Journal, 17, 605 – 621.

Warriner, C. K.(1965), The problem of organizational purpose. The Sociological Quarterly, 6, 139 – 146.

제4장
조직화

목표가 정의되고 이 목표를 이루기 위한 과정이 선택되고 나면, 전체 일을 특정한 일로 나누고, 그 일을 조직원들에게 분배하고, 조직의 목표를 달성하기 위해 모든 조직원들의 활동을 조화시키는 것이 필요하다. 이것은 조직의 과정을 "조직의 목성을 달성시키기 위한 업무와 사람의 조정(Fink, Jenks, Willits, 1983 p.46)"이라고 정의한다. 이 과정의 결과가 조직의 구조나 설계(업무 간, 사람들 간의 관계를 정의하는)가 된다.

Filley, House와 Kerr(1977)는 조직의 구성에 대해 이렇게 말했다.

> 여러 가지 결말을 찾는다. 첫째, 다양한 업무를 조직적으로 분배할 수 있는 수단을 제공할 수 있도록 구조를 만든다. 둘째, 공통된 목표를 위한 모든 사람들의 노력을 조율하기 위한 시스템을 제공한다. 셋째, 협력 없이는 조율이 가능하지 않기 때문에 조직의 조율은 협력을 방해하는 것이 아닌 협력촉진을 위하여 설계되어야만 한다. 넷째, 소통 없이는 조율이나 협력이 가능하지 않기 때문에 현직들 사이의 공식 대화채널, 계획에 없었던 요구에 따른 비공식적 정보교환 채널 등 양쪽 모두로 구성함을 목표로 한다. 마지막으로 결정을 내리기에 가장 훌륭한 자질과 유용한 정보를 가지고 있는 사람에게 결정권이 주어질 수 있는 구조이어야 한다(pp.268 - 269).

이런 목표를 달성하기 위해 Filley 등이 제안한 다양한 접근방법이 다음 페이지에서 논의된다.

1. 고전적 이론

첫 장에서는 고전적 경영학부를 참조하였다. 고전적 이론학자들이 제시한 조직화 과정에 대한 몇몇 이론들이 여기에 있다. '조직화의 기초(Robbins, 1976)'라 불리는 이런 이론들에는 전문화, 통제범위, 부서화, 통일된 지휘, 책임감과 권위 등이 포함되어 있다.

1) 전문화

전문화는 조직 내의 조직원들이 좁은 범위 안에서 각자의 업무를 치리하는 개념을 말한다. 전문화는 가능한 개인이 하나의 기능만을 수행하게 한다. 극단적인 예로 어떤 한 공장의 조립라인 업무는 오직 그 상품에 나사못을 고정시키는 것뿐이다.

한 사람이 조직에 관련된 많은 업무를 수행할 시간, 체력, 지식이 없기 때문에 전문화는 필요하다. 또한 전문화는 지식과 능력을 가진 사람들에게는 숙련을 요하는 업무를 수행하도록 하고, 그렇지 않은 사람들은 비숙련 업무를 하게 한다.

Robbins(1976)에 의하면 전문화는 세 가지의 구체적인 방법으로 능률에 기여한다. 첫째, 제한된 업무에서 전문화는 이 업무들을 수행할 수 있는 기술과 능력을 높여 준다. 둘째, 전문화는 한 단계에서 다른 단계로 이동하기 위한 준비과정에 투입되는 시간을 줄일 수 있다. 셋째, 제한된 특정업무만을 훈련시키는 것이 훨씬 쉽고 효율적이다.

2) 통제범위

통제범위는 "한 명의 감독자나 관리자가 얼마나 많은 사람들, 고용인을 한 번에 효율적이고 효과적으로 통제하는 것이 가능할까?"(Fink 등, 1983, p.53)에 관련되어 있다. 조직분야에서 이루어진 연구들은 모두 경영의 최상단계에서 통제범위는 좁아야 하고(대략 관리자 한 명당 네 명의 부하직원) 낮은 단계에서는 넓어야 한다(대략 관리자 한 명당 여덟 명 이상의 부하직원)는 제안을 내놓고 있다. 많은 참고문헌에서 한 경영인이 감독할 수 있는 인원수는 일곱 명이 가장 적합하다고 제안한다. 그러나 Fink 등(1983)은 조직의 실제 통제범위에 영향을 끼칠 요소들을 제시하였다. 여기에는 처리하는 업무의 종류, 고용인의 능력, 감독자의 능력, 고용인과 감독자의 관계, 생산품에 대한 압박 등이 포함되어 있다.

처리하는 업무의 종류: 만약 고용인들이 비슷하고 반복되는 업무를 하고 있다면 한 명의 관리자가 많은 고용인들을 감독하는 것이 가능하다. 그러나 고용인들의 업무가 복잡하고 자주 바뀐다면 좁은 통제범위가 필요하다.

고용인의 능력과 전문기술: 만약 고용인들이 잘 훈련되어 있고, 각자의 업무에 충실하다면 엄격한 감독은 필요하지 않다. 그러므로 통제범위는 넓어질 수 있다. 반면에 훈련이 충분하지 않은 개인들은 감독자의 교육과 지시가 필요하다 그러므로 한 감독자에 적은 숫자의 고용인들이 배정되어 있어야 한다. 비슷하게 고용인들이 업무에 무관심하다면, 더 엄격한 감독과 좁은 통제범위가 필요하다.

감독자의 능력과 전문기술: 만약 감독자가 유능하고 기술적 자질을 갖추고 있다면 그 감독자는 그보다 못한 감독자보다 더 많은 숫자의 부하직원들을 감독할 수 있다.

감독자와 고용인의 관계: 감독자를 존중하고 감독자의 정당성을 인정하는 상황에서는 감독자와 고용인 사이에 따뜻한 대인관계가 존재하며, 넓은 통제범위가 가능해진다.

생산품에 대한 압박: 더 많고 더 좋은 질의 상품과 서비스를 생산하라는 압박이 조직에 가해지면 고용인들을 더 강하게 통제하고 감독하여야 하며 그 결과로 통제범위는 좁아지게 된다.

좁은 통제범위는 더 많은 통제와 감독을 의미하며, 넓은 통제범위에는 느슨한 감독과 통제가 따라옴을 주시하여야 한다. 그러므로 부하직원들과 업무에 더 큰 통제를 행사하는 것이 필요하게 되면 한 감독자 밑에 있는 부하직원들의 수는 감소된다.

조직이 폭이 좁은 통제범위를 채택하면 그 결과로서 많은 계급단계가 발생한다. 반면에 넓은 통제범위를 채택하는 경우 계급단계의 수는 줄어든다. 전자는 '높이 솟은' 구조를 형성하고, 후자는 '평평한'

구조를 형성하게 된다.

3) 부서화

통제범위 이론은 부서화 개념으로 이어진다. 즉 "어느 누구도 무한정 많은 부하직원을 관리할 수는 없으므로, 업무를 동일한 그룹으로 나누는 것이 필요하다(Robbins, 1976, p.222)." 이런 동일한 업무그룹으로 나누는 과정을 부서화라고 한다. Filley 등(1976)은 부서화를 두 가지 포괄적인 종류로 나누었다.

과정이 지향적이거나 기능적인 부서화는 전문화의 개념을 기본으로 두고 있다. 즉 동일한 업무를 하는 사람들은 한 부서로 묶일 수 있다. 회사의 판매부서와 회계부서, 그리고 고등학교의 체육교육부서는 전문화된 업무를 바탕으로 나누어진 부서화의 예라고 볼 수 있다.

그룹으로 나누는 또 다른 방법으로 목표지향적인 부서화가 있으며 생산품의 종류, 지역별, 고객의 유형, 프로젝트별로 나누게 된다(Filley 등, 1976, p.361). 이런 유의 부서화에서 각 부서는 서로 다른 업무를 수행하는 각자 전문화된 구성원들로 구성된다. 영리를 추구하는 한 피트니스 클럽이 다른 지역으로 사업을 확장한다고 해 보자. 각 지역에 있는 분점들은 각기 필요한 업무를 위하여 서로 다른 일을 하는 사람들을 고용하여야 한다. 비슷하게 그 회사가 일반 피트니스 고객과 운동경기를 준비하는 고객의 요구에 모두 대응하기로 결정하면 각자 다른 기술 수준의 서비스를 제공하는 두 가지 부서를 만드는 것이 필요할 수도 있다.

많은 장단점이 이 두 종류의 부서화와 관련되어 있다. Filley 등(1976)에 의하면 하위전문가의 발전(전문직 내의 분업), 전문성의 발전, 전문가에 의한 감독, 전문성의 전파(전문적인 동료에게서 배우고 그들에 의해 동기를 부여받을 수 있는 기회), 자원 활용의 최대화(보충이 되기 전까지는 이미 있는 직원과 장비의 활용을 최대화한다), 일에 대한 만족(기능적으로 만들어진 부서의 구성원들은 목표지향적으로 만들어진 부서의 구성원보다 그들의 업무에 더욱 만족하는 경향이 있다)을 기능적인 부서화가 제공한다고 한다.

기능적 부서화의 부정적인 관점으로 다른 부서와의 협업이나 계획이 어려워진다는 것이다. 또한 기능적 구조는 각 부서에 속해 있는 사람들의 전문분야 차이로 인해 부서들 간 갈등과 경쟁을 일으킨다. 즉 "고객의 목표 또는 프로젝트의 목표보다는 전문성의 목표가 더욱 강조된다(Filley 등, 1976, p.365)."

> 목표 지향적인 부서화의 장점은 부서들이 고객, 주위환경, 프로젝트의 요구에 집중하는 경향이 있다는 데 있다. 즉 조직원들의 활동력이나 프로그램에 대한 평가가 기능적 구조에서 매일매일 반복되는 일정보다는 문제의 해결책이나 조직의 목표를 달성하는 데 따라 달라진다(Filley 등, 1976, p.367).

각자 다른 분야에서 전문화된 기술을 가지고 있는 직원들이 한 관리자 아래에 있으면 협업은 탁월하며 갈등은 둔화된다.

그러나 목표지향적인 부서는 기술을 가진 사람과 설비가 중복되고 완전하게 활용되지 않기 때문에 비효율적이다. 게다가 전문가에 의한 감독은 구성원 대부분에 의해 거부되며 소외감을 가질 수도 있다-

특히 같은 분야에 다른 사람이 없다면 전문적인 성장과 배움의 기회가 최소화된다.

매트릭스 구조는 기능적 부서화 모델과 목표지향적 부서화 모델 양쪽의 장점을 취하기 위한 또 다른 모델이다. 매트릭스 조직은 단순히 한 구조와 다른 구조를 서로 겹쳐 놓은 것이다. <표 4-1>에 나와 있듯이 체육과 교수들은 기능적 부서로 모여 특정 프로젝트 그룹에 속하게 된다. 동시에 구성원 각각은 목표지향적 부서로 나뉠 수 있다. 이 방법은 프로젝트 활동에 있어서 탁월하고 효율적인 협업이 이루어지도록 한다. 동시에 구성원들에게 홈베이스(원래의 소속지)를 제공하기도 한다. 그러나 이런 매트릭스 구조에는 한 가지 심각한 결함이 있다. 모든 구성원은 두 명의 관리자 아래에서 감독되므로 다음에 언급될 지휘 통일성 이론을 위반하게 된다.

〈표 4-1〉 체육과 교수들의 매트릭스 구조

	프로젝트 그룹 (프로그램)			
기능부서화 (주제영역)	재학생	졸업생	운동경기	교내경기
사회과학				
생명과학				
행동과학				

4) 지휘 통일성

지휘의 통일성은 "한 사람이 두 주인을 섬기지 못할 것이니"라는 성경의 원칙과 비슷하다. 이것은 "각자 한 관리자에게 지시를 받고 보고하여야 한다."라는 뜻이다(Filley 등, 1976, p.269). 이것은 상부의 다른 상관들 사이에서 내리는 명령들 사이에서 갈등이 발생하는 것을 방지하기 위함이다. 정부 관료조직과 같은 수직구조의 조직들에서는 지휘 통일성이 유용한 반면, 매트릭스 조직과 같은 복잡한 현대 조직구조에서는 별로 인정받지 못한다. 이런 구조에서 고용인은 단 한 명의 관리자의 지시만을 따를 것이 아니라 많은 사람들의 조언과 제안을 들어 보아야 한다.

5) 책임과 권위

권위에 따르는 책임의 원리는 고용인이 부여된 책임을 실행하기 위하여 필요한 권위를 반드시 부여받아야 한다는 것이다. 만약 업무에 관한 결정권이 없다면 임무를 수행하지 못할 것이라는 것은 명백하다. 그러므로 체육 강사는 반드시 그가 책임지고 있는 수업의 내용과 과정에 대해 결정을 내릴 수 있는 권위가 있어야 한다. 책임과 함께 이런 권위의 개념은 부하직원들의 활동을 통제하고 감시하여야 하는 사람들의 경우 더욱 중요해진다.

요약하면, 전문화, 통제범위, 부서화, 지휘 통일성, 책임과 권위의 원리들은 조직이 마찰없이 효율적으로 기능을 다할 수 있도록 해준다. 거의 모든 조직들이 이런 원리들을 다양하게 받아들이고 있다.

2. 관료주의

관료주의자들은 마치 바퀴벌레와 같다. 바퀴벌레와 같이 어디에나 존재하고 그들에겐 어떠한 유용한 목표도 있어 보이지 않으며, 그들을 멸망시키려는 노력에 반항하는 듯이 보인다.

이러한 묘사는 관료주의와 관련된 사람들의 부정적인 면모를 보여준다. 하지만 모든 비판에도 불구하고 민주주의거나 전체주의거나, 가난하거나 잘살거나, 크거나 작거나에 상관없이 모든 국가에서 관료조직이 가장 강력한 지배권을 갖고 있다. Perrow(1972)는 관료조직에 대해서 다음과 같이 지적하였다.

> 우리가 알고 있거나 우리가 가까운 미래에 꿈꾸는 어떤 조직보다 훨씬 우월한 조직 형태이며, 이러한 조직을 없애거나 바꿀 수 있는 기회는 아마도 금세기 내 서구에선 없을 것이다. 그러므로 이런 조직을 이해하고 인식하는 것이 중요하다(p.7).

관료주의는 오랜 옛날부터 여러 가지 유형으로 실행되어 왔지만 그 현상의 분석과 논의는 20세기 초부터 시작되었다. Tayer와 Fayol 같은 고전적인 이론가들에 의해 관료조직의 몇몇 특성이 강조되어 왔다. 독일 사회학자인 Max weber는 '관료주의'라는 용어를 새롭게 만들어 내고, 20세기 초반에 관료주의에 관한 방대한 저술을 남겼다. Weber(1947)는 그의 저술에서 조직이 합리적이고 효율적으로 운영되기 위해서 조직은 반드시 근본적 특성을 가져야 한다고 주장하였다. 그의 관료주의 이론들은 아래에서 언급된다. 몇 개의 이론은 위에서 언급된 조직에 대한 고전적인 이론과 완전히 같거나 유사하다.

1) 분업

어떤 조직에서건 전체 업무를 간단하고 잘 정의된 업무로 나누고, 나누어진 업무들을 공식적 의무로서 구성원들에게 배분하여야 한다. 앞에서 언급한 바와 같이 분업은 구성원들의 고용과 훈련에 있어서 월등한 생산성과 효율성을 나타내는 전문화를 촉진시킨다. Weber는 또한 분업이 각 구성원들의 책임을 규정함으로써 조직 활동을 강력하게 통제할 수 있다고 하였다.

2) 계층의 권력구조

조직의 지위는 더 높은 지위에 더 큰 권한이 주어지도록 되어 있다. 즉 모든 지위에는 자신보다 더 낮은 지위에 명령을 내릴 수 있는 권한과 더 높은 지위에서 내려오는 명령을 따라야 하는 의무가 있다.

Weber(1958)는 관료주의에서의 권력은 그 지위에 있는 사람에게 있는 것이 아니라 그 지위 자체에 있다고 강조하였다. 이런 권력은 명문화된 규칙과 규정에 의해 만들어진다. 권력이 다른 지위들 간에 합리적이고 합법적으로 배분되어 있기 때문에 Weber에 의해 합리적-합법적 권력이라고 불려 왔다. 그는 전통적 권력과 카리스마적 권력을 합리적-합법적 권력과 대조하였다.

전통적 권력은 전통과 전례에 기초한다. 즉 항상 그래 왔기 때문에 어떤 특정한 인물이 권력을 행사하여야 한다는 공통된 인식이 있다. 이런 권력은 "과거에 행사된 권력을 가지고 있던 사람들이 가진 지위의 중요성에 대한 믿음이 확고하다(Hoy and Miskel, 1982, p.79)." 그러므로 이전 선수들이 그렇게 해 왔기 때문에 현재 운동을 하고 있는 어린 선수들은 매우 독재적인 코치의 비합리적인 지시를 따를 수밖에 없게 된다.

카리스마적 권력은 지도자의 특별한 재능이나 임무에 대한 추종자들의 신념에 의해 만들어진다. Hoy와 Miskel(1983)은 카리스마적 권력은 다음과 같다고 하였다.

> 지도자의 압도적인 개인적 매력에서 결정된다고 하였다. 전형적으로 조직 내에서의 공통된 가치지향은 지도자에 대한 강하고 규범적인 귀속감을 만들어 낸다(p.79).

위에서 언급된 어린 선수들은 코치의 카리스마적인 권력 때문에 코치가 무엇을 요구하든지 간에 따를 수 있다. 조직의 개인들은 이 모든 세 종류의 권력을 경험해 볼 수 있지만 Weber는 오직 합리적-합법적 권력에 기초한 추종만이 조직의 효율성에 기여할 수 있다고 주장하였다.

계층제의 권력구조는 조직의 모든 직위에서 이루어지는 활동들을 확실하게 통제할 수 있게 한다. 이것은 또한 조직 내 의사소통의 확실한 경로를 만들어 준다(누가 누구에게 공식적 메시지로 소통하여야 하는지). 직위에 권력을 부여하는 것과 권력이 행사되는 경계를 설정해 주는 것이 모두 동일한 계층이라는 사실이 자주 간과되고 있다.

3) 추상적인 규정 시스템

Weber가 제시한 관료주의의 또 다른 이론은 추상적 규정시스템이다. 이 이론은 조직이 '누가, 무엇을, 누구를 위해, 어떤 조건으로'에 대한 여러 가지 규정을 구체화시킨다는 사실을 보여준다(Sofer, 1972, p.9). 개인과 사건들은 범주별로 체계적으로 분류되고 몇 가지의 규정들이 이 범주에 적용될 것이다. 고용인들은 특정한 상황에 적합한 규정의 적용을 기대한다. 예를 들어, 탈의실 안내인은 누구에게 락커와 운동복을 줄지 결정을 하는 데 있어서 몇 가지 규정을 따라야 한다. 탈의실 고객들은 교수, 학생, 운동선수 등의 범주에 포함될 수 있고, 각각의 범주에 특정한 서비스를 정의하는 규정이 있게 된다.

추상적인 규정시스템은 조직의 활동과 조직원에게 일관성과 통일성이 있다는 것을 확인해 준다. 즉 어떠한 상황에서, 어떤 구성원에게, 상황이 발생한 시간이나 장소와 상관없이 동일한 대우를 받게 된다.

4) 객관성

Weber에 의하면 관료주의는 객관성을 보인다고 한다. 객관성은 조직의 고용인들은 어떠한 개인적, 감정적, 사회적인 고려없이 똑같은 기초에 근거하여 고객이나 동료직원을 대해야 한다는 개념을 의미한다. 즉 '사회적 거리(social distance)'가 조직에 관련된 일을 처리할 때 반드시 유지되어야 한다. 탈의실 안내원은 개인적인 감정으로 고객에 영향을 미쳐서는 안 된다. 또한 이 개념은 조직활동에서의 통일성과 일관성을 목표로 하고 있다.

5) 기술적인 능력

관료주의하에서 채용된 직원들은 조직 내의 특정지위에 관련된 그들의 능력에 따라 승진된다. 기술적인 능력은 위에서 언급된 합리적 - 합법적 권력의 개념을 보충한다. 만약 어떤 지위를 차지하고 있는 사람이 이에 합당한 능력이 없다면 그 지위의 권력은 합리적이라고 볼 수 없다. 그러므로 농구코치가 훈련과 경기에 대한 심리적, 생리적 지식뿐만 아니라 전문기술을 가지고 있지 않다면, 선수들은 그의 권위를 합리적으로 여기지 않을 것이다.

요약하면 Weber는 분업, 계층제의 권력구조, 추상적인 규정시스템, 객관성, 기술적 능력을 가지고 있는 조직이 합리적이고 효율적이라고 주장한다(즉 모든 활동은 조직의 목표를 효율적으로 달성하기 위한 것이다). 몇몇 연구자들은 관료정치가 자연법칙에 속하기 때문에 자연스럽게 일어난다고 주장해 왔다. 예를 들어, 인체 조차 분업(인체의 여러 가지 체계는 각기 다른 기능을 수행한다)과 계층제의 권력구조(뇌는 인체의 나머지 부분을 통제한다)로 그 특성을 묘사할 수 있다. 그러므로 조직이 만들어지거나, 발전할 때, 관료정치의 개념은 자연스럽게 따라온다.

3. 관료주의 비판

중요한 것은 Weber가 '이상적인' 구조를 묘사했다는 것이다. 대부분의 경우가 그렇듯이 이상은 절대 도달되지 않는다. 그 결과로 관료주의와 그 처방에 대한 심각한 비판이 존재해 왔다.

분업에 대한 가장 큰 비판은 분업을 함으로써 개인의 업무는 단조롭고 반복적인 것으로 줄어든다는 것이다. 줄어든 업무는 고용인들의 솔선하는 정신, 창의력, 동기를 저하시킨다. 결과적으로 지루함과 좌절은 직원들의 생산성을 저하시킨다고 알려져 왔다. 그러므로 전문기술과 효율성이 요구되는 분업조차도 지루해지고 비효율적이 된다.

부서수준으로 일을 분리하는 분업화는 부서간의 대립관계를 유발하여 조직의 목표를 바꾸어 버리는 결과로 간다. 즉 모든 부서는 조직 전체의 더 큰 목표와 상관없이 자기 부서만의 목표를 세우고 이루기 위해 노력한다.

계층적 권력의 심각한 결점은 의사소통의 흐름이 궁극적으로 업무의 흐름과 일치하지 않는다는 것이다. 한 고객의 경우를 처리하는 두 명의 고용인이 각기 다른 두 부서에 속해 있을 수 있다. 그들이 이 고객의 업무와 매우 밀접하게 연관이 되어 있고, 그들이 서로 가까운 데서 업무를 본다 하여도 그들은 서로 소통하지 못하여 공식적인 결정을 내리지 못할 것이다. 모두 서로 다른 상사를 거쳐 소통해야 한다. 이런 간접적인 의사소통은 업무과정에서의 지연을 발생시킨다.

추상적 규정의 개념은 가장 심각한 비판을 불러일으켰다. 첫째, 규정들은 시대가 바뀜에 따라 시대착오적인 것이 되어 버린다. 예를 들어, 최근 캐나다 이민법으로는 외국여자가 캐나다 국민과 결혼을 하면 여자는 자동적으로 캐나다 국민이 된다. 하지만 캐나다 국민과 결혼한 외국남자가 캐나다 국민이 되기 위해서는 소정의 절차를 밟을 것이 요구된다. 가정하건대 이 법은 성별 역할에 관련된 사회적인 조건과 기대가 현재와 달랐을 때 제정되었을 것이다. 시대는 바뀌었지만 법은 바뀌지 않았다.

두 번째 문제는 적절한 규정의 적용에 관련되어 있다. 즉 관료가 최초에 사건이나 주제를 적절한 범주로 분류하여야 한다. 그러나 분류과정에서의 오류로 인해 적절하지 않은 업무처리가 된다.

세 번째 규정의 존재는 직원들로 하여금 최소한 받아들일 수 있는 실적기준을 세우게 한다. 이런 규정들은 직원들로 하여금 규정을 경직되게 따르게 함으로써 자발성을 해친다. 마지막으로 규정에 대한 의존은 직원들이 고객과의 상호관계에서 그들을 경직되게 만든다. 이러한 경직은 직원과 고객 사이에 긴장을 불러일으켜 직원들이 더욱더 규정에 얽매이게 한다. 이런 현상은 "법대로 합시다"라는 문구에서도 반영된다.

객관성의 개념은 조직 내부와 외부의 결탁을 눈감아 준다. 고용인들의 모든 대인관계적인 감정과 태도를 억누르려 하는 것은 비현실적이라는 것이 관료주의 객관성에 대한 비판이다.

기술적 능력은 조직의 효율성과 효과를 위해 필수조건이라고 일반적으로 여겨왔다. 하지만 관료주의는 연공서열에 따라 사람들을 승진시키는 경향을 보인다. 연공서열이 대개는 여러 곳의 낮은 자리에서의 경험과 축적되어 온 지식을 반영하는 것이긴 하지만, 재능있는 인재들을 고위직으로 올려 보내는 것을 거부한다. 그리고 어떤 관료주의자들 간에는 '이십 년' 동안의 경험은 '일 년' 동안의 경험을 스무 배 한 것과 같다는 식의 논쟁이 벌어지기도 한다.

이런 비판에도 불구하고 많은 조직 이론학자들은 Weber의 의견을 지지하고 관료주의가 크고 복잡한 조직을 설립하는 데 있어 기본적인 방법이 되어야 한다고 뒷받침하였다. Perrow(1972)는 "관료주의의 병폐는 죄가 아니며 완벽한 관료화에 있어 오류일 뿐이다"라고 하였다(p.6). 하지만 Perrow는 관료주의의 '이상적인' 형태가 절대 이루어질 수 없다고도 하였다. 그 두 가지 이유는 첫째, 조직의 구성원들은 그들만의 가치관을 그 조직에 적용할 것이고, 구성원들은 조직과는 별도의 관심사를 가지고 있을 것이다(p.5). 둘째, 구성원들이 고른 지적 수준에 예지력을 갖추고 모든 것을 알고 있으면서 힘이 넘쳐야 한다. 모든 조직은 반드시 슈퍼맨이 아닌 어디서나 찾기 쉬운 '평균' 수준의 사람을 기준으로 하여 만들어져야 한다(p.5).

Perrow는 또한 관료주의가 효율적이기 위해서는 안정적으로 구조화되어야 한다고 주장하였다. 정부의 경우 안정성은 가장 중요한 기준이 된다. 하지만 안정성이 확보되면 그 관료조직이 환경변화에 둔

감해진다는 것은 일종의 역설이다. 이것은 관료적 형식주의와 비효율성을 촉진시킨다. 정부의 관료조직은 종종 그 안성정과 관료적 형식주의 혹은 비효율성에 대해 비판을 받는다. 하지만 관료제의 안정성이 정부의 급진적 변화의 시기에 있어서(민주주의적이거나 혁명적이거나) 일관성을 제공한다는 것은 중요하다.

4. 민주주의의 관료주의

계급제의 성립에 있어 강조되는 부분과 계급제의 특징인 상급자에 대한 복종과 규율은 평등, 선택의 자유, 반대의견과 같은 민주적 개념과는 대조적이다. 그렇다면 관료주의는 어떻게 하여 민주주의 안에서 묵인되며 허용이 될 수 있는가?

Blau(1956)는 민주주의와 관료정치의 목표와 과정을 대조해 보면서 이 문제를 해결했다. 민주주의의 목적은 공통으로 합의된 사회적 목표를 정의하는 것이다. 이런 목표를 정의하는 과정은 표현의 자유와 반대의견에 의해 이루어진다. 이런 다른 의견들에 근거하여 유권자와 입법자는 판단을 내릴 수 있다.

대조적으로 관료제의 목적은 정의된 목표를 실현하는 것이다. 목표를 달성하기 위한 효율적인 방법의 결정과 실행이 관심사가 된다. 효율성을 얻기 위해서 규정과 과정은 반드시 정의되어야 하며 권력체계로서 규칙을 따르게 하여야 한다. 또한 구성원들은 반드시 규정을 따르고 권력에 순응하여야 한다. 그래서 Blau(1956)는 다음과 같이 지적하였다.

> 관료주의적인 구조와 민주주의적인 구조는 효율성이나 반대의 자유같은 지배적인 조직의 원칙에 의해 구별될 수 있다. 이런 원칙들은 한 가지 목표만 적합하다. 사람들의 이해관계를 대변하게 되는 목표를 결정하는 일이 자신에게 주어진다면 중요한 문제는 모든 갈등에 대해서 들어 볼 기회를 가져야 한다는 것이다. 반면에 주어진 사회목표를 달성하는 것이 임무라면 본질적인 문제는 대중적인 수단이 아닌 효율적인 수단을 찾는 것이다. 민주주의적인 가치는 사회의 목표가 다수의 결정에 따라 정해지는 것뿐만 아니라, 민주주의적이기 보다 관료주의적인 조직을 만듦으로써 가장 효과적인 수단을 통해 실행되는 것도 필요로 한다. 그러므로 이러한 관료주의 존재는 민주적인 가치를 손상시키지 않는다(p.107).

민주주의와 관료주의의 서로 대조되는 목표와 과정은 <표 4-2>에 나타나 있다.

〈표 4-2〉 민주주의와 관료주의 목표와 과정

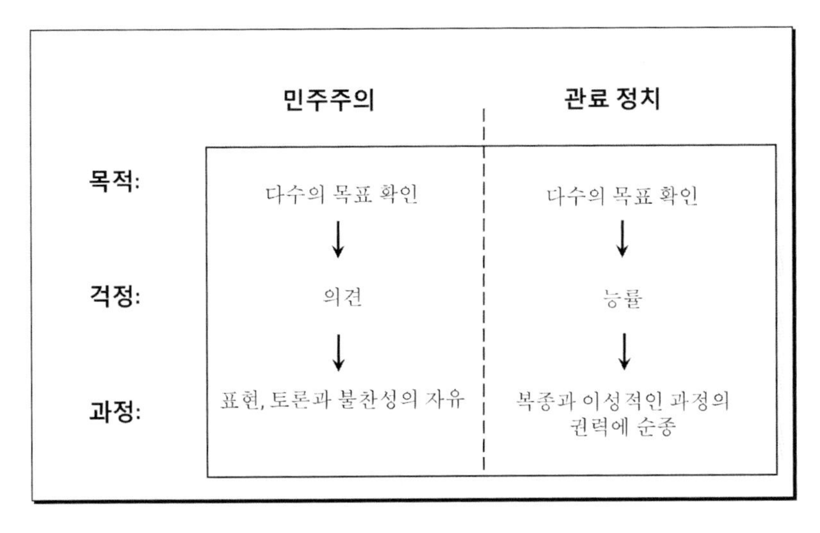

Perrow와 Blau 같은 이론학자들은 관료정치의 개념을 지지하지만, 그들은 또한 대규모 관료조직의 위협에 대해서도 지적하였다. 대규모 관료조직은 방대한 자원을 통제할 수 있기 때문에 민주적 절차에 영향을 줄 수 있는 권력을 가지고 있다. 사실 영원히 존재하며 권력을 더욱 강화하려는 관료제의 경향은 관료조직을 민주정치에 개입하게 만든다. 예를 들어, 민주적으로 선출될 사람들 결정에 영향을 미칠 미국 국방부 같은 정부기관과 AT&T와 같은 큰 회사의 로비가 그 예가 될 수 있다. Perrow(1972)는 다음과 같이 지적하였다.

> 관료주의가 바람직한 결말을 위해 어떻게 사회자원을 동원하는가를 반드시 이해하여야 하며 어떻게 하여 소수(우리가 허용하지 않는 결말을 위해, 우리가 일반적으로 알지 못하는 결말을 위해, 더 놀라운 일로서 우리가 대안을 만들 수 있는 자리에 있지 않다는 이유 때문에 받아들여야 하는 결말을 위해 사회자원을 이용하는 경향이 있는 사람들)의 손아귀에 불가피하게 권력을 집중시키는지도 이해하여야 한다(p.7).

대체적으로 민주주의 내의 관료주의를 중립적이라고 보는 것은 타당하다(긍정적이거나 부정적인 결과는 관료제도 안에 있는 사람들이 만드는 것이다).

5. 스포츠조직의 관료주의

관료주의의 개념은 길게 두 가지 이유로 설명되었다. 첫째, 현대사회는 관료조직(ex. 정부, 대기업, 대학, 병원, 연합, 정당 등)에 의해 점점 더 큰 범위로 통제되고 지배되고 있다. 그러므로 모든 개인들은 반드시 관료조직 구조의 원리에 대한 이해와 인식을 가지고 있어야 한다. 두 번째, 관료주의의 개념은 오직 큰 조직에만 적용되는 것으로 보이지만 관료주의를 합리적이고 효율적으로 만드는 요소들은 작은 조직에도 적용될 수 있다. 예를 들어, 미식축구의 경우 가장 성공적인 팀은 분업(공격수, 수비수, 각각의 전문화된), 계급(감독, 조감독, 분야별 기술코치, 주장, 쿼터백), 선발의 객관성, 선수들의 기용과 보상, 코치와 선수들의 기술적인 능력에 의해 특성화된다. 게다가 축구경기 룰부터 리그 룰, 경기장 밖에서 선수들을 통제하는 팀 룰까지 수많은 규칙들이 존재한다. 가장 중요한 것은 이런 규칙들을 선수들이 잘 지켜 주어야 한다는 것이다. 이것은 관료정치의 규칙과 권위에 대한 구성원들의 자발적 순응과 복종의 아주 좋은 예가 된다. Frisby(1983)는 다음과 같이 언급하였다.

> 스포츠 영역의 법과 정부의 개입, 스포츠가 관료화되어 감으로써 수단가치로서 표현되는 가치의 강탈 등으로 인한 참여와 봉사에 대한 개인들의 자발성 상실에 대해 많은 연구자들이 우려하고 있다(p.80).

관료화되어 감으로써 스포츠의 기본요소를 잃어버리게 된다는 우려는 민주주의와 관련하여 언급되는 관료제에 대한 우려와 유사하다. Blau(1956)는 앞에서 언급되었듯이 민주주의와 관료주의의 서로 대조적인 목표들은 다른 과정(민주주의에서의 표현과 자유, 관료주의에서의 순응과 복종)을 정의할 뿐만 아니라 필요로 하게 한다. 비슷하게 경쟁적이고 오락적인 스포츠들의 목표를 조사해 보면 서로 매우 다르며 결과적으로 과정도 매우 다르다. Keating(1964)은 최고를 추구하는 목적의 경기와 참가자들의 즐거움을 최대화하는 것이 목적인 스포츠를 구분하였다.

> 기본적으로 스포츠는 절제와 관대함의 정신으로 통제되는 즉각적이고도 직접적인 재미, 즐거움, 기쁨을 위한 오락의 종류이다. 하지만 경기는 헌신, 희생정신, 강렬함으로 특징지어지며 경기에서의 마지막 승리를 위한 경쟁적인 활동이다(p.28).

오락적인 스포츠와 경기시합의 차이를 고려할 때, 양쪽으로 들어가는 노력의 형태가 서로 다르다고 예상하는 것이 논리적이다. 오락적인 스포츠는 느슨한 구조가 될 것이며 경쟁적인 스포츠는 관료적인 구조가 되어야 한다.

국립 스포츠 기관에 대한 관료주의의 연관성은 Frisby(1983)의 캐나다 스포츠 기관에 대한 연구에서 설명되었다. 그녀는 관료주의적 국립 스포츠 기관은 목표를 달성하는 것과 자원을 확보하는 데 있어 더욱 효과적이라고 하였다. 그녀는 "관료주의에 대한 Weber의 이론은 자발적인 아마추어 스포츠조직 특성에 대한 이해를 위해 유용한 뼈대를 제공한다"라고 주장하였다(p.246). 만약 특정한 목표를 이루고 싶다면 자발적 조직 조차도 반드시 관료제에 의존해야 한다.

6. 조직화: 개방시스템 관점

관료주의는 본래 닫힌 조직 시스템이다. 관료주의 관점에서 보면 조직의 목표는 명백하고 확고하며 조직과 그 절차는 모든 내부활동에 있어 효율적이도록 만들어졌다. 효율성을 위해 관료주의는 환경적인 영향을 무시하는 경향이 있다. 하지만 조직은 진공상태에서 운영되지 않는다. 기본적으로 조직은 사회의 도구이고 결과적으로 사회와 사회의 요구에 중요한 책임이 있다.

사회의 요구가 바뀌기 때문에 효율적으로 사회의 요구에 부응하기 위해서는 변화들을 감시하고 받아들이는 것이 중요하다. 만약 조직이 자급자족한다고 하여도 생존하기 위해서는 환경의 변화를 받아들여 바뀌어야 한다. 조직은 주변 환경의 자원에 의존적이므로 예측불허의 환경변화에 조직이 익숙해져야 한다는 것은 피할 수 없는 일이다. 그러므로 공과대학은 반드시 학생들을 모집하여야 하며 학생들은 반드시 일자리를 찾아야 한다. 하지만 사회에서 필요한 기술은 바뀌게 되며 공과대학이 이런 변화를 반영하는 커리큘럼을 짜지 않는다면 결국엔 퇴출되게 될 것이다. 환경의 요구에 대한 민감도는 조직을 설계하는 데 있어 많은 이론학자들(Lawrence와 Lorsch(1967), Thompson(1967), Parsons(1960))로부터 사용된 접근방법의 기초가 된다.

1) 로렌스(Lawrence)와 롤시(Lorsch) 모델

Lawrence와 Lorsch(1967)의 연구는 조직편성에 관한 것이다. 그들의 기본전제에서 제조조직은 기본적으로 세 가지 하부조직(판매, 생산, 연구개발)으로 나누어진다. 이런 하부조직은 반드시 주위환경의 서로 다른 영역인 시장, 기술경제, 과학 등을 다루어야 한다.

이 세 가지 하부조직은 각기 환경에 대해 가지고 있는 정보의 양, 환경에서 받은 피드백의 정도에 따라 환경변화에 따른 변화속도가 다르다. 이 세 가지 요소는 Lawrence와 Lorsch가 '환경의 확실성'을 구성한다. Lawrence와 Lorsch에 의하면 하부조직이 직면하는 주위환경의 상대적인 확실성은 조직에 두 개의 특정한 문제(분리와 통합)를 만든다.

분리: 분리는 조직이 환경적인 요건에 따라 여러 부서로 나누어질 때 발생한다. 이러한 부서들은 적절한 태도와 기술을 가지고 있는 사람들로 구성된다.

분리의 개념은 부서화 개념과 동일하지 않다는 점에 유의하여야 한다. 고전적 관료주의 접근에 의하면 부서화는 특정한 기능과 목표에 따라 조직을 부서 단위로 나누는 것이다. 여러 부서의 내부구조는 서로 유사하고 계층화된 권위와 규칙, 규정으로 특징지어진다.

반면에 Lawrence와 Lorsch에 따르면 분리는 다른 환경적인 조건에 기초한 분업이라고 말할 수 있다. 모든 단위부서는 주변환경의 다른 부문들과 상호작용하여야 하기 때문에(이런 부문들은 불확실성과 변화의 속도가 다르다) 조직단위는 특정한 환경과 요구에 대처할 수 있도록 편성되어야 한다. 게다가 분리의 필수조건으로서 조직의 구성원들은 주위환경의 요구에 합치되는 특정한 재능과 태도를 가지고 있어야 한다.

통합: Lawrence와 Lorsch는 분리는 비교적 실행하기 쉬운 반면에 하부조직들을 의미있고 효과적으로 통합시키는 것은 어렵다고 지적하였다. 분리된 부서단위들은 서로 다른 구조를 가지고 있고 다른 절차에 따라 운영되기 때문에(더 중요한 점은 이런 단위부서의 구성원들은 다른 훈련과 업무연수를 받았다) 통합의 업무는 분리의 업무보다 더욱 어렵다.

연락이나 통합 담당자를 만들거나, 그룹 간의 상호협력을 의무로 하거나, 공통의 목표를 위한 책임에 동참시키거나, 동일한 유대로서 특수 팀이나 위원회를 만들거나, 친밀감을 향상시키기 위한 모임을 가짐으로써 통합이란 어려운 임무를 달성하는 것이 가능하다.

Lawrence와 Lorsch 모형은 기업과 산업체를 위해 개발되었지만 분리와 통합의 개념은 또한 스포츠조직에서도 유용하다. 이것은 학부생들이나 대학원생들의 체육 프로그램 작성, 대학 간 대항 경기, 대학 내 스포츠의 경우에도 적용된다. <그림 4-1>에 나타나 있는 '고전적' 조직구조는 많은 체육교육 부서의 특성이다.

<그림 4-1>에 나와 있는 고전적 구조에서 일하는 코치, 감독, 교수들은 통제, 관할, 책임에 대한 문제들을 위주로 한 오랫동안 계속된 의논, 논쟁, 토론과 익숙하다. 대학 대항 간 경기가 대학의 근본적 교

육방침에 어긋나면(혹은 어긋난다고 생각되면) 이런 토론은 더욱더 격렬해진다. 불행히도 이런 토론들이 프로그램의 목표, 그들이 상대하여야 하는 주변 환경, 요구되는 내부구조, 프로그램 과정에 관련된 근본적인 조직문제를 제기하지는 않고 있다.

만약 분리의 개념이 체육교육 부서에도 적용된다면 네 가지 프로그램이 <그림 4-2>에 보인 구조에 따라 만들어질 것이다.

〈그림 4-1〉 체육교육, 운동경기, 대학 내 스포츠의 구조도

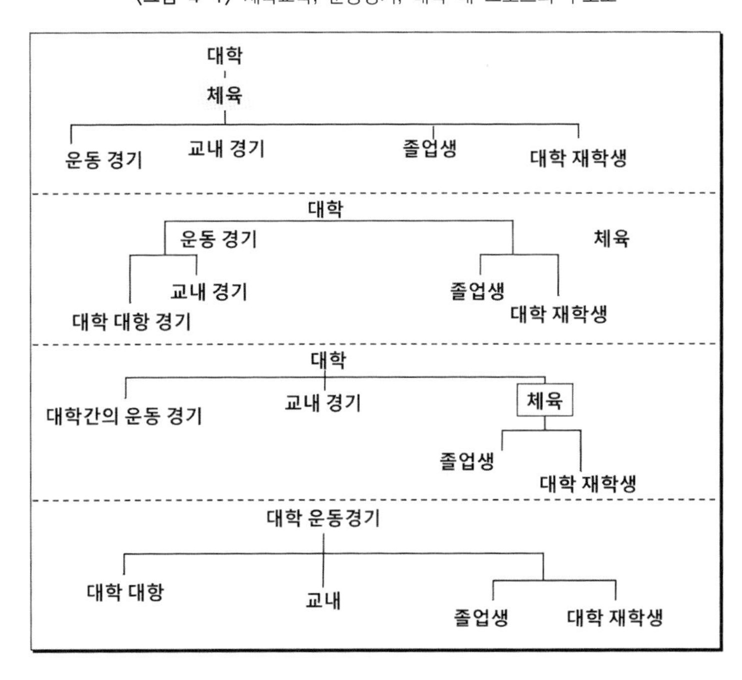

〈그림 4-2〉 개방시스템 관점에서 본 체육교육, 운동경기, 대학 내 스포츠의 분리와 통합(Behling & Schrisheim, 1976)

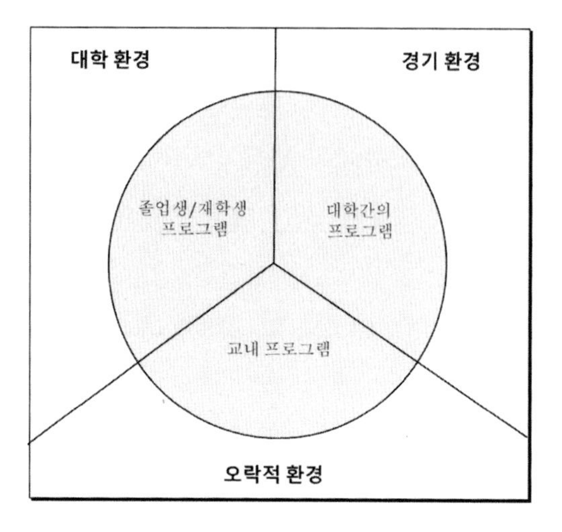

이 네 가지 프로그램은 각각 다른 목표를 가지고 있고, 서로 다른 주위환경과 상호작용하기 때문에 환경에 적합한 구조와 과정을 채택하여야 한다. 예를 들어, 대학 프로그램의 목표는 많은 학생들에게 일반적인 교육을 제공하는 것이고, 그 교육은 다른 교수들이 제공하는 교육과 동등하여야 한다. 그러므로 대학과정의 프로그램은 대학원과정의 프로그램보다 더욱 구조적이어야 한다. 게다가 교육은 학부과정에서 더 강조되고, 연구는 대학원과정에서 더 강조된다. 그러므로 학부과정의 프로그램은 활동의 일관성과 통일성에 더 큰 관심이 주어지므로 대학원과정의 프로그램보다 상대적으로 더 관료적이어야 한다.

분리의 개념은 또한 학부와 대학원과정 프로그램을 맡고 있는 교수들이 서로 다른 재능과 기술을 갖도록 요구한다. 학부교수들에게는 많은 학생들을 가르치고 미리 정해진 커리큘럼(안정된 환경에서 수업이 진행된다는 뜻이다)을 따라갈 수 있는 자질이 있어야 한다. 반면에 대학원교수들은 좀 더 연구 지향적이어야 하고, 교수의 조언을 구하는 소수의 엘리트 학생들에 대처할 수 있는 능력을 가져야 하며 새로운 문제들을 제기하고 해결할 수 있는 능력을 가져야 한다.

많은 대학들의 학부과정조차도 전문교육 지향적인지 일반교육 지향적인지에 따라서 다르게 만들어진다. Chelladurai(1976)와 Bell(1974)에 의해 제안된 모델(제조 모델과 서비스 모델)을 받아들여 체육교육 프로그램의 두 가지 다른 모델을 제안했다. 이 모델들은 <그림 4-3>에 제시되어 있다.

〈그림 4-3〉 체육교육 프로그램의 제조 모델과 서비스 모델

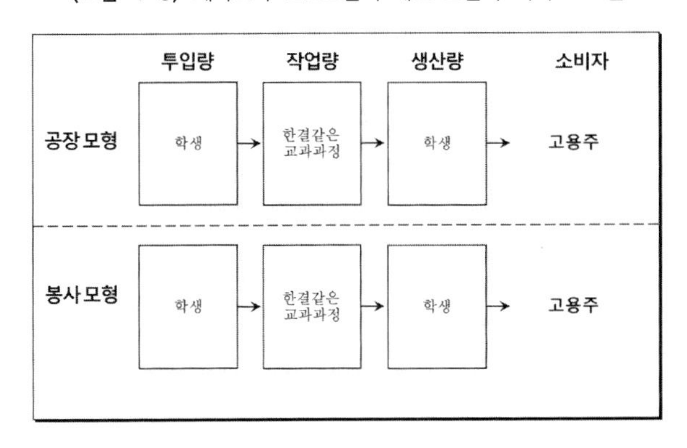

제조 모델에서 학생들은 출력물(특정 자격을 갖춘 졸업생)로 전환되는 입력물로 여긴다. 일반적으로 이런 출력물을 구매하는 소비자는 이 졸업생들의 미래의 고용주들이다. 그러므로 고용주들의 필요와 요구조건은 필요한 능력과 기술을 결정하는 데 있어 최우선이 된다. 학생들의 선발, 커리큘럼의 설계, 교육과 평가의 방식, 교수들의 채용과

평가절차 등에 대한 기준이 반드시 있어야 한다.

서비스 모델의 경우, 학생들은 교수들에 의해 제공되는 지식을 사는 최종소비자로 여긴다. 따라서 학생들의 욕구와 선호가 제공되는 수업의 종류에 큰 영향을 미친다. 서비스 모델에서는 학생들의 기술과 능력의 평준화에 중점을 두지 않는다. 그러므로 학생들의 선발, 커리큘럼의 개발, 교육과 평가, 교수들의 능력과 평가에 관련된 절차에 최소한의 기준만 두고 있다.

학생과 교수들의 능력, 지도, 태도뿐만 아니라 내부구조도 이 두 가지 모델에서 차이점을 보인다. 게다가 두 가지 모델은 서로 다른 목표를 가지고 있으며 서로 다른 환경에서 효과적이 된다. 이것은 분리개념의 기본이다.

학부, 대학원, 학내 과정, 운동경기 프로그램들은 쉽게 분리할 수 있는 동시에 더 큰 조직의 목표를 위한 하나의 의미있는 전체로서 통합하는 데는 신중한 고려와 의식적인 노력을 필요로 한다. 통합의 개념은 여러 대학에서 서로 다른 방법으로 이루어진다. 한 가지 명백한 방법은 이 프로그램들 중 하나를 최상위에 위치시켜 놓고 여기에 모든 프로그램을 조율할 수 있는 책임과 권위를 부여하는 것이다. 전통적으로 대학들은 <그림 4-1>에 나타나 있는 유형 중 하나를 따라왔다. 하지만 최근에는 전체적인 책임을 학구적인 프로그램에 부여한다. 즉 체육교육이 대학 간 대항 경기 프로그램의 통제에 대한 책임을 지고 있다. 전형적으로 체육대학장이나 의원장이 이 네 가지 프로그램을 감독하는 책임을 갖고 있다. 어떤 경우에는 방침, 규칙, 진행절차를 통해 요구되는 통합을 이루려는 시도가 있었지만 부분적 성공이었다. 이 네 가지 프로그램의 관리자들이 어떤 논쟁적인 문제에 있어서 서로 얼굴을 맞대고 함께할 때 가장 효과적인 통합이 이루어진다. 이것은 네 가지 프로그램의 책임자들이 정기적으로 모이는 위원회를 공식적으로 구성함으로써 이루어질 수 있다. 이런 직접적인 대면과정은 Lawrence와 Lorsch에 의해 효과적인 통합기법으로서 권장되었다.

이 네 가지 프로그램의 통합에 기여하는 다른 요소는 두 개 이상의 프로그램을 책임질 수 있는 인력을 채용하는 것이다. 그래서 대학교수가 학부과정을 가르치는 동시에 대학운동 팀 코치도 할 수 있다. 이런 상황에서 교수들은 두 개 프로그램의 활동을 통합하기 위하여 두 프로그램의 요구, 제약, 가치 등에 대한 이해를 가질 것이 필요하다.

2) Thompson 모델

Thompson(1967)은 조직은 상호작용하는 환경영역을 기본으로 하여 단위부서로 나누어져야만 한다는 Lawrence와 Lorsch의 관점을 지지하였다. 외부의 환경과 직접적인 접촉을 가지는 단위부서를 경계선 부서(boundary spanning units)라고 부른다. Parsons(1960)을 이어 Thompson은 조직은 기술적인 핵심이 되는 단위부서를 환경적 불확실성으로부터 반드시 봉쇄하기 위해 노력해야 한다는 관점을 지지하였다. 기술적인 핵심은 상품이나 서비스의 생산과 가장 직접적으로 연관된 단위부서를 말한다. 자동차 공장의 조립라인, 고등학교의 교실, 대학 간 대항 운동경기에서의 운동 팀은 각 조직에서의 기술적인 핵심이 되는 예라고 볼 수 있다. Thompson은 기술적인 핵심이 효율적이 되기 위해서는 부단한 투입, 생산물의 즉각적인 소비, 타 조직으로부터의 최소한의 간섭 등으로 나타나는 안정적인 환경에서 반드시 운영될 수 있어야 한다고 주장하였다. 즉 기술적인 핵심은 안정된 투입과 생산품의 소비 등과 같은 환경적 문제로 인해 방해받지 않으면서 상품과 서비스를 생산하는 기본적인 업무에만 집중할 수 있어야 한다.

환경적인 안정성은 Thompson이 경계선 부서(boundary spanning units)라고 부르는 것에 의해 만들어진다.

> 합리성 기준에 영향받기 쉬운 조직은 환경의 급변을 완충하고 평탄하게 하기 위해 경계선 부서를 설정함으로써 조직의 기술적인 핵심을 환경영향으로부터 분리시키길 원한다. 이런 능력은 투입과 산출 단위부서의 구조를 용이하게 결정할 수 있게 한다(p.67).

기업이나 산업체에서 마케팅, 구매, 법률, 공공업무 같은 단위부서들은 각자의 방법으로 해당 업무환경과 상호작용을 하며 기술적인 핵심에 필요한 자원을 확보하고, 생산물을 처분함으로써 기술적인 핵심을 위한 비교적 안정적인 환경을 조성하게 된다.

Thompson 모델과 스포츠조직 간의 연관성은 한두 가지의 예를 통해 강조된다. 교수와 학생은 대학의 기술적인 핵심이 된다. 강의실은 대학의 기본인 기능이 실행되는 곳이다.

교수와 학생들이 각자의 임무인 가르치는 것과 배우는 것을 수행하기 위해선 반드시 강의실 밖에서 일어날 수 있는 소동으로부터 보호되어야 한다. 기술적인 핵심과 외부환경 사이의 완충물은 학장, 프로그램 책임자, 보직교수들, 행정실 직원들, 설비요원, 예약 사무실, 시간표 작성 사무실, 총장, 대학의 최고위급 임원들로 구성된다. <그

림 4-4>는 대학의 행정부서에 의해 봉쇄된 강의실을 보여주고 있다.

〈그림 4-4〉 체육교육과 교수진에 적용된 Thompson 모델

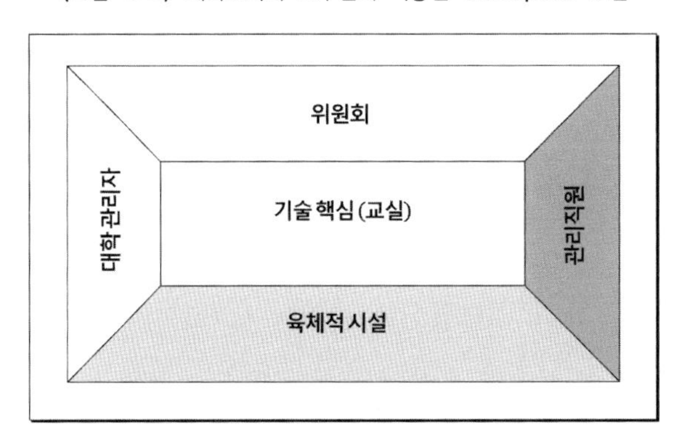

전형적으로 이런 완충 관리자는 학생들의 대학 입학허가, 일반적인 수업 프로그램, 특정한 과목에 요구되는 수강조건, 강의와 시험 시간표, 강의예약 등에 관련된 일을 처리한다. 미리 짜인 과목 시간표에 따라서 강의를 진행하고 학생들을 평가하는 것이 교수들의 주 업무이다. 학생들은 수강과목을 선택한 후에는 오직 배우는 일에만 관심을 갖는다. 장학금이나 학자금 융자 등은 학생들이 생계비를 버는 것에 시간을 쓰지 않고 공부에만 집중하도록 하는 완충장치이다. 더 넓은 범위에서 대학의 고위임원들은 대학에 필요한 자원을 확보하기 위해서 정부나 기업체 같은 주변 환경들과 상호작용을 한다. 그들의 주 역할은 말단 환경에서의 급격한 변동을 완화시키는 것이다.

대학 운동 팀의 운영 또한 환경적인 방해로부터 기술적인 핵심을 보호하는 개념으로 설명된다. 운동 팀은 반드시 뛰어난 경기를 보여주어야 하고 가급적 많은 경기에서 승리하여야 하므로 훈련과 준비

과정에 초점이 주어져야 한다. 이런 집중을 방해하는 요인과 영향력은 반드시 저지되어야 한다. 운동부는 선수들의 생계유지에 관한 우려를 줄이기 위해 선수 장학금을 제공한다. 일부 대학은 다른 학생들로부터의 '집중을 해치는 영향'을 막기 위하여 선수들만을 위한 기숙사를 따로 제공하고 있다. 몇몇 대학교에서는 정규수업들로 인해 연습이나 경기 활동에 영향을 받지 않도록 특별한 과목과 교수들이 준비된다. 많은 교육자들은 대학의 이런 관행에 의문을 가지고 있으나 이런 전략을 채택한 대학들이 기술적인 핵심과 외부환경 사이에 완충지를 제공하여 최고의 운동선수를 만들어 낸다는 사실은 부정할 수 없다.[4]

3) Parsonian 모델

Parsons(1960) 모델은 특히 선출직과 임명직을 모두 가지고 있는 스포츠조직과 연관성이 있다.

Parsons의 관점에서 조직은 세 가지로 구분되는 계층제(기술적, 경영적, 기구적)의 하부조직으로 이루어져 있다. 이 하부조직들은 <그림 4-5>에 설명되어 있다.

기술적 하부 시스템은 조직의 주요 업무와 직접적으로 연관되어

---

4) 환경영향으로부터 선수들을 격리하는 개념은 공산주의국가들이 선수들을 준비하는 방식에서 명확하다. 일반적으로 훌륭한 선수들이 선발되면 공장이나 군대와 같은 정부기관에 채용된다. 그들이 받는 급료는 북미 대학에서 지급하는 운동선수 장학금과 동일하다. 일반 보고를 대신하여 선수들은 훈련상황을 보고한다. 북미 대학의 경우와 마찬가지로서 직무요구는 경기일정에 맞추어 재조정된다. 양쪽 모두 Thompson의 기술적 핵심을 분리하는 아이디어를 추구하고 있다.

있는 활동에 관련되어 있다. 기술적인 업무와 진행과정의 특성은 이것의 기본적인 요구조건을 정의한다. 이것은 Thompson의 개념과 동일하다.

경영적 하부 시스템은 기술적 시스템을 관리하고 지원하는 더 높은 위치에 있다. Parsons(1960)는 경영적 하부 시스템에 책임이 있는 두 가지 주요 영역에 대해 연구하였다.

> 가장 중요한 것은 기술적인 조직과 그 조직의 '생산품'을 사용하는 '고객', '학생' 등의 사이를 중재하는 것이다. 다음으로 중요한 것은 기술적 기능을 실행하기 위해 필요한 자원을 획득하는 것이다(즉 경제적인 자원, 인력, 운동 시설 등을 말한다) (p.62).

그러므로 경영적 하부 시스템은 모델에 포함된 경계부서의 역할을 수행한다.

〈그림 4-5〉 Parsons의 시스템 활동의 계층적 분리
(Behling & Schrisheim, 1976)

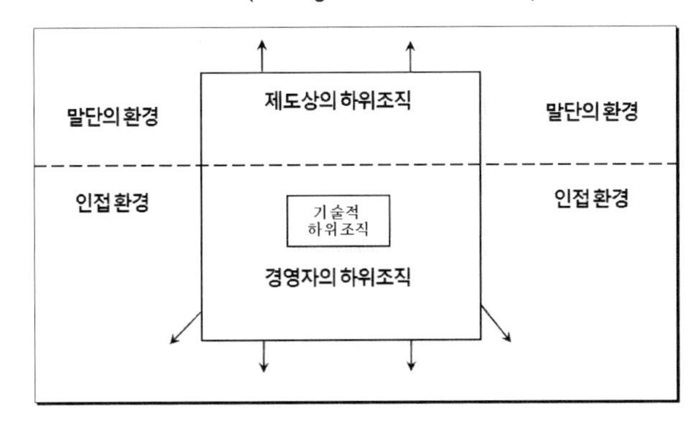

마지막으로 기구적 시스템의 역할은 조직이 다루어야 하는 더 넓은 환경과 상호작용을 하는 것이다. Parsons(1960)는 다음과 같이 말했다.

> 기술적 하부조직과 경영적 하부조직으로 구성되어 있는 조직은 긴급한 처분과 다른 제공기관인 고객 혹은 원천 공급자로부터의 조달만으로 운영되어서는 안 된다. 조직에서는 '우월하게 조직된' 제공자가 반드시 존재한다(p.63).

더 큰 사회체계와의 상호작용은 핵심 조직의 존재를 정당화하고 사회지원의 확장 범위를 정의한다.

Parsons의 관점에서 전형적인 조직의 기구적 시스템은 이사회로 구성되어 있다. 이사회의 역할은 주로 조직의 목표와 정책을 수립하고 최고경영자를 채용하며, 더욱 중요한 건 조직의 환경영역에 대한 기구적 시스템의 활동을 지휘하는 것이다. 그러므로 조직의 주요과정을 수립한 다음 기구적 시스템은 필요한 자원을 확보하기 위하여 더 큰 환경과 상대하여야만 한다. 또한 대중의 눈높이에서 조직을 합리화하도록 하여야 한다.

기구적 시스템의 중요성과 역할은 Chrysler의 최근 역사에서 잘 보이고 있다. Chrysler가 경제적으로 심각한 어려움이 있었을 때, 기구적 시스템은 정부와 은행에 접근하여 회사를 살리는 데 필요한 대출을 받을 수 있었다. 이런 지원의 주요인은 이 회사가 사회복지에 대한 기여다. 정리하자면 조직은 반드시 자신의 존재를 사회에 정당화시켜야 하며 사회의 지지를 얻어야 한다.

Thompson 모델과 Parsons 모델에는 많은 유사점이 있다.[5] Thompson

---

5) Mintzberg(1979)는 전략적 정점, 중간층, 실행핵심, 기술구조(전문기술인의 결정구조), 참모진 등의 5개 하부체제로 이루어진 모델을 제시하였다. Mintzberg의 모델은 Parsons와

모델은 부분적으로 Parsons 모델에서 파생된 것이기 때문에 놀라운 일은 아니다. 이 두 가지 모델에서 환경적인 영향으로부터 기술적 핵심을 봉쇄할 필요성이 제기되고, 이를 위해 경계선 부서를 만들려고 하는 것이 알려져 있다. 그러나 이 두 가지 모델은 경계부서 활동을 여러 하부 시스템에 어떻게 적용하는지에 대해서는 차이를 보이고 있다. Thompson의 모델에서는 다양한 부서들이 환경의 여러 부분과 상대해야 한다. 예를 들어, 구매부서가 공급자들과 상호작용을 하는 반면 판매부서는 소비자들과 상호작용을 한다. 반면에 Parsons 모델에서 전체 환경은 인접환경과 말단환경으로 세분화된다(제2장 참조). Parsons는 이 두 가지 환경부분에 대한 책임은 반드시 계층적인 단계로 나누어져야 한다고 제안하였다. 즉 경영적 하부 시스템이 당면한 업무환경(소비자와 공급자를 포함하여)과 상대하는 동안에 기구적 하부 시스템은 더 넓은 범위(크게 보면 사회가 된다)의 환경과 상호작용을 하여야 한다. Chrysler를 다시 예로 들면, 기구적 하부 시스템이 정부와 은행과 상호작용을 하는 동안 경영적 하부조직은 납품업체와 노동조합 같은 당면한 업무 환경요소들을 처리하였다.

Parsons는 계급제가 기구적 시스템을 경영적 시스템보다 더 상위로 설정했지만 권위구조의 이런 단순한 일관성에는 명백한 허점이 있다고 주장하였다. 두 개의 인터페이스(기구적 하부 시스템과 경영적 하부 시스템 사이/경영적 하부 시스템과 기술적 하부 시스템 사이)는 한

Thompson 모델의 개량과 종합으로 생각된다. 즉 Parsons의 계층구분은 전략적 정점, 중간층 관리자, 실행 핵심의 형태로서 Mintzberg에서 유지되고 있다. Mintzberg의 모델이 기술구조(분석가와 그 직원들로 구성된)와 지원 참모진을 보조 조직으로(핵심적인 역할을 수행하나 실행핵심과는 직접적으로 연결되지는 않는다) 명시함으로써 Thompson의 수평적 구분 역시 분명하게 드러난다.

시스템이 다른 시스템에 장애가 되지 않도록 만들어져야 한다. 즉 "이런 관계의 규정화는 전형적으로 각각의 상대적 독립성이 보장되는 형태로 이루어진다(Parsons, 1960, p.69)."

대학 내에서 기술적인 핵심을 봉쇄시키는 발상은 조직에 대한 Thompson 모델에 관련하여 전장에서 언급되었다. Parsons의 계층단계에서의 분리 개념은 스포츠조직에서도 의미가 있다. 학교 체육수업의 경우를 예로 들면 연관된 기구적 하부 시스템은 교육위원회이다. 이것은 공공 선출직 의원들로 구성되어 있다. 위원회는 학교의 포괄적인 정책과 지침을 제시하고 최고경영자를 채용한다. 최고경영자는 위원회의 정책을 실행할 수 있는 권위를 부여받는다. 이사회의 주책임은 학교 운영에 필요한 자원을 통제하는 정부나 다른 기관과 상호작용을 하는 것이다.

이 예제에서 경영적 하부조직은 임원들과 각 학교의 교장들로 이루어진다. 이들은 학생들의 입학, 자질있는 선생들의 고용, 보급품과 장비의 조달, 수업시간 등등의 분야에 대해 책임을 진다. 이런 활동들은 모든 기술적인 핵심(선생과 학생의 수업)을 위해 상황을 안정시키고 용이하게 하기 위한 것이다.

Parsons의 발상은 국가적 차원에서 여러 스포츠를 관리하는 조직들과 관련성이 매우 크다. 자치조직의 학교와 같이 운영위원회가 선출되어 스포츠 홍보와 발전에 책임을 진다. 이것은 조직의 기구적 시스템이다. 경영적 하부 시스템은 이사회 혹은 유급 전문 관리자들로 구성될 수 있다. 국가대표팀과 같은 엘리트 스포츠의 경우 선수들, 코치, 보조요원들이 기술적인 핵심이 된다. 코치는 전문기술(기술적인 핵심, 즉 팀을 책임진다)을 근거로 고용되거나 임명되고 그 팀의 모든 활동을 코치의 결정에 맡긴다. 여기에는 선수들의 선발과 기용, 훈련, 시합의 계획 등이 포함된다. 경영적 시스템은 일반적으로 코치의 노력을 용이하게 만들어 주어야 한다. 이것은 국가 스포츠조직, 시설관리업체, 정부기관 등과 접촉하거나 재정문제의 처리, 사회와 정부의 후원 주선 등의 서비스를 제공함으로써 이루어진다.

이것은 국가대표팀을 위해서는 이상적인 처방이다. 그러나 실제는 이런 원리들이 종종 무시된다. 예를 들어, 운영위원회에 선출된 자들은 주로 옛날 운동선수 혹은 클럽 대표자들이다. 그래서 그들이 가진 기술과, 능력, 지도력은 국가대표팀의 선발과 훈련 같은 조직 내부 활동과는 강력한 연관을 가질 수 있다. 반대로 그들은 외부적인 요인들을 처리할 능력이 없을 수도 있고, 그런 일을 좋아하지 않을 수도 있다. 그렇다면 팀의 운영에 있어서 많은 혼란과 갈등이 생긴다 하더라도 놀라운 일이 아닐 것이다.

7. 서비스 조직의 기술적 핵심

Thompson과 Parsons 모두 조직의 기술적 핵심은 환경적인 방해로부터 봉쇄되어야 한다고 주장하였다. 하지만 그 모델들은 서비스 조직과 관련된 중요한 요소를 간과하였다. 즉 고객과 고용인 사이의 상호관계이다. 제2장에서 고객－고용인 상호관계가 서비스 조직을 상품생산 조직과 구분하게 만드는 것이라고 강조되었다. 기술적인 핵심의 봉쇄가 상품을 생산하는 조직에서는 매우 의미있고 실용적인 반면에 서비스 조직의 경우에서는 적절하지도 않고 비실용적일 수도 있다.

고용인들로 하여금 많은 사람들 사이에서 고객을 찾아내도록 하는데 의존하는 조직은 명확한 사례가 된다. 많은 서비스 조직에서 기술적인 핵심에 속하는 고용인은 (이론적으로 반드시 봉쇄되어야 하는) 그들의 서비스 제공과 더 많은 고객의 확보를 위하여 대중과 상호작용을 하여야 한다. 어떤 대학의 교내 부서를 예로 들면 이 부서의 주요 목표는 모든 학생들에게 오락의 기회를 제공하는 것이다. 결과적으로 이 부서는 가능한 많은 활동을 하도록 다양한 경기와 강의를 기획한다. 이런 다양한 프로그램들을 기획하는 업무는 유급 혹은 무급의 자발적인 강사들에게 맡긴다. 기본적으로 그들은 서비스를 제공하는 고용인들이다. 하지만 그들의 효율성은 우수한 서비스를 제공할 수 있는 능력만이 아니라 학생들과 상호작용을 하고 참여하게 하는 능력과도 연관되어 있다. 즉 현재와 장래의 고객들과 관련된 경계선 활동을 기술적 핵심이 되는 고용인들에게 맡긴다. 따라서 기술적 핵심을 봉쇄시키는 개념은 학내 부서나 다른 유사한 서비스 조직과는 연관성이 없어 보인다. 그러나 다른 관점에서 부서장들과 보조요원들이 기술적 핵심을 환경적인 부분으로부터 봉쇄하려는 것은 당연한 것이다.

예를 들어, 다른 학술부서, 운영위원회, 체육시설에 관련된 것들이 완충제의 역할을 하는 경영적 시스템인 것이다. 일부 환경영역과의 부분적인 봉쇄, 당면한 업무 환경에서의 대고객 개방성을 <그림 4-6>에 나타냈다.

〈그림 4–6〉 서비스 조직의 기술적 핵심

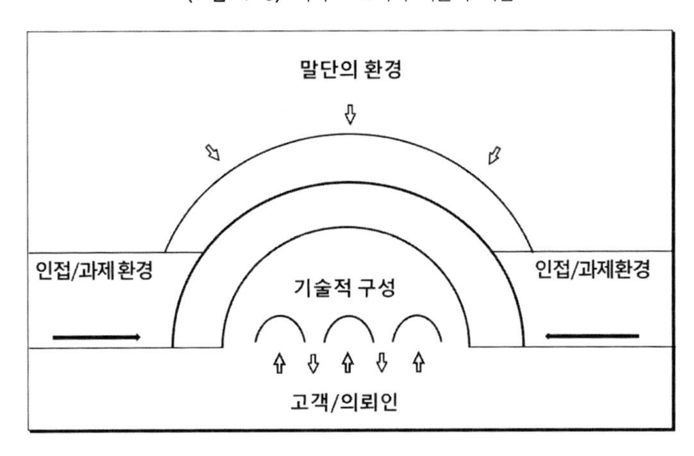

8. 서비스 조직의 권위구조

계층적 권위의 전형적인 개념은 서비스 조직, 특히 제2장에서 언급된 전문적 서비스 조직에서는 무의미할 수 있다는 것을 지적하였다. 앞에서 언급한 바와 같이 전문적 서비스 조직의 원자재는 주로 지식과 정보이다. 이 정보의 처리는 고용인들의 기본적 업무이다. 고객들이 독특하고 고객들을 대하는 과정에서 생기는 문제들이 매우 다양하다면 전문적 서비스 조직에 있어서 고객-고용인 상호관계는 매우 예측 불가한 환경에서 이루어진다. 게다가 이 고용인들은 전문기술을 가지고 있으며 관련된 정보에 직접 접근을 할 수 있기 때문에 어떤 종류의 서비스를 하여야 하는지, 어떻게 서비스를 할 것인지, 어떻게 그 서비스를 전달할 것인지에 관하여 결정을 내릴 수 있는 자유와 권리를 부여받아야 한다.

Mills, Hall, Leidecker와 Margulies(1983)는 전문적 서비스 조직의 독특한 특성들을 연구하며 이런 조직들을 위한 플렉시폼(유연한 형태)이라고 불리는 구조적 모델을 제안하였다.

플렉시폼(flexiform) 모델의 기본은 운영단위(개념적으로는 기술적 하부 시스템과 유사하다)와 관리핵심(경영적 하부 시스템)이 서로 느슨하게 연결되어 있는 것이다. 운영단위들은 전문가들과 그들의 고객으로 이루어져 있다. 모든 운영단위는 고객과 상호작용 하는 한 명 또는 팀 단위의 전문가들로 구성될 수 있다. 예를 들어, 체육과 교수와 학생들은 운영단위를 구성한다. 다른 관점에서 보면 대학 교수들은 많은 학생들과 상호작용하는 전문가 그룹이 된다. 이런 경우에는 학부과정 프로그램이 운영단위가 된다.

Mills 등(1983)에 따르면 이런 운영단위는 "자급자족이 기본이며 상대적으로 자율적인 단위이고, 소규모 조직 운영이 필수적이며 서비스는 생산과 동시에 전달되어야 한다(p.125)"고 한다. 그러므로 교수는 강좌를 준비하고 강의하며 평가체계를 결정할 수 있는 자율성과 책임을 부여받는다. 또한 교수는 학생의 필요와 능력에 따라 모든 학생을 상대할 권한이 있다.

Mills 등(1983)은 관리 핵심의 기능은 포괄적인 정책을 세우고, 경계조건 통제, 운영단위들의 업무 조율, 일상적인 업무체계화라고 지적하였다. 체육학과 교수들의 경우는 회장, 학장, 업무관리자가 경영 팀을 이룰 것이다. 경영 팀의 기능은 여러 교수들과 운영단위(강좌 혹은 강좌그룹, 여러 연구소)를 중재하고 조율하는 것이다. 플렉시폼(flexiform) 모델에서 느슨하게 연결된 시스템 개념은 Mills 등이 제안한 권위와 기능적 권한의 차이에서 파생되었다. Mills 등이 주장한 권위의 개념은 Weber가 제안한 관료주의적 권위의 개념과 유사하다. 이것은 모든 하급자에게 영향을 주는 상급자의 결정권을 의미한다. 체육학과 교수들의 예로 학장과 다른 임원들은 교수들과 연구소, 강의 과제에 대한 예산 배정권이 있다. 반면에 기능적 권력은 전문가들의 전문기술과 그 전문가가 맞닥트린 상황의 긴박함에 의해 발생한다. 따라서 이전에도 언급되었듯이 체육학과 교수들은 강의내용, 강의방식, 평가기준을 결정할 수 있는 기능적인 권력을 가졌다.

다시 말하면 권위는 모든 단위 부서에 영향을 주는 결정과 관련되어 있고 관리의 핵심이다. 기능적인 권력은 개개의 운영단위 안에서 벌어지는 일에 관련되어 있고 그 운영단위에 있는 전문기술에서 파생한다. 플렉시폼(flexiform) 모델에서 보면<그림 4-7> 운영단위 수준에서는 기능적 권력이 가장 강력하다. 그리고 중심에 위치한 관리 핵심으로 이동할수록 약해진다. 반대로 권위는 관리 핵심에서 외곽에 있는 운영단위 쪽으로 흘러간다. 체육학과 교수진의 경우 교수들은 각자 운영단위에서 결정권이 있지만 이사회 회장이나 학장은 전체 교수들에게 영향을 미칠 수 있는 결정권을 가지고 있다.

〈그림 4-7〉 전문적인 서비스 조직에서 권위와 권력의 흐름 (Mills, Hall, Leidecker와 Margulies(1983))

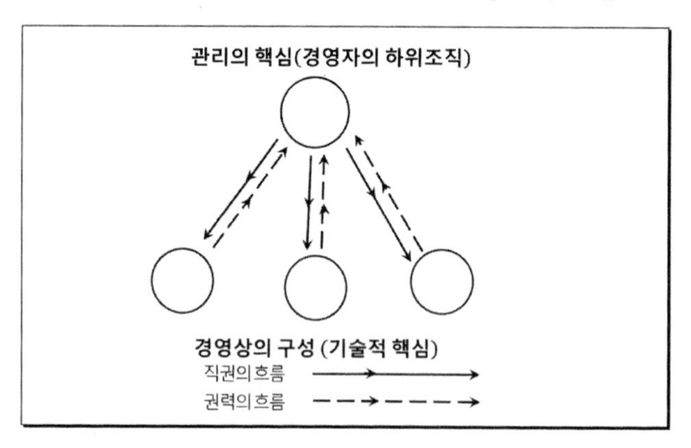

요 약

이 장에서는 Weber(1947)가 제시한 관료주의 개념, Lawrence와 Lorsch(1967), Thompson(1967), Parsons(1960)가 제안한 개방시스템 관점에서의 조직의 법칙들이 소개되었다. 서비스조직, 특히 스포츠조직에서의 이런 모델들의 타당성이 강조되었다. 조직의 하부시스템을 분리하여야 하는 필요에 대해서도 특별히 강조되었다.

토론을 위한 질문들

1. 관료주의와 관련하여 가지고 있는 경험을 부정적인 관점과 긍정적인 관점으로 기술해 보자.
2. 대학에 있는 프로그램들(학부, 대학원, 운동경기, 학내 스포츠 등)은 어느 정도 관료화되었는가? 이런 프로그램들의 관리구조에 어떤 변화를 줄 수 있겠는가? 그 이유는?
3. 어떤 스포츠조직을 택하여 그 조직의 '기술적인 핵심'을 기술해 보자. 그 기술적인 핵심은 외부환경으로부터 얼마나 보호되고 있는가? 기술적인 핵심의 봉쇄는 어떻게 이루어지는가?

참고문헌

Behling, O., & Schriesheim, C.(1976), Organizational behavior: Theory, research and application. Boston: Allyn and Bacon, Inc.

Bell, E. C.(1974), A college of business administration as productive system. Academy of Management Journal. 17, 306 – 317.

Blau, P. M.(1956), Bureaucracy in modern society. New York: Random House.

Cannel, M., Brittain, D., Howells, B., & Wright, P.(producers), & Brittain, D.(Director)(1979), Paperland(Film). Ottawa: National Film Board of Canada.

Chelladurai, P.(1976), A composite production model for the degree programs in institutions of physical education. CAHPER Journal, 42, 30 – 35.

Filley, A. C., House, R. J., & Kerr, S.(1976), Managerial process and organizations. Glenview, Ill.: Scott, Foresman and Company.

Fink, S. L., Jenks, R. S., & Willits, R. D.(1983), Designing and managing organizations. Homewood, Ill.: Richard D. Irwin, Inc.

Frisby, W. M.(1983), The organizational structure and effectiveness of Canadian national sport governing bodies. Unpublished doctoral dissertation, University of Waterloo, Waterloo, Canada.

Hoy, W. K., & Miskel, C. G.(1982), Educational administration. New York: Random House.

Keating, J. W.(1964), Sportsmanship as a moral category. Ethics, 75, 25 – 35.

Lawrence, P. R., & Lorsch, J. W.(1967), Differentiation and integration in complex organizations. Administrative Science Quarterly, 12, 1 – 47.

Mills, P. K., Hall, J. L., Leidecker, J. K., & Margulies, N.(1983), Flexiform: A model for professional service organizations. Academy of Management Review, 8, 118 – 131.

Mintzberg, H.(1979), The Structure of organizations. Englewood Cliffs, N. J.: Prentice – Hall, Inc.

Parsons, T.(1960), Structure and process in modern societies. New York: The Free Press of Glencoe.

Perrow, C.(1972), Complex organizations: A critical essay. Glenview, Ill.: Scott, Foresman and Company.

Robbins, S. P.(1976), The administrative process: Integrating theory and practice. Englewood Cliffs, N. J.: Prentice - Hall, Inc.

Sofer, S.(1972), Organizations in theory and practice. New York: Basic Books, Inc.

Thompson, J. D.(1967), Organizations in action. New York: McGraw - Hill Book Company.

Weber, M.(1947), The theory of social and economic organization. (translated by A. M. Henderson and T. Parsons.) New York: Oxford University Press.

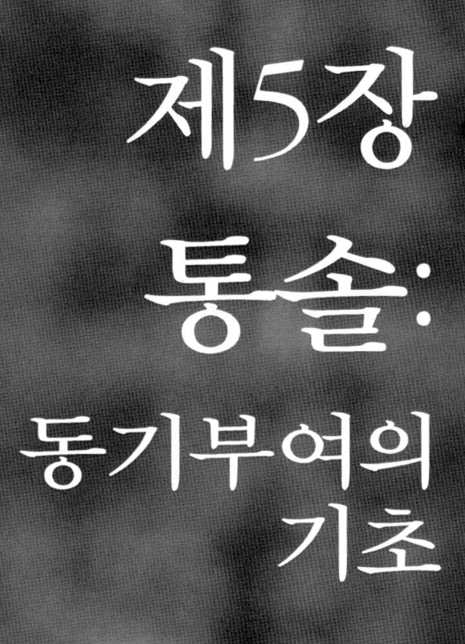

제5장 통솔: 동기부여의 기초

조직의 목표를 정하고, 목표를 달성할 방법을 결정(계획)하고, 누가 어떤 일을 할 것인지를 명확히(조직화) 한 다음 경영자는 목표를 이룰 수 있도록 직원들이 맡은바 임무를 수행하기 위해 동기를 부여할 필요가 있다(통솔). 직무를 계획하고 조직하는 데에는 기술적이고 개념적인 역량이 더욱 요구되며, 통솔기능은 사람의 능력을 기반으로 한다(제1장 참조). 더 나아가 계획과 조직화기능은 구성원들과의 대인관계를 갖지 않고서도 수행될 수 있는 반면에 통솔기능은 구성원들과 많은 대면활동을 수반한다. 경영자가 지도자로서 효과적이기 위해서는 개개인들이 어떻게 동기부여가 되며, 어떠한 요인이 동기부여에 영향을 주는지에 관한 명확한 이해가 있어야 한다. 구성원들의 동기부여가 개인적 경험을 통해 얻을 수 있다는 것을 이해함으로써 조직배경에서 발전해 온 동기부여 이론을 고려해 보는 것이 도움이 된다. 그래서 직무동기부여에 적절한 이론들이 이 장에서 소개된다.

인간의 행동은 변화가 매우 심하고 개인의 욕구와 성격의 차이가 너무나 크기 때문에 이 장에서 논의할 이론 중에서 모든 상황에 적용시킬 수 있는 단일 틀이 될 수 있는 이론은 없다. 그러나 이 이론들에 대한 이해는 경영자들에게 동기부여의 복잡한 형태적 관점을 제공하며 특정상황에서의 적절한 이론을 통찰할 수 있게 해 준다. 더 나아가 여러 이론들에는 통솔기능이 직접적으로 포함되어 있으며 계획, 조직화, 평가기능과의 관련성 역시 중요하다.

통솔에 있어서 동기부여란 무엇인가? Hoy와 Miskel(1982)은 "개인목표 성취를 위해 자발적인 행동을 시작하고 유지하기 위한 복잡한 힘, 추진력, 필요성, 긴장상태 및 그 외의 메커니즘"이라고 하였다(p.137). 그리고 다음과 같이 확장하여 주장하였다.

활동력은 개개인에게 있다고 간주한다. 이러한 내적 힘의 예로서 기억, 감정적 반응, 쾌락추구의 경향 등이 포함되어 있다. 또한 동기부여는 목표지향적인 행동을 지시하고 인도한다.

일반적으로 동기가 부여된 행동은 충족되지 못한 욕구, 동기, 욕망을 채우기 위한 행동으로 생각된다. 또한 행동은 개개인의 경험이나 그러한 행동의 결과에 대한 기대치에 영향을 받기도 한다.

1. 욕구(혹은 내용) 기반 이론

욕구를 기반으로 하는 동기부여 이론들의 일반적인 패러다임에 따르면 어떠한 욕구가 좌절되었을 때, 개인은 그 욕구를 충족시키기 위한 자원을 찾기 시작하고 그러한 충족을 얻기 위한 행동을 한다. 욕구를 기반으로 한 이론들을 '내용(content)'이론이라고도 불리는데, 이는 무엇이 개인들로 하여금 특정한 행동을 하게 하는지를 나타내기 때문이다. '모든 행동 저변 바닥에는 욕구가 있다'라는 말에서 수많은 욕구 중 어떤 것이 행동을 결정하는 데 가장 중요한가라는 의문이 제기된다. 만약 두 가지의 욕구가 충족되지 못할 때, 어느 한쪽이 우선순위를 가지는가? 어떤 종류의 필요성이 우선적으로 행동에 영향을 미치는가? 여러 동기부여 내용이론에서 이와 같은 의문들이 제기되었다. 세 가지의 중요한 이론(Maslow의 욕구계층 이론, Alderfer의 ERG 이론(존재, 관련, 성장), Herzberg의 2－요인 이론)이 조직 관점에서 가장 타당한 것으로 고려되고 있다.

1) 욕구계층 이론

Maslow(1943)의 욕구계층 이론의 핵심은 힘의 계층에서 서열화된 다섯 종류의 욕구에 대한 정의이다. 오직 충족되지 않은 욕구만이 행동의 기본이 되고, 충족된 욕구 행동을 유발시키기 위한 힘을 잃는다고 주장하였다. 이후 Maslow는 사람들은 기본적인 욕구충족에 초점을 맞추고 하위욕구가 충족된 후 한 단계 높은 층으로 이동한다고 주장하였다. 욕구계층 개념에 대하여 Maslow(1943)는 다음과 같이 설명하였다.

> 빵이 없을 때엔 사람이 빵만 가지고도 살 수 있을 것이라는 것은 명확한 사실이다. 하지만 빵이 풍족하고 배가 부르면 사람의 욕망에는 어떤 변화가 일어날까? 즉시 다른(그리고 더 큰) 욕구가 나타날 것이며, 그것이 생리적인 굶주림보다 더 강하게 생명체를 지배할 것이다. 언젠가 이것이 만족되면 새롭고 더 강한 욕망이 나타나 반복될 것이다. 기본적인 인간의 욕구는 상대적 우세층으로 구조화된다는 것이 우리가 말하는 바이다(p.375).

Maslow는 개인에게 영향을 주는 욕구의 5가지 유형을 중요도 순으로 제시하였다. 생리적, 안전과 보안, 애정과 소속감, 자존심, 자아실현의 욕구이다.

생리적 욕구: 생리적 욕구는 가장 기본적이고 생존을 위한 생물학적 욕구와 연관된다. 음식과 은신처, 고통을 피하고자 하는 욕망 등이 그 예이다. Maslow는 아래와 같이 생각하였다.

> 이와 같은 생리적 욕구는 모든 욕구를 통틀어 가장 우세하다. 이것이 명확하게 의미하는 것은 극단적인 방법으로서 모든 것을 잃은 인간에게는 생리적 욕구가 다른 어떤 것보다 주요한 동기가 될 것이 확실하다(p.373).

조직 관점에서 보면 생리적 욕구를 충족시키기 위하여 고용인들에게 충분한 재정적 보상이 주어져야 한다.

안전 욕구: 이 욕구는 "안전, 질서, 예측 가능, 유기적인 세상, 의존 가능, 예기치 못하거나 감당할 수 없거나 다른 위험한 일이 일어나지 않는" 것에 대한 개개인의 선호를 말한다(Maslow, 1943, p.378). 안전 욕구는 근본적으로 미래의 보장을 말한다. 사람들은 음식과 은신처와 같이 현재 즐기고 있는 것들이 미래에도 보장되기를 원한다. 이 안전이 잘된 삶에 대한 욕구는 다음과 같이 표현된다. "정년보장이 되는 직무에 대한 일반적인 선호, 예금의 열망, 여러 종류의 보험(의료, 치과, 실업, 장애, 노년) 같은 현상들로서 나타난다(Maslow, 1943, p.379)." 조직관점에서 보면 직무안전, 건강보장, 퇴직계획 등이 안전 욕구와 관련되어 있으며 안전한 작업환경, 질병예방, 그 외 조직의 노력들이 고용인들의 안전 욕구를 만족시키는 것을 목적으로 하고 있다.

사회적 욕구: 사회적 욕구는 우정과 다른 사람들과의 우호적인 대인관계(다른 사람들과의 연합이나 받아들여짐)에 대한 욕구이다. 이런 사회적 욕구는 종의 생존 잠재력을 높여 준다는 것에 주목하여야 한다. 인간은 개개인으로서보다는 조직으로서 더 잘 기능하고 성취할 수 있다. 이 욕구는 생리적 욕구와 안전 욕구가 최소한으로 충족된 이후에 우세해진다. 조직 내에서 사회적 욕구의 만족은 고용인의 동료, 부서, 감독자, 사회적 욕구 강도에 의한다.

존경 욕구: 존경 욕구는 다른 사람들에게서 인정받으며 그들 사이에서 위치를 갖고자 하는 욕망과 관계되는 높은 단계의 욕구를 말한다. Maslow에 따르면 존경 욕구는 힘, 성취, 적임, 신임(자존심), 인정, 다른 사람들의 존경 등에 대한 욕망을 말한다. 조직에서 개인의 직위

와 위치, 동료들로부터의 존경은 존경 욕구를 채워 주는 요인의 한 종류이다.

자아실현 욕구: 마지막으로 Maslow의 욕구계층 이론 중 가장 높은 단계는 자아실현 욕구이다. 이 단계에서의 노력은 사람들이 되고자 하는 바가 되기 위한 활동이다. Maslow(1943)는 다음과 같이 제시하였다.

> 궁극적으로 행복해지기 위해서 음악가는 음악을 만들어야 하고, 화가는 그림을 그려야 하고, 시인은 시를 써야 한다. 자신이 될 수 있는 바로 그것이 되어야 한다. 이런 욕구를 우리는 자아실현이라 부른다. 이것은 자기만족의 욕망이며 자신의 잠재력을 실현시키게 한다. 그 자신이 되고자 하는 강한 욕망, 능력이 되는 모든 것이 되고자 하는 바이다(p.382).

Maslow는 자아실현 욕구를 충족시킨 사람은 충만하고 건전한 창조력을 발휘한다는 것을 알았다. 그런 사람들은 규범 이상의 예외적인 존재가 된다는 것도 알았다.

Maslow의 이론 중 가장 중요한 부분이 종종 간과되고 있다. 전통적으로 충족되지 않은 욕구를 추진력으로 보고 있으며, 욕구충족의 효과에 대해서는 주의하지 않고 있다. Maslow의 이론에서는 욕구충족이 사람을 한 단계의 욕구와 활동에서부터 다른 단계로 이동시켜 주기 때문에 욕구결핍 만큼이나 중요하다고 한다. 욕구결핍이 개개인을 지배하는 과정과 욕구충족이 다음의 더 높은 욕구단계로 작용하는 것을 <그림 5-1>에 나타냈다.

욕구 우세 계층의 개념은 다음 예에서 설명된다. 최근 체육과 졸업생이 먼 지역에 있는 일자리를 제안받았다. 우선순위에 따라 졸업생은 봉급과 주택 제공(생리적 욕구), 직업 안정성, 예상되는 거주지역

〈그림 5-1〉 Maslow의 인간 욕구

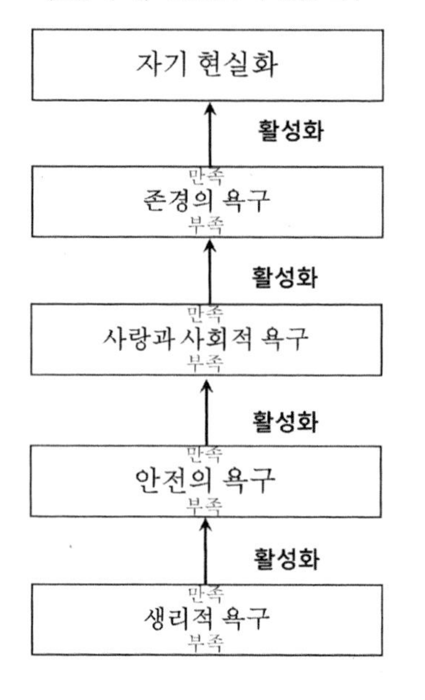

의 치안상태, 작업환경(안전 욕구), 동료나 이웃들의 유형(사회적 욕구) 등에 관심을 갖게 된다. 방문과 면접을 거쳐 졸업생은 이런 욕구들이 만족될 수 있을 것으로 확신하게 되고, 결국 그 자리를 받아들이고 열심히 일한다. 어느 정도 시간이 지난 다음 상급자들은 그 졸업생의 효과적인 성과를 인정하고 그 보상으로 승진시키고 임금을 인상시켜 준다. 졸업생은 매우 만족해하고 계속 부지런히 일해서 더 많은 보상과 훌륭한 성과를 인정받는다. 그러나 수년 후 불안감이 엄습해 온다. 졸업생은 자신의 능력과 개성이 혁신적이고 창조적인 다른 도전적 업무를 요구함을 느끼게 된다(자아실현 욕구). 그래서 졸업생은 그 지역이나 아니면 다른 지역에서 공부를 하기 위하여 그 직장을 떠나게 된다.

Maslow는 욕구의 분류를 자연스럽고 일반적인 것으로 보았다. 그러나 그는 개성과 경험의 개인차로 인해 어떤 경우에는 욕구계층이 적합하지 않음을 처음으로 인정한 사람이기도 하다. 예를 들어, 어떤 기간 동안 낮은 계층의 욕구결핍 상태에 있었던 사람은 그 욕구가 충족된 후에도 그 단계에 고착될 수 있으며 혹은 그 욕구를 포기하고 더 높은 단계에 집중할 수도 있다. 어떤 사람들에게는 자존심의 욕구가 애정과 사회적 욕구보다 앞설 수 있다. 선천적으로 창조적인 사람들은 창조가 모든 다른 욕구를 대신할 것이다. 그리고 어떤 사람들에게는 욕망의 수준이 영구적으로 없거나 낮다. 말하자면 크지 않은 목표도 없거나 영원히 사라져 버릴 수도 있다. 그래서 장기실업자와 같이 최하층의 생활을 경험한 사람들은 먹을 것만 많아도 여생이 계속 행복할 것이다(Maslow, 1943, p.386).

Maslow는 욕구계층의 개념이 다른 단계의 욕구가 강해지기 전에 어떤 단계의 욕구가 충족되어야 한다는 것은 아니라고 강조하였다. "더 우세한 계층으로 올라갈수록 만족도의 비율은 감소해 간다는 것이 계층에 대한 가장 현실적인 표현이 된다(Maslow, 1943, p.388)." 보통사람들은 낮은 단계의 욕구(생리적 욕구, 안전 욕구, 사회적 욕구)에 대해서는 매우 높은 비율의 만족을 경험하나 높은 단계의 욕구에서는 매우 낮은 비율로 만족해한다.

Maslow의 이론의 중요한 한계 중 하나는 적절하게 시험될 수 없다는 것이다. 욕구계층에서의 개개인의 진행은 한 번에 한 가지씩 일어난다. 어떤 사람에게는 최상위 단계(자아실현 욕구)에 도달하기까지 평생이 걸릴 수도 있다. 이론을 시험하는 것이 불가능하지 않다면 평생 동안 이 주제들에 대해 자료가 수집되어야 하므로 불편한 일이 된다. 이 이론의 두 번째 한계도 역시 측정의 어려움과 관련되어 있다. 일련의 활동들이 여러 욕구계층의 만족으로 나타날 가능성이 있다. 예를 들면, 어떤 교수가 연구와 저작활동에 관여되어 있다면 정년보장(안전 욕구), 동료들로부터의 인정(존경 욕구), 성취와 성장(자아실현 욕구)의 보상이 결과로 따를 수 있다. 이 중 어느 것이 더 우세한지 결정하는 데에는 채택될 방법이 없다.

비록 이 이론을 단순히 실험적 연구 주제라고 할 수는 없지만 특히 욕구를 강조하는 경영적 관점에서 직관적인 매력을 갖고 있다.[1] Fink, Jenks, Willits(1983) 등은 이 이론은 "광범위한 특정 욕구들을 정리하기 위한 단순하고 직접적이며 유용한 분류를 제공하며, 조직 응용의 역사를 썼으며 보상체계의 유효함을 판단할 기초를 제시하였다(p.123)"고 지적하였다.

2) ERG 이론

Maslow 이론을 수정하려는 주목할 만한 시도가 특히 위에서 언급한 제한에 중점을 둔 것이 Alderfer(1972)의 ERG 이론이다. Alderfer는 욕구를 크게 3가지 범주로 나누었다. 존재, 관계, 성장이다(Existence, Relatedness, Growth 앞 글자를 따서 ERG).

이름에서 말하듯 존재 욕구는 지속적인 존재에 필요한 모든 것을 말한다. 그런 면에서 존재 욕구는 Maslow의 생리적 욕구와 유사하다. 관계 욕구는 다른 사람들과 상호작용을 하여 감정과 생각을 공유하고자 하는 욕구이다. 마지막으로 성장 욕구는 도전적 업무에서의 성취와 새로운 역량과 창조성 개발에 대한 욕구이다.

이 세 가지 욕구 범주는 단순히 Maslow의 욕구 5단계를 압축하여

---

1) Alderman(1974)은 개개인의 활동선호 경향이 Maslow의 욕구계층 이론과 관련이 있다고 생각하였다. 사냥이나 낚시와 같은 활동들은 원시문화의 생리적 욕구를 반영하고 있다. Alderman은 경쟁적인 게임보다 협동적인 게임을 더 선호하는 에스키모 어린이들을 예로 들었다. 이런 선호는 생존 욕구의 반영이 될 수 있다. 안전 욕구 단계에 있는 사람들은 골프와 같이 예측 가능하고 안전한 스포츠를 좋아한다고 제시되었다. 사회적 욕구는 많은 사람들의 참여를 기본으로 한다. 개인의 활동에 대한 헌정이나 보존은 존경 욕구에 대한 관심을 보여준다. 스포츠에 의해 하나가 됨으로써 스포츠에서 자아실현도 가능하다. 결론적으로 Alderman은 게임과 스포츠 이벤트는 높은 수준의 욕구가 다양하고 창의적이며, 창조적으로 보여줄 수 있음을 반영한다고 제시하였다(p.169).

놓은 것으로 보이지만 이 범주에 포함된 욕구 유형에는 중요한 차이가 있다. Alderfer는 작업장에서 물건에 관계된 것인지, 사람에 관여된 것인지에 따라서 두 종류의 안전 욕구를 구분하였다. 물건 기반의 안전 욕구는 존재 욕구 밑의 생리적 욕구로 분류되며, 사람 기반의 안전 욕구는 관계 욕구로 분류된다. 두 번째 차이는 존경 욕구와 관련된다. Alderfer에 따르면 다른 사람들의 자존심은 관계 욕구 범주에 속하며 자신의 자존심은 성장 욕구 범주에 속한다고 한다.

Alderfer의 3단계 욕구 범주의 기본, 어떤 욕구가 향하는 표적이 다르므로 이 욕구를 충족시키는 과정도 다르다는 것이다. Hoy와 Miskel(1982)이 더 정교하게 만들었다.

> 물질은 존재 욕구의 표적이고, 충분함을 얻는 과정이 그 욕구를 만족시키는 수단이다. 다른 중요한 것들은 관계 욕구의 표적이며, 상호관계의 과정이 이들 욕구를 만족시키는 수단이다. 특정한 환경이나 배경은 성장 욕구의 표적이며, 개인들의 이합집산 과정이 성장 욕구를 만족시키는 수단이 된다(p.144).

Maslow의 5단계 계층 이론과 ERG 이론의 이러한 차이에도 불구하고 후자를 전자의 변형이라고 보는 것이 타당하다. Alderfer 자신도 Maslow의 연구에서 큰 영향을 받았다고 밝혔다.

이 두 모델 간의 유사점과 차이점을 <그림 5-2>에 나타내었다.

3) 2-요인 이론

비록 낮은 단계의 욕구라도 허용되지 않는다면 동기가 될 수 있다고 Maslow와 Alderfer가 주장한 반면, Herzberg와 그의 동료들(Herzberg, Mausner, and Snyderman, 1959; Herzberg, 1968)은 두 가지 욕구(높은 단계와 낮은 단계의 욕구)가 만족과 불만족이 각기 연관되어 있다고 주장하였다.

〈그림 5-2〉 Maslow 이론과 Alderfer 이론의 비교

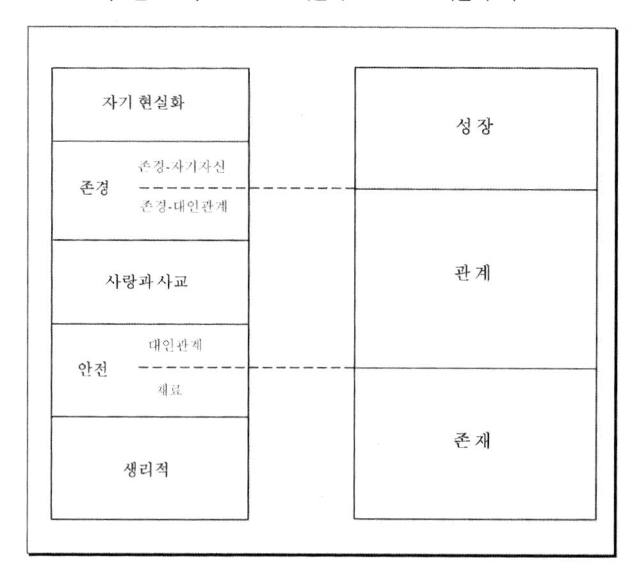

만족과 불만족을 동일 연속선 위의 양극단점으로 보는 일반적인 관점과는 다르게 Herzberg(1968)는 서로 분리된 두 개의 연속선 위에 각기 있다고 주장하였다.

> 직무만족(동기)을 일으키는 요인들은 직무불만족을 일으키는 요인들과 분리되고 구분되어야 한다. 분리된 요인들은 직무만족인지 직무불만족인지 검사에 근거하여 숙고되어야 한다. 결과는 이 두 감정이 서로 배타적이지 않다는 것이다. 직무만족의 반대가 직무불만족이 아니라 직무만족이 없음이며, 같은 방법으로 직무불만족의 반대는 직무만족이 아니라 직무불만족이 없음이다(p.56).

이 이론의 기본 가정은 오직 높은 단계의 욕구들만이 만족에 영향을 주고, 낮은 단계의 욕구는 불만족과 연관된다는 것이다. 결과적으로 Herzberg의 이론은 2-요인 이론이라 불린다. 이 이론을 더 잘 이해하기 위해서 이 이론이 어떻게 발전되었는지 조사해 보면 다음과 같다.

선행연구 결과에 대한 분석에서 Herzberg와 그의 동료들은 욕구를 동기에 연관시키는 어떠한 일관된 결과도 찾을 수가 없었다. 그들은 또한 유용한 연구 결과들이 서로 다른 유형의 욕구들이 각기 만족이나 동기부여에 연관되어 있다는 결론을 지지하고 있다는 것을 알았다. 이 가정을 시험하기 위해서 그들은 근 200명에 달하는 기술자들과 회계사들을 대상으로 인터뷰를 하고 반구조화된 설문들을 관리하였다. 직무에 있어서 극도의 행복과 만족을 느낀 사건과 극도의 불행과 불만족을 느낀 사건에 대해 회상해 낼 것을 설문에서 요구하였다. 그리고 이런 행복의 감정이 계속되는 직무에 어떤 영향을 주었는지와 얼마나 오랫동안 지속되었는지를 표시하도록 하였다. 답변의 내용을 분석하여 16가지 요인들이 만족 혹은 불만족의 원인으로 확인되었다. 데이터 분석에서 한 세트의 요인들이(만족 요인 혹은 동기부여 요인이라 불린다) 불만족보다는 만족에서 매우 잦게 언급되었음을 볼 수 있었다. 다른 세트의 요인들은(불만족 요인 혹은 위생 요인이라 불린다) 만족보다는 불만족 사건에서 매우 자주 언급되었다. 앞서 언급한 만족 요인 혹은 동기부여 요인은 높은 단계의 욕구와 연관되어 있으며 불만족 요인은 낮은 단계의 욕구와 연관되어 있다. <그림 5-3>>에서 이 결과와 12개의 다른 연구 결과의 구성을 보여주고 있다.

〈그림 5-3〉 두 개의 분리된 요인들의 기능으로 만족과 불만족

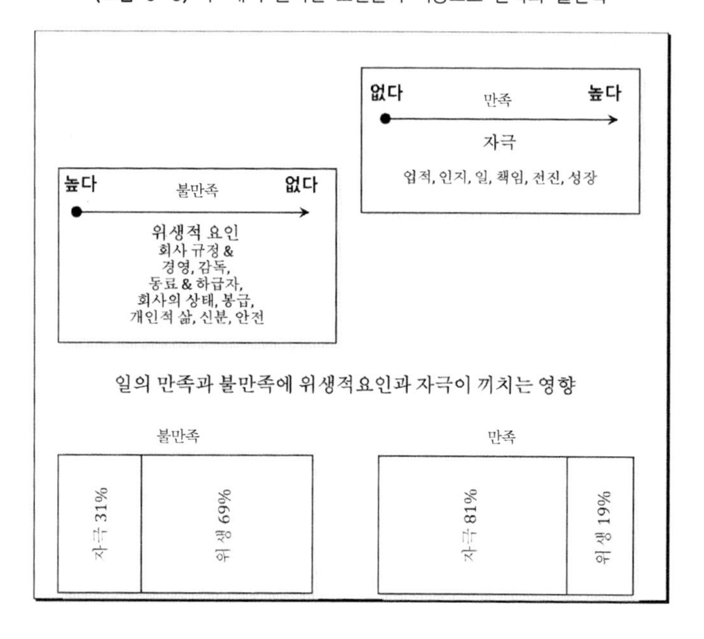

Herzberg의 연구에서 가장 중요한 성과는 동기부여 요인은(혹은 성장 요인) 직무 자체의 내용과 관련되어 있고, 위생 요인은 직무의 과정에 관련되어 있다는 사실을 밝혀낸 것이다. 내용 요인으로서는 성취, 성취의 인식, 직무 자체, 책임감, 성장 혹은 발전 등이 있고, 과정 요인으로는 회사정책, 관리, 감독, 대인관계, 직무환경, 급여, 상태, 월급, 보안 등이 있다.

연구 성과를 기반으로 하여 Herzberg는 경영은 위생 요인을 발전시킴(적절한 급여, 좋은 작업환경, 의미 있는 회사정책, 수준 높은 감독)으로서 불만족을 해소시키는 데 관여하여야 한다고 결론을 내렸다.

그러나 이러한 위생적 요인들만으로는 동기부여가 되거나 이미 만족한 노동자들에게서는 결과가 나오지 않음을 지적하였다. 경영은 고용인들의 심리적 성장을 위해서 직무를 변화시켜야만 한다.

직무확충 과정은 Herzberg 이론의 실용적 응용이다.[2] 직무확충(혹은 수직적 직무 분담이라고도 불린다)에는 고용인들에게 높은 단계의 욕구를 경험하게 하기 위하여 직무 재설계가 포함되어 있다. Herzberg(1968)에 따르면 이것을 달성하기 위한 방법들 중 어떤 것들은 통제와 감독을 없애거나 줄이기 위해서 전체 직무를 한 고용인에게 할당하고(다른 직무에 대해서 각기 다른 고용인에게 책임을 갖게 하는 것보다) 직무의 난이도를 높여야 된다고 한다.

2－요인 이론은 직무 동기 이론 중에서 아마도 가장 논란이 많을 것이다. 이 이론의 유용성을 폄하하는 두 개의 심각한 비판이 있다. 하나는 두 가지 다른 요인들이 만족과 불만족에 영향을 미친다고 가정을 하였지만 Herzberg의 조사 결과가 그 가정을 완전하게 받쳐 주지 못한다는 것이다. 많은 동일한 조건들이 만족과 불만족 모두에 관계된다. 예를 들어, 위생 요인들만이 배타적으로 직무 불만족에 영향을 준다고 제시하였지만 Herzberg의 조사에 의하면 전체 직무 불만족 요인 중 31%는 동기부여이다. 유사하게 동기부여만이 배타적으로 직

2) Rees(1980)는 직무확충의 개념이 스포츠, 특히 조직 경기에 적용되어야 한다고 주장하였다. 이런 맥락에서 "개인선수들의 욕망과 목표는 중요한 것으로 간주되며 '팀'으로서의 '나 자신'이 동기제공의 열쇠가 된다(p.30)." 직무확충이 선수들의 성과뿐만 아니라 만족에 기여하는지를 밝혀내기 위한 연구는 해 볼 가치가 있을 것이다.

무 만족에 영향을 준다고 하였지만 전체 직무 만족 요인 중 19%는 위생 요인들이다. 요약하면 위생 요인들과 동기부여 요인들이 사람들에게 영향을 미치는 양상과 범위는 개인에 따라 다르다. 그러나 Herzberg는 각 분류의 효과나 간과된 요인 혹은 최소화된 개인차의 일반화에 대해 강조하였다.

두 번째 비판은 Herzberg와 그의 동료들의 방법론에 관한 것이다. 응답자들은 그들이 만족 혹은 불만족을 느낀 사건들을 기억해 낼 것을 요구받았다. 이것은 중요 사건기록법으로 알려진 접근방법이다. 그러나 사건들을 기억해 내고 이에 대한 반응을 표현할 때 사람들은 자신의 노력과 성취에 대해서 긍정적이고 유쾌해지는 경향이 있다. 반대로 회사정책, 감독과 같은 외부관리에 대해서는 부정적이 된다. 이것은 사람들이 자신의 이미지와 자존심을 보호하는 데에 사용하는 방어기전이다. Vroom(1964)은 다음과 같이 밝혔다.

> 사람들은 자신의 성취와 성과에 대해서는 매우 만족해할 것이다. 반대로 개인적 무능이나 부족이 아니라 회사정책이나 관리자에 의한 장애 같은 직무환경 요인들에 대해서 불만족을 표할 것이다(p.129).

다른 방법에 의한 연구들의 결과에서도 Herzberg의 이론은 지지받지 못하였다(Dunnette, Campbell, and Hakel, 1967; Hulin and Smith, 1967). 결과적으로 2-요인 이론은 이 이론을 개발한 방법에서만 한정적이라고 제시되었다.

동기-위생 이론에 포함된 동기자극은 Maslow의 높은 단계 욕구와 Alderfer의 성장 욕구와 유사하다. 그러나 다른 두 이론과의 유사점은 이게 마지막이다. 앞에서 언급된 바와 같이 Maslow와 Alderfer는 낮은 단계의 욕구라도 고용인들에게 동기가 될 수 있다고 하였지만 Herzberg는 오직 직무의 본질적 요인들만이 동기부여가 될 수 있다고 하였다.

이런 차이에도 불구하고 세 가지의 이론은 모두 한 가지의 경영에 대한 일반적 함축을 갖고 있다. 이는 경영은 직무가 근로자들에게 의미가 있도록 하는 데에 관여하여야 한다는 것이다. 이와 같은 관점은 효율과 생산성을 위한 분업화(그 결과로서 한정된 반복과 단조로운 직무가 되는)를 강조하는 고전적이고 관료적인 방법과는 대조된다. 더 나아가 업무의 획일성과 일관성을 강조한 초기의 접근들은 근로자의 활동을 통제하려는 규정과 절차를 강요하는 경향이 있다. 고전적 접근의 이 두 가지 면은 높은 단계 욕구의 추구나 충족으로 연결되지는 않는다.

4) 동기부여자의 업무

Maslow, Alderfer, Herzberg 등에 의해서 만들어진 직무와 내용에 관한 흥미 있는 이론들은 여러 연구자들이 직무의 동기부여적 특성에 중점을 두게 하였다. Herzberg가 직무 '확충'을 위한 가이드라인을 제시하였다는 것을 먼저 언급해 둔다. 많은 학자들(ex. Hackman, 1969; Hackman and Oldham, 1976; 1980; Scott, 1966; Steers, 1975; Turner and Lawrence, 1965)이 직업의 속성과 이것이 고용인들의 태도, 만족, 생산성에 미치는 영향에 대하여 연구하였다. Hackman과 Oldham(1980)에 의해 발표된 모델이 가장 포괄적이다. 또한 이 모델은 직무, 인간, 그 양쪽의 적합성을 분석하기 위한 기본 틀을 제공한다. Hackman과 Oldham의 직무특성 모델<그림 5-4>은 직무특성이 작업자들의 심리상태를 개선시킨다는 가정을 근거로 하고 있다. 이 심리상태는 내적동기부여, 만족, 성과와 관련되어 있다.

일에 대한 내적동기를 강화해 주는 결정적 심리상태는 **결과에 대한 인식, 경험적 책임감, 경험적 직무의 의미** 등이다. 직무가 얼마나 흡족하게(혹은 미흡하게) 수행이 됐는지를 개개인이 모르고서는 성과에 대해 만족 혹은 불만족을 갖거나, 개인적 바람과 노력을 조절한 근거가 없다. 그러므로 결과에 대한 인식은 내적동기의 핵심요인을 제공한다.

두 번째 내적 근로 동기 저변에 있는 심리상태는 개인적 책임감(개개인이 직무의 성공적 수행에 대해 크게 책임을 느낄 때)의 인식이다. 개인적인 책임감이 줄어드는 것만큼 내적동기에 부정적 영향을 미친다.

Hackman과 Oldham 모델에서 세 번째 심리상태는 경험적 일의 의미이다. "자신의 가치관에 의미 있는 어떤 것으로 직무를 경험하여야 한다(p.73)."

Hackman과 Oldham에 의하면 높은 내적 근로 동기가 발전되고 지속되기 위해서는 앞에서의 세 가지 요인 모두가 필요하다고 한다. Hackman과 Oldham(1980)은 이의 설명을 위하여 골프를 예로 들었다.

> 이 세 가지 심리상태는 조직에서 일할 때보다 재미로 게임을 할 때 자주 그 특성이 나타난다는 사실은 아이러니하다. 예를 들어, 골프를 생각해 보자. 결과의 인식은 직접적이며 즉각적이다. 경기자는 공을 친 후에 그 공이 어디로 갔는지 즉시 알게 된다. 골퍼들이 슬라이스 난 것이 누군가가 뒤에서 귓속말을 한 탓이라고 불평을 하는 경향이 있음에도 결과에 대한 경험적 개인의 책임은 명확하며 크다. 그

일 자체는 그다지 중요하지 않더라도 경험적 의미성 역시 크다. 그러므로 골프의 경우 이 세 가지 심리상태가 존재하고, 대개의 골퍼들 사이에는 내적동기가 아주 강하다. 골퍼들은 일할 때 보기 힘든 집중된 행동을 보여준다. 첫 번째 티를 위해 새벽 전에 일어난다거나 하루의 환희 혹은 절망이 아침 라운딩에 달렸다거나 어떤 때는 장비를 파손하기도 하고 일에서의 권태와 좌절보다는 더 잘하지 못한 자책을 하게 된다(pp.74－75).

Hackman과 Oldham 이론의 주요 가정은 이런 심리학적 상태를 기술 다양성, 직무 정체성, 직무 중요성, 자율, 피드백 등의 주요특성을 포함시킨 직무설계로서 발전시킬 수 있다는 것이다.

기술 다양성: 기술 다양성은 "직무가 그 일을 수행하기 위해서 요구하는 다양한 활동의 정도로서 많은 기술의 사용과 사람의 재능을 포함한다(Hackman and Oldham, 1980, p.78)." 여러 클래스의 학생들에게 여러 운동종목을 가르치고, 농구팀의 코치를 맡고, 거기다 학생상담까지 하는 선생은 어느 한 과목만을 가르치는 선생보다 기술 다양성이 크다. "기술 다양성과 경험적 의미성 간의 연결은 아마도 신체기관처럼 연결되어 있을 것이다(Hackman and Oldham, 1980, p.78)." 이 말을 숙고해 보면 직무가 그들이 가진 기술과 재능을 요하고, 미래 발전적일 때 의미가 있다는 말이다.

직무 정체성: 직무 정체성은 "전체로서 완전하고 직무(가시적인 결과를 가지고 처음부터 끝까지 하는) 부분으로서 동일시되는 정도로 이것에 해당하는 결과를 알고 처음부터 끝까지 일을 진행한다는 것(Hackman and Oldham, 1980, p.78)"이다. 이 개념은 분업(직무를 다른 사람들이 처리할 수 있는 특정 활동으로 분할하는 것으로서 자동차 조립라인이 예가 된다)과는 정반대의 개념이다.

〈그림 5-4〉 Hackman과 Oldham(1980, p.90)의 직무 특성 모델(Reproduced with permission: Hackman, J. R. & Oldham, C. R. Work redign, Reading, Mass.: Addisiion – Wesley Publishing Company, 1980, p.90)

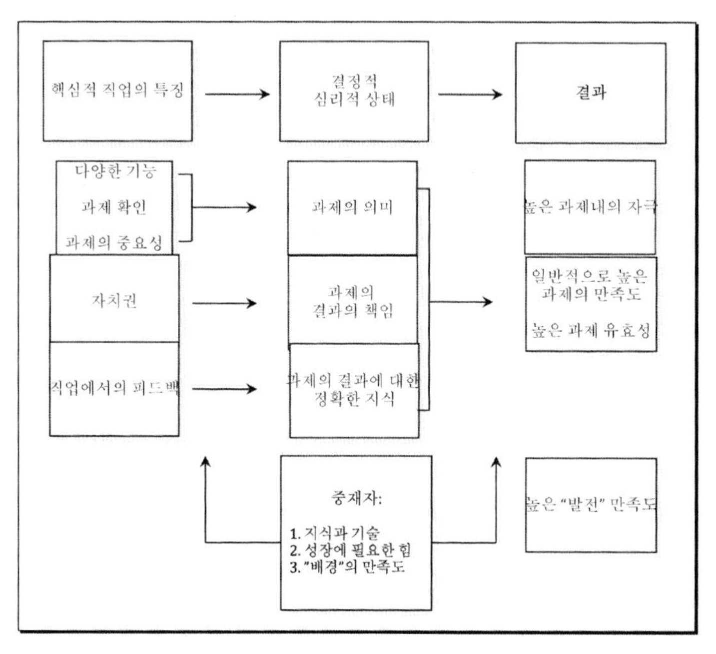

고등학교 코치들은 직무 정체성이 높다. 코치들은 팀의 관할하에 있는 소수 학생들의 경기 잠재력을 개발한다. 이러한 개발은 용이하게 확인이 되고, 통상 그런 직무에 유일하게 책임이 있는 코치에게 그 결과가 돌아가게 된다. 이와는 반대로 일반 교과 선생들은 최종결과나 그 결과에 자신이 얼마나 기여가 되었는지 쉽게 확인할 수가 없다.

Hackman과 Oldham은 한 고객의 모든 문제를 다루는 사회 복지사가 단 한 가지 문제만 처리하는 사람보다 일에서 의미를 더 잘 찾아낼 것이라고 제시하였다.

직무 중요성: "인근 조직에 있든지 혹은 넓은 세상의 어딘가에 있

는 타인의 삶에 실제적인 영향을 가진 직업의 정도"에 직무 중요성이 반영하고 있다(Hackman and Oldham, 1980, p.79). 선생님과 코치는 다음 사회의 미래가 될 학생들의 인생을 결정하는 데 자신들이 관여되어 있음을 알고 있다. 이와 반대로 학교 관리인들은 그들의 직무를 동일하게 중요한 것으로 여기지 않는다. "우리가 하는 일이 다른 사람들의 행복, 건강, 안전에 영향을 준다면 다른 사람들의 복지와 무관한 일에서 보다 더욱 주의를 기울인다(Hackman and Oldham, 1980, p.79)."

비록 직무 중요성이 명확할지라도 아직 이것과 관련하여 해결되지 않은 사실들이 있다. Hackman과 Oldham이나 다른 연구자들도 고용인으로서 개인적으로 경험한 중요성과 다른 외부관리자가 직무에 할당한 중요성 사이의 가능한 차이점에 대해 언급하지 않았다. 예를 들어, 다른 전문가들은 체육선생님의 직업이 중요하다는 것을 알고 있다. 그러나 어떤 경우에서는 이사회 구성원이나 관리자, 교장, 학부형들이 체육선생님이 하는 일이라고는 '공을 튀기고 휘파람을 부는 것' 정도로 생각할지도 모른다. 만약 낮은 중요성이 영역과 예산, 직원 관행 등등과 연결되어 있다면 체육선생님들이 그들 직업의 중요성에 대한 개인적 신념을 유지하긴 어려울 것이다.

선생님과 코치의 직무를 비교해 보면 개인이 느끼는 중요성 vs. 부속된 중요성이라는 동일한 사안이 발생한다. 이 두 직무를 평가해 보지 않는다면 미디어를 비롯한 사회적 요인들이 이 두 직무의 상대적 중요성을 왜곡할 것이다. 그래서 코치 직무가 선생님 직무보다 더 중요한 것으로 취급된다.

Hackman과 Oldham의 모델에서 기술 다양성, 직무 정체성, 직무 중요성의 세 가지 특성은 경험적 직무의 의미에 기여한다. 직무의미를 찾기 위해서 이 세 가지 요인 모두를 갖추어야 하는 것은 아니다. 예를 들어, 대형 교량에서 일하는 용접공은 교량의 안전과 궁극적으로 공공의 안전에 기여하기 때문에 그 일에서 의미를 찾을 것이다. 그럼에도 불구하고 그의 직업은 기술 다양성과 직무 정체성에서 낮은 위치에 있다. 유사하게 조립된 철 펜스를 용접하는 사람은 그 일이 완료됨으로써 개인적 성취를 이루기 때문에 그 일이 의미가 있다고 할 것이다.

자율성: "업무일정을 만들고 업무절차를 결정할 때 그 직무가 실질적인 자유와 독립, 결정권을 개인에게 주는 정도(Hackman and Oldham, 1980, p.79)"를 말한다. 개개인이 직무환경에서 책임을 갖고 설명을 할 수 있으려면 그 직무는 규정, 절차, 교범, 밀착 감독에 의해서 과도하게 통제되어서는 안 된다.

직무 피드백: "개개인에게 성과의 효과에 대한 명확한 정보를 제공하는 직무 수행 활동의 정도(Hackman and Oldham, 1980, p.80)"를 말한다. 직무 피드백은 감독관 같은 다른 관리자가 제공하는 피드백과는 다르다. 예를 들어, 농구경기에서 슛은 그 효과에 대한 즉각적인 피드백이 있다. 즉 피드백은 직무 그 자체에 제공된다. 코치들은 어떤 시도를 할지 말지는 특정한 경기 상황에 달렸다고 지적할 것이다. Hackman과 Oldham의 모델에서는 직무 그 자체 고유의 피드백을 강조하였다.

<그림 5-4>에서 보이듯이 Hackman과 Oldham은 기술 다양성, 직무 정체성, 직무 중요성을 가지고 있는 직무는 의미있는 직무로 인식될 것이라고 제시하였다. 마찬가지로 작업자에게 어떤 노력을 할 것인지를 결정할 자율성이 주어진다면 결과에 대한 책임의 인식이 커진다.

마지막으로 직무 고유의 피드백은 업무활동의 결과에 대한 인식을 제공한다. Hackman과 Oldham에 의하면 이 세 가지 심리적 상태의 누적된 효과는 고용인들의 내적 동기부여, 만족, 결근이나 이직률 감소에 영향을 준다.

직무특성 모델의 마지막 요소는 개인차의 효과를 조절하는 것이다 <그림 5-4>. 한편으로는 직무특성, 다른 한편으로는 내적 동기부여와 만족, 성과 사이의 관계는 개개인의 지식, 기술, 성장 욕구, 다른 조직요인들에 대한 만족에 근거한다.

직무에 대한 지식과 기술(능력)이 부족하면 직무자체가 높은 동기부여의 잠재력을 갖고 있다 하더라도 동기보다 좌절이 될 수 있다. 성장 욕구는 "현재 상태 이상의 개인적 성취, 배움, 자기 발전을 위한 강한 욕구"를 말한다(Hackman and Oldham, 1980, p.85). 성장 욕구가 낮은 사람은 직무와 그 특성에 의한 동기부여가 떨어진다. Hackman과 Oldham이 제시한 마지막 개인차 요인은 급료나 직무 안전성과 같은 조직요인에 대한 개인적인 만족이다. 만약 직무 주변의 요인들에 대해 엄청난 불만을 가지고 있다면, 그 직무 자체는 동기부여 잠재력을 잃을 것이다.

정리하면 Hackman과 Oldham의 직무 특성 모델은 내용 이론들의 확장이지만 이 이론은 직무와 직무가 가진 다양한 특성의 동기부여 잠재성에 대해 강력하게 강조하고 있다.

2. 과정 이론

앞서의 내용 이론은 근로자의 동기부여 요인(개인적 욕구와 같은 사람 요인과 직무할당과 보상 같은 조직의 요인)을 다루고 있다. 그러나 개개인이 가능한 여러 행동 중에서 어떻게 하나를 선택하는가에 대한 설명은 없다. 동기부여의 과정 이론은 개개인의 평가, 어떤 특정한 행동의 선택, 그 행동의 결과에 다른 요인들이 어떻게 영향을 미치는지를 다룬다. 세 가지 동기부여 과정 모델(Vroom의 기대 이론, Adams의 공정성 이론, Poter와 Lawler의 동기부여 모델)을 다룬다. 이 세 가지 모델이 조직에 있어서 가장 적합한 것으로 고려되고 있다.

1) Vroom의 기대 이론

기대 이론의 주된 가정은 개개인은 유용한 여러 가지 행동을 평가하고 결과가 가장 좋으리라고 기대되는 하나를 선택한다는 것이다.

더 명확하게 Vroom(1964)은 다음과 같이 언급하였다.

> 주어진 직무를 수행하게 하는 힘(동기)은 그 행동의 모든 가능한 결과를 그 행동 결과의 유용성으로 곱한 가중치(혹은 유용성)에 의거한다. 어떤 사람이 특정 결과를 가진 대안 중에서 선택을 하여야 할 때는 결과에 대한 선호뿐만 아니라 그 결과의 가능성에 대한 판단도 선택행위에 영향을 미친다(Vroom, 1964, p.18).

Vroom의 기대 이론은 4개의 주요 변수(혹은 개념)들이 통합되어 있다. 유의성, 결과, 기대감, 수단.

유의성: 개인의 특정한 결과에 대한 선호를 유의성이라 한다. 특정 결과가 강력히 선호된다면(ex. 프로 야구팀에서 팀 간 트레이드) 이 결과의 유의성은 +1이 된다. 반대로 어떤 결과가 강력히 거부된다면(ex. 먼 지방으로 전출) 유의성은 −1이다. 이 이론에 따르면, 실질거래 유의성은 각 결과들의 플러스 값과 마이너스 값의 상대적 가중치가 된다. 따라서 트레이드는 가중치를 가진 결과가 되며, 이 값이 마이너스이면 전출을 하게 된다. 트레이드를 택할지는 두 개의 결과(트레이드 혹은 전출) 평균값이 보여준다. 특정한 결과에서 차이가 없다면 유의성은 0이 된다. 인센티브, 보상, 효용성이 유의성의 개념으로 사용될 수 있다.

결과: 주어진 행동의 결말이다. 예를 들면, 고용인의 승진은 결과이다. 그러나 승진은 조직이 만들어 놓은 특정 성과기준에 도달한 고용인의 결과일 뿐이다. 고용인의 노력으로부터 두 가지의 결과가 있다. Vroom은 이것을 1차적 결과와 2차적 결과로 불렀다. 1차적 결과는 고용인이 달성하는 성과기준을 말하며, 2차적 결과는 그 성과에 대한 보상을 말한다. 1차적 결과는 조직의 기대치인(ex. 생산성) 반면

2차적 결과는 고용인의 욕망(ex. 승진, 급료인상)이다.

기대감: 노력이 1차적 결과(조직에 의해 설정된 성과기준)가 될 수 있는 계산된 가능성을 말한다. 위의 예에서 고용인이 그들의 노력이 탁월한 성과를 이루어 낼 것으로 믿는다면 그 기대치는 +1에 접근한다. 그러나 고용인이 그들의 능력이 그런 수준의 성과에는 충분하지 못하다고 생각한다면 기대치는 0에 접근한다. 기대감은 노력이 성과기준에 도달할 수 있는 가능성에 대한 각 개인의 인식이라는 것에 주목하여야 한다.

수단: 1차적 결과와 2차적 결과 사이에 개인이 인식하는 상관관계를 말한다. 위의 예에서 높은 성과가 자동적으로 승진으로 이어진다고 고용인이 믿는다면 수단성은 +1에 접근한다. 그러나 승진은 성과가 아니라 연공서열에 의해서만 이루어진다고 믿는다면 수단성은 0으로 떨어질 것이다. 인식된 확률로서의 기대감과는 대조적으로 수단성은 1차적 결과와 2차적 결과 사이에서의 강한 상관관계에 대한 개 개인의 인식 정도를 반영한다. 기대감이 개인의 노력을 1차적 결과와

〈그림 5-5〉 Vroom의 동기의 기대 모델

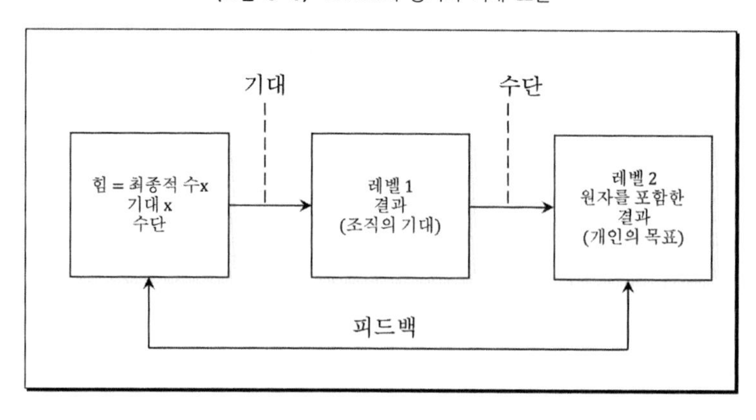

연결시키는 반면에 수단성은 1차, 2차적 결과를 모두 연결시킨다. 어떤 코치가 선수들을 확실하게 충원해 놓는다면 자신의 팀이 성공한다고 확신할 수 있다(기대감). 또한 팀이 성공한다면 급료가 인상될 것이라고 확신할 수 있다(수단성). 이상의 변수 혹은 개념 간의 상관관계가 <그림 5-5>에 보이고 있다.

Vroom의 기대 이론에 따르면 개개인을 어떤 활동에 끌어들이게 하는 힘(여기서는 동기와 같다)은 조직에서 제공하는 보상이나 인센티브의 유의성, 매력, 노력의 결과로서 특정수준에 이르게 될 기대감, 보상으로 연결되는 성과의 수단성 등에 근거한다. 이와 같은 요인들의 상호작용은 다음과 같이 표현된다.

$$\text{동기부여} = \text{유의성} \times \text{기대감} \times \text{수단성}$$

동기부여가 플러스 값이 되기 위해서는(개인이 동기부여가 되기 위해서는) 등식의 우항에 있는 모든 변수들의 값이 플러스이어야 하며 0이 되어서는 안 된다. 간단히 하면 어떤 사람이 특정 결과를 원하지 않으면(유의성이 마이너스가 된다) 그 결과에 대한 동기는 없게 된다. 마찬가지로 기대감이나 수단성 역시 0의 값이 될 수 없다. 즉 개개인은 노력의 궁극적인 결과로서 원하는 보상이 이루어진다고 믿어야만 한다.

개략적으로 보면 Vroom의 모델은 동기가 부여된 행동에 관계된 변수들과 그들 간의 상관관계에 기초를 제시하였다. 더욱 중요한 것으로서 유의성, 기대감, 수단성과 같은 개념들을 도입하였고, 동기부여가 된 행동의 개인차에 관해서도 도움이 되었다.

그러나 이것은 실제 관리자를 위한 지침을 제공하지는 않는다. 또한 이 모델에서는 개개인이 합리적으로 행동한다는 가정을 내포하고 있다. 간단한 경우가 아니다. 제3장에서 이미 언급되었듯이 개개인은 모든 복잡한 계산을 처리할 능력을 갖고 있지 않다. 이어진 수정과 확장으로서 Vroom 이론은 실제로 유용할 수 있도록 개선되었다.

2) Adams의 불공정성 이론

Maslow와 Herzberg의 내용 이론이 '만족'의 개념을 강조하면서 어떤 욕구가 충족되었을 때 만족은 자동적으로 뒤따른다고 가정을 단순화하였다. 조직의 관점에서 봤을 때 이것이 사실일 필요는 없다. 예를 들어, 누군가의 봉급이 인상되었다고 해서 이것이 자동적으로 만족으로 이어지는가? 혹은 자신의 인상분을 어떤 기준과 비교해 본 다음에 만족하든지 그렇지 않든지 할 것인가?

이런 논점들은 Adams(1963, 1977)의 불공정성 이론에서 제시되었다. 기본적으로 Adams의 주장은 누군가가 보상을 받으면 어떤 주관적 기준과 비교해 본다는 것이다. 비교 결과가 바람직하면 만족할 것이고 그렇지 않으면 불만족이 된다.

이러한 현상은 학생들 사이에서도 자주 일어난다. 어떤 과목에서 B학점을 받는 것이 충분하지 못하다면 다른 학생들이 받은 학점과 비교해 보아야 한다. 유사하게 다른 모든 교수들의 월급이 1,001달러 오를 때 1,000달러 인상은 행복이 될 수 없다. 이 두 가지의 예시에서 중요한 점은 절대량으로서는 공정성을 판단할 수 없으며 상대량이 중요하다는 것이다. 개인의 주관적 기준은 간단하게 개인이 들인 노력(입력)과 이에 따르는 보상(출력)의 비교가 된다. 예를 들어, 감량을 위해 희생적 노력을 하였음에도 6개월에 2파운드만 빠졌다면 불공정함을 느낄 것이다. 이와 같은 감정은 단순히 개인적 투자 vs. 이익의 비교로부터 나온다. 그러나 조직에서의 비용 vs. 이익 비교는 조직 내 모든 사람에게 관계가 있다. 그것은 개인적 투자(이익의 균형을 조직 내 다른 사람들의 투자)이익 비율에 비교하는 것이다. Adams는 다음과 같이 말했다.

> 자신의 투자대비 결과 비율이 다른 사람들의 그것과 같지 않을 때 사람들은 불공정성을 인식한다(Adams, 1977, p.113).

Adams의 이론에 있어서 '다른 사람들'은 부하직원, 감독관, 직장동료 혹은 다른 조직이나 직업에서의 고용인이 될 수 있다. 추가로 최근 투입/보상 계정을 이전의 것과 비교하는 것도 가능하다.

이 이론에서 투입의 개념은 보상을 받을 것을 기대하는 개인의 기여를 말한다. 사람들이 투입으로 고려하는 요인들에는 지성, 교육과 훈련, 경험과 연공, 개인적 외모 혹은 매력, 건강, 직무에 대한 노력 등이 있다. 조직에서의 보상에는 급료, 연공, 부가 급부, 지위나 특권을 포함한 작업 환경, 직업의 심리적 혹은 내적 보상 등이 있다. 지출은 열악한 작업 환경의 경우 부정적이 될 수도 있을 것이다. 그러므로 불공정 이론은 한 개인의 투입 보상과 다른 사람들 것과에 대한 인식을 근거로 한다. 그러한 비교에서 세 가지(공정, 개인에게 바람직하지 못한 불공정(관계자들의 비용 vs. 이익 비율이 더 크다), 개인에게 바람직한 불공정(비용 vs. 이익 비율이 더 크다))의 가능한 결과가 있다.

사람이 불공정성을 자각하게 되면 그 불공정에 따른 긴장과 불편함을 느끼게 되고, 여러 가지 방법으로서 공정하게(혹은 불공정성을 줄이는) 되돌려 놓으려고 한다. 사람들이 네 가지(자신의 투자, 자신의 보상, 다른 이의 투자, 다른 이의 보상) 불공정 공식의 요소 값을 변경하려고 시도하는 것은 명확하다. 가장 많이 사용되는 전략은 개인적인 보상을 늘리려고 하는 것이다. 그래서 고용주에게 더 많은 급료, 수익 등을 요구할 가능성이 높다. 이 시도가 실패하면 근로시간을 대폭 늘리거나 일을 잘함으로써 개인적인 보상을 높이려 할 것이다. 물론 생산성을 떨어뜨리고 결근율을 올림으로써 개인적 투입을 줄여 불공정성 느낌을 줄이려는 것도 가능하다. 불공정성은 다른 사람의 보상이나 투입을 줄임으로써도 낮출 수 있다. 그러나 사람들은 이런 전략을 불편해한다. 다른 사람들의 보상(급료나 승진)은 대부분 상급자들에 의해 결정되며 다른 사람들의 투입은 대개 또 다른 사람들의 영향을 강하게 받는다. 더욱 중요한 것은 타인의 투자나 보상에 중점을 두는 전략은 심리적으로 받아들여지지 않는다는 것이다. 교수에게 찾아가서 다른 학생의 감점을 요구하는 경우는 극히 드물다. 그리고 다른 학생의 수업 노트를 없애 버리는 일도 매우 드물다.

개인에게 유리하게 불공정성이 전개될 이론적인 가능성이 있기는 하지만(한 일에 비해 더 많은 보상을 받는 경우) 그 반대 경우의 불공정을 인식하였을 때처럼 불공정성 문제를 제기하지는 않는다. 그러나 불편함이나 죄의식이 있을 수도 있다. 이런 경우라면 개인은 받은 보상을 정당화하기 위하여 더 많은 노력을 하게 될 것이다.

개인의 투입과 보상을 다루는 것과는 별개로 불공정성을 줄일 수 있는 다른 방법들이 있다. Adams는 사람들은 공정성이 복원될 수 있도록 자신과 다른 사람들의 투입과 보상에 대한 인식을 수정할 수 있다고 주장하였다. 또한 비교 대상을 바꿀 수도 있다. 그래서 어떤 교수가 자신이 생산적인 한 해를 보냈으며 연봉 인상이 당연하다고 믿을 수 있다. 그러나 교수 전원의 성과가 게시되면 그 생각은 바뀔 수 있다.

Adams의 이론은 사회적 교환의 특정 상황에 따라 상대적이라고 하였지만 조직 환경을 이 이론 개발의 배경으로 삼았다. 그리고 그의 예시들 중 대부분이 조직과 그 구성원들에 관한 것이다. Adams의 이론의 중요한 점은 조직의 보상 체계가 조직 구성원들 사이에 공정성이 확보되었을 때에만 의미있고 효과적이라는 것이다. 이와 같은 개념은 Poter와 Lawler의 동기부여 모델에서 한층 발전되었다.

3) Poter와 Lawler의 동기부여 모델

Poter와 Lawler(1968)에 의해 제시된 동기부여 모델은 이전에 논의되었던 내용 이론과 과정 이론의 통합이며, Vroom의 기대 이론이 확장되고 심화된 것이다. 이 모델은 <그림 5-6>에 보인다. 논의의 편의를 위하여 박스 안에 숫자를 표시하였다.

노력(박스 3)은 Vroom의 모델에서 강제 개념과 동일하며, 업무 상황에서 개인 노력의 배후 동기부여이다. 투자한 노력의 정도는 개인의 동기부여 상태의 반영과 같다. 이 동기부여는 가능한 보상(박스 1)

에 개인이 다다를 수 있게 하며, 노력이 보상(박스 2)받을 가능성에 대한 개개인의 인식이다. '보상의 가치'와 '노력－보상 가능성의 인식'은 Vroom의 '유의성'과 '기대감' 개념과 동일하다. 고용인이 들인 노력은 어떤 수준의 성과(박스 6)에 도달한다. 성과란 조직에서 고용인에게 기대하는 것이다. 개개인이 각각 다른 성과기준을 가지고 있을 것이지만 조직에서는 규정, 기대치 같은 조직의 기준에 의해 성과가 평가된다.

그러므로 체육과 교수에겐 가르치고 연구하며 공동체의 일에 적합할 것이 기대된다. 여러 공동체 배구 클럽에서 코치 일을 훌륭하게 해낼 수 있더라도 지도력이 떨어지고 연구와 저작활동이 미미하다면 이것은 최소가치가 된다. Poter와 Lawler 모델에서 한 가지 중요한 사실은 노력－성과 관계의 복잡성이 강조되었다는 것이다. 노력이 항상 훌륭한 성과와 직결되지는 않는다. 효과적인 성과를 위해서는 개개인이 필요한 능력과 특성(박스 4)을 가지고 있어야 한다. 그러므로 키가 150㎝인(특성을 나타낸다) 선수는 농구 경기에서 센터 포지션을 해내기에 적합하지 않다. 유사하게 키가 2m인 선수도 센터 포지션을 훈련 없이 수행해 내기란 어렵다(능력). 특성은 지속적이고 변하지 않는 성질인 반면에 능력은 일시적이고 훈련에 의한 자질이다.

노력－성과 관계에 영향을 미치는 다른 요인은 개인의 역할 인식(박스 5)의 정확성이다. 각 고용인은 어떤 활동이 필요하며 어떻게 그것을 수행해야 하는지에 관한 완벽한 이해가 필요하다. 그러므로 다시 체육교수의 경우 강의역할의 효과적인 수행을 위해서는 교육과정을 설계하고, 강의와 평가를 준비하는 데 시간과 노력이 요구된다.

〈그림 5-6〉 Poter와 Lawler의 동기부여 모델(Reproduced with permission from L., W. Poter and E. E. Lawler, Managerial Attitudes and Performance, Homewood, Ill.: Richard D. Irwin, Inc., 1968, p.165.)

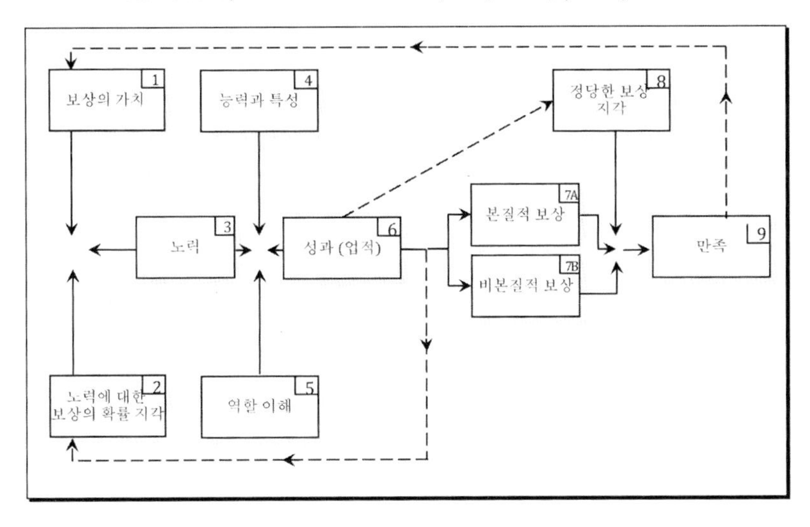

다른 예로서 마라톤 선수들이 역도 선수들과 같은 훈련을 받아서는 안 된다. 마라톤 선수의 역할에서는 근력훈련이 아닌 심혈관 지구력훈련이 필요하다.

개개인이 필요한 능력과 특징, 정확한 역할 인식을 갖추고 있다면 만족스런(조직의 기대치에 부합하는) 수준의 성과를 기대하는 것이 타당하다. 이런 성과에는 보상이 따른다. 내적 보상(박스 7A)은 개인의 높은 단계의 욕구와 관련되어 있다. 이 보상들은 개인적 성과에 의해 얻어진다. 개인은 도전적인 일을 성공적으로 완료함으로써 성취와 성장 경험을 얻을 수 있다. 개인적인 내적보상과는 대조적으로 외적보상(박스 7B)은 감독자와 같은 외부 관리자에 의해 통제된다. 이 보상들은 Herzberg의 위생 요인과 Maslow의 낮은 계층 욕구와 동등하다.

이것은 보통 봉급 인상이나 승진같은 요인들에 의해 반영된다. 내적보상이 개인적 성과에 직결되어 있다는 사실은 <그림 5-6>의 실선으로 표시되어 있다. 외적보상이 분배되는 기준은 성과와 연관이 안 될 수도 있다. 그래서 성과와 외적보상을 연결하는 데 물결선이 사용되었다. 나이를 기준으로 하거나 성과와는 무관한 승진이 그 예가 된다.

보상에는 만족이 따른다(<그림 5-6>의 박스9). 그러나 보상과 만족 간의 관계는 보상의 공정성을 개개인이 어떻게 인식하는지에 달려 있다(박스 8). 그러므로 Poter와 Lawler의 이론은 Adams의 불공정성 이론에 통합된 것이다.

자신과 동료들 간의 상대적 성과가 공정성을 인식하는 데 중요한 영향을 미친다는 점을 지적하여야 한다. 우수한 성과를 거두었다고 생각하는 사람들은 Adams 이론에 나오는 비용 대비 이득 비교보다는 성과를 공정한 보상의 기준으로 삼아야 한다고 강조하는 경향이 있다. NBA선수가 우승을 위해(혹은 한 시즌에) 쏟아부은 노력과는 무관하게 기여도가 비슷한 다른 선수들과 비교하여 연봉을 받는 것과 같다. 공정한 보상의 결정에 있어서 성과의 중요성은 성과(박스 6)와 공정한 보상의 인식(박스 8) 사이를 연결한 점선으로 보여준다. 공정한 보상의 인식이 내적보상과 만족 사이의 관계에 영향을 미치지는 않는다는 사실을 보아야 한다. 이 관계는 내면의 경험이기 때문이다.

마지막으로 <그림 5-6>은 두 가지의 피드백을 보여준다. 하나는 만족도가 보상 가치로 되돌아가는 것이고, 다른 하나는 성과와 보상의 관계가 인식된 노력 대비 보상 가능성으로 되돌아가는 것이다. 첫 번째 피드백은 보상이 이에 연계된 가치들에 영향을 준다는 사실을 반영하고 있다. 급료와 같은 외적보상의 경우엔 고용인들이 이 보상에 매기는 가치는 급료를 받음으로써 점점 떨어진다. 그래서 고액 연봉의 운동선수는 최저 연봉 선수보다 연봉 인상에 신경을 쓰지 않는 경향이 있다.

이 관점은 Maslow와 Herzberg의 이론과도 일치한다. 그들은 낮은 단계의 욕구가 만족되면 더 이상 동기부여가 되지 않는다고 주장하였다. Poter와 Lawler는 내적보상에서 만족을 얻은 사람은 더 가치가 올라가는 경향이 있다고 하였다. 두 번째 피드백은 노력이 가시적 보상의 결과로 돌아올 가능성에 대한 고용인들의 인식과 관련되어 있다. 어떤 야구팀에서 나이순으로 감독을 임명한다면 노력 - 보상 - 승진의 연관 인식은 최악이 된다.

이것은 승진을 원하는 사람들에게 열심히 일할 동기를 주지 못한다. 나이를 먹는 것이 승진할 가장 좋은 방법으로 인식되기 때문이다. Poter와 Lawler가 주장하였듯이 조직의 관행이 성과와 보상관계의 인식을 결정하는 데 가장 큰 영향을 미친다.

정리하자면 Poter와 Lawler의 직무 동기부여 모델은 Maslow의 욕구계층 이론, Herzberg의 2 - 요인 이론, Vroom의 기대 이론, Adams의 불공정성 이론의 개념을 포함하여 대단히 종합적인 것이 되었다.

4) 스포츠조직에서의 동기부여

욕구 이론 특히 Herzberg의 동기 - 위생 이론에서 실제적으로 포함하고 있는 사실은 직원들의 높은 계층의 욕구를 만족시키고 촉발시킬 수 있도록 직무가 설계되어야 한다는 것이다. Hackman과 Oldham의 동기의 '직무 특성 모델'은 직무의 잠재력을 촉발시키는 것은 그 직무의 기능(기술 다양성, 업무 정체성, 업무 중요성, 자치, 피드백)이란 것을 근거로 하고 있다.

'직무확충'의 원리는 관료적 규정에 반한다. 예를 들어, 한편에서는 직무확충의 원리가 한 사람이 한 가지 직무를 완전하게 맡도록 하는 반면에 다른 편에서는 관료적 개념의 '분업'이 그 직무를 여러 작은 부분으로 나누도록 한다. 비슷하게 고용인들에 대한 통제를 없애고, 그들에게 추가적인 권한(직무를 확충시킬 수 있는 기술) 부여는 관료적인 원리의 분업과 권한 계층에서 각기 대조적이 된다.

조직 활동에서의 합리성과 능률, 획일성과 일관성은 관료적 직무 구축의 기본이 된다. 반대로 개인적인 욕구는 직무확충 촉진을 실행하는 기본이 된다. 이 명백히 모순된 두 가지 직무 설계 접근법은 개인적 욕구의 강도 차를 고려한다면 서로 조절될 수 있다. 이 같은 관점은 직무 특성의 동기부여 효과는 성장 욕구 강도의 개인차에 의해 조절된다고 주장한 Hackman과 Oldham에 의해 강조되었다. 그러므로 목표달성을 위한 강한 열망과 책임감, 인식을 가진 사람들은 그런 욕구에 대한 관심이 적은 사람들이 세분화되고 판에 박힌 일을 하고 있을 때 확충된 직무를 얻을 수 있다.

게다가 조직도 목적과 절차, 환경상태가 다르다. 이와 같은 차이점들이 직무와 사람, 조직 특성의 연결을 용이하게 하여 준다.

전문적 서비스와 일반 서비스 조직으로 분류된 스포츠조직은 직무와 사람, 조직 특성을 연결하기 위한 권장 근거를 제공한다. 전문적 서비스와 일반 서비스 조직은 그들이 제공하는 서비스의 종류에 따라 달라진다는 점에 주목하여야 한다. 전문서비스는 고객의 필요와 독특한 문제에 대응하여 개인화되어 있어 표준이 없다. 그러므로 전문 고용인은 문제해결을 위해 개인의 경험이나 지식을 이용할 것이 요구된다. 만약 다른 동료들이나 조직의 도움이 필요하다면 그런 도움을 찾는 것은 그 고용인의 특권이다. 전문 고용인은 거의 완전한 자율과 통제권을 갖고 있다. 더해서 전문서비스 조직에서의 직무는 일반 서비스의 직무에서보다 업무 중요도가 크다. 게다가 그 직무는 더욱 다양해지고 업무 전체가 포함되기도 한다. 이런 관점에서 전문서비스 조직의 직무는 '확충'되어 간다. Mills, Hall, Leidecker와 Margulies(1983) 등이 '망상형' 모델을 제시하였을 때 이같이 강조되었다(제4장 참조).

일반 서비스 조직은 일반적으로 고용인들이 최소한의 정보만 처리한다는 점에서 표준화되어 있으며 전문서비스 조직보다 훨씬 넓은 범위에서 규칙이나 절차에 의해 지배된다(제4장 참조). 그러므로 일반 소비자서비스 조직의 고용인들은 전문서비스 조직의 고용인보다 자율성과 책임의식이 떨어진다. 더 나아가 그들의 직무는 중요성과 다양성이 떨어진다. 그 직무들은 더 세분화되고 일상화되어 있다.

이상의 논의에서 일반 소비자 조직에 직무확충의 잠재력이 매우 크다는 결론에 도달한다. 그러나 이게 가능하며 실현될 수 있을 것인가? 그 답은 두 개의 관점(고용인의 관점과 조직의 관점)에서 찾아야 한다.

고용인의 관점에서는 사람과 직무를 맞추어 주어야 한다는 것은 당연한 것이다. 직무확충은 고용인의 성장 욕구 강도가 담보되는 범위, 고용인이 확충된 직무를 감당할 수 있는 범위 내에서만 의미가 있다. 만약 이 두 조건 모두 충족되지 못한다면 직무확충의 동기부여 기대효과는 없다. 실제 개인이 자신의 전문 기술과 능력 부족으로 인해 직무확충을 하지 못하게 되면 자존심에 상처를 입을 것이다.

조직 관점에서 봤을 때 상대적으로 고용인 수가 적은 일반 서비스 조직에서의 직무확충은 여전히 가능하다. 초기 성장단계에서 고객에게 서비스를 제공하는 고용인에게 자율과 재량을 허용하는 것이 가능하며 또한 매우 바람직하다. 그러나 조직이 성장하고 팽창하게 되면 서비스하여야 할 고객의 수가 급증하게 된다. 그렇게 되면 표준화의 필요성과 고용인을 관리할 규정과 절차의 필요성이 커지게 된다. 비용 대비 효과와 직무확충 사이에 선택이 주어짐으로써 이익 추구형 일반 서비스 조직은 비용 대비 효과를 선호하게 된다. 프로 스포츠계의 경영을 책임지는 조직은 티켓 판매자들과 표준약정을 하여야 한다. 이 약정은 단조롭고 지루하지만 이 역시 비용 대비 효과가 된다.

일관성과 직무확충 약정 중 어디에 중점을 두어야 할지의 딜레마는 직원채용 절차에서 해결된다. 일반 서비스 조직의 관리자들은 제공할 수 있는 직무확충의 범위를 결정하고 그 직무 특성에 맞는 필요와 능력을 가진 사람을 채용하도록 하여야 한다.

직무확충을 목적으로 직무를 재설계하는 것이 가능하고 실제적인 상황에서도 관리자에게 권한이 없을 수 있다. 예를 들어, 큰 조직의 중간 관리자는 상관들이 만들어 놓은 직무를 수정할 권한이 없을 수 있다. 이 문제는 관료적인 조직에서 더욱 심하다. 티켓 판매 관리자는 운영책임자가 만들어 놓은 약정의 변경과는 무관하다. 그러나 이것이 관리자가 동기부여 과정에 개입함으로써 리더십을 발휘하는 것을 막지는 않는다. 이 주제는 다음 장에서 논의된다.

자원봉사 조직: 개인의 필요를 직무에 맞추어 준다는 개념은 자원봉사 조직에 더욱 적합하다. 누군가가 어떤 조직에 취업한다는 것은 그 직무와 경제적 이유의 요구를 받아들일 준비를 한다는 것이다. 그 외 다른 필요성은 상대적으로 덜 중요하다. 봉사자들은 말 그대로 조직 활동에서 경제적 이득을 바라는 것이 아니다. 봉사자들은 여러 가지 이유(배우고 성장하기 위해, 남을 돕기 위해, 인맥 형성을 위해, 현재 자신이 가진 기술을 이용하고 새로운 기술을 습득하기 위해, 일의 경험을 쌓기 위해, 사회에 진 빚을 갚기 위해, 여가시간을 좀 더 유익하게 사용하기 위해 등)로 봉사활동에 참여한다.

봉사조직과 그 조직의 서비스가 자원봉사자에게는 본질적으로 흥미로운 것이지만 그들이 계속해서 봉사조직의 멤버십을 유지하고 동참하는 것은 그들의 활동에서 얻는 만족감뿐만 아니라 주어진 직무에도 크게 관련된다. 예를 들어, 어떤 사회조직이 농구대회를 개최하기 위한 지원(ex. 등록업무, 일정업무, 팀 코치)을 요청하였을 때 이 조직의 일부 회원들이 자원봉사자가 될 수 있다. 전체 조직업무는 특정단위로 나누어지고 자원봉사자들에게 할당되어야 한다. 어떤 일 단위(ex. 팀 코치)는 자율성, 책임감, 중요도, 다양성 등이 높다. 어떤 일(ex. 등록 기간 동안의 전화응대)은 단순하고 반복적이다. 이때 코치들은 자신의 직무가 등록대행 일보다 훨씬 더 중요하다고 할 수 있다.

다른 관점에서 볼 때 어떤 봉사자들은 성장과 직권에 대한 강한 욕구를 가지고 있다. 그들은 팀 코치처럼 더욱 복잡하고 도전적인 일을 원한다. 다른 봉사자들은 단순하고 반복적인 일을 하기를 원한다. 이와 같은 사람들에게 가장 적절한 업무는 경영이다. 업무에서의 요구와 봉사자들의 개인적 욕구가 잘 맞을 때 봉사자들은 만족할 것이고 그들의 참여도는 높아질 것이다. 그러나 잘못 연결되었다면 봉사자들은 실망하게 된다. 더 큰 성장 욕구를 가지고 있는 사람일수록 단순한 업무는 무의미하며 충족될 수 없다. 반대로 성장 욕구가 작은 사람들에게 복잡한 업무는 실망과 스트레스가 될 것이다. 이와 같은 부조화를 초래하지 않기 위해 봉사조직의 관리자들은 모든 업무에 대해 기술해 놓아야 한다. 그러면 봉사자들은 자신이 원하는 활동을 선택할 수 있게 된다.

정리하자면 직원들이 더 높은 차원의 욕구를 충족시키기 위해 도전적이고 만족스러운 직무를 찾을 수 있도록 직무가 확충되어야 한다는 것이 욕구기반 혹은 만족 이론에서 지원되었다. 그렇지만 직무 확충은 어떤 조직 종류(이익 추구형 일반 서비스 조직)에서는 적용되지 못한다. 더 나아가 어떠한 직무 재설계도 직원들의 필요와 욕망을 고려하여야만 한다. 여기서 모든 고용인들이 고차원 욕구의 만족을 원한다고 가정하는 것은 불합리하다. 사람-직무 일치 개념은 자원봉사 조직에서 가장 많이 적용된다.

요 약

통솔기능의 동기부여 기반은 동기부여의 '만족' 이론(Maslow의 욕구계층 이론, Alderfer의 ERG 이론, Herzberg의 2-요인 이론)과 '과정' 이론(Vroom의 기대 이론, Adams의 불공정성 이론, Porter와 Lawler의 동기부여 모델)의 논의를 통해서 강조되었다. 더 나아가 직무 잠재력의 동기부여가 Hackman과 Oldham의 직무 특성 모델로서 기술되었다. 마지막으로 스포츠조직들의 '직무확충'이 논의되었다.

토론을 위한 질문

1. 학생이나 운동선수로서의 경험에서 가장 행복하였던(가장 만족스러웠던) 상황을 기억하라. 이와 같은 만족을 느끼게 한 계기를 서술하라. 얼마나 그 감정이 지속되었고, 그 감정이 일과 대인관계, 웰빙에 어떻게 영향을 주었는가? 유사하게 당신이 살면서 가장 불행하고(가장 불만족스런) 상황을 떠올리고 같은 방법으로 기술하라. 당신의 경험이 Herzberg의 2-요인 이론을 증명할 수 있는가? 이유는?
2. 학생들 사이에서 불공평으로 인식될 수 있는 요인에 대해서 논의하라.
3. 직무(한 가지 스포츠 혹은 다른 스포츠 간에 공통인)는 Hackman

과 Oldham이 제시한 직무 특성에서 서로 다른가? 이 차이점에서 동기부여적 내포는 무엇인가?

참고문헌

Adams, J. S.(1963), Toward an understanding of inequity. Journal of Abnormal Social Psychology, 67, 422 – 436.

Adams J. S.(1977), Inequity in social exchange. In: B. M. Staw(Ed.), Psychological foundations of organizational behavior. Santa Monica, Ca.: Goodyear Publishing Company.

Alderfer, C. P.(1972), Existence, relatedness, and growth: Human needs in organizational settings. New York: Free Press.

Alderman, R. B.(1974), Psychological behavior in sport. Philadelphia: W. B. Saunders Company.

Dunnette, M. D., Campbell, J. P., & Hakel, M. D.(1967), Factors contributing to job satisfaction and job dissatisfaction in six occupational groups. Organizational Behavior and Human Performance. 2, 143 – 174.

Hackman, J. R.(1969), Toward understanding the role of tasks in behavior research. Acta Psychologica, 31, 97 – 128.

Hackman, J. R., & Oldham, G. R.(1976), Motivation through the design of work: Test of a theory. Organizational Behavior and Human Performance. 16, 250 – 279.

Hackman, J. R., & Oldham, G. R.(1980), Work design. Reading, Mass.: Addison – wesley Publishing Company.

Herzberg, F.(1968), One more time: How do you motivate people? Harvard Business Review, January – February, 53 – 62.

Herzberg, F., Mausner, B., & Snyderman, B. B.(1959), The motivation to work. New York: John Wiley & Sons.

Hoy, W. K., & Miskel, C. G.(1982), Educational administration: Theory, research, and practice. New York: Random House.

Hulin, C. L. & Smith, P. A.(1967), An empirical investigation of two implications of the two-factor theory of job satisfaction. Journal of Applied Psychology, 51, 396-402.

Maslow, A. H.(1943), A theory of human motivation. Psychological Review, 50, 370-396.

Mills, P. K., Hall, J. L. Leidecker, J. K. & Margulies, N.(1983), Flexiform: A model for professional service organizations. Academy of Management Review, 8, 118-131.

Porter, L. W., & Lawler, E. E.(1968), Managerial attitudes and performance. Homewood, Ill.: Richard D. Irwin, Inc.

Rees, C. R.(1980), Motivation-hygiene theory and sport participation: Finding room for the "I" in "team" Motor Skills: Theory into Practice, 4, 24-31.

Scott, W. E.(1966), Activation theory and task design. Organizational Behavior and Human Performance. 1, 3-30.

Steers, R. M.(1975), Task-goal attribute, an achievement, and supervisory performance. Organizational Behavior and Human Performance. 13, 392-403.

Steers, R. M.(1975), Effects of need for achievement on the job performance-job attitude relationship. Journal of Applied Psychology. 60, 678-682.

Turner, A. N., & Lawrence, P. R.(1965), Industrial jobs and the worker. Boston: Harvard University Press.

Vroom, V. H.(1964), Work and motivation. New York: John Wiley and Sons. Inc.

제6장 통솔: 대인관계 과정

리더십의 개념은 두 개의 관점에서 볼 수 있다. 리더의 어원은 그룹을 실제로 이끄는 사람이다. 초기 군대에서 한 장수가 공격이나 작전을 지휘하고 부대는 이를 따랐다. 또한 간디나 루터 같은 사람들은 개인적 신념에 의해 운동을 시작하였다. 다른 사람들은 이 지도자들을 신봉하거나 그들의 특성에 이끌려 그들의 발자취를 따라갔을 수도 있다. 이런 리더십의 핵심을 카리스마적인 리더십(House, 1977)이라고 하는데 이는 행동의 시작이며 선봉인 것이다.

그러나 조직 관점에서의 리더십은 그룹과 활동에 책임을 지고, 층층이 있는 상급자들로부터 지시를 받는 관리자들의 역할 중 하나일 뿐이다. 이런 리더십에서는 리더가 직접 사람들 앞에 서서 이끌거나 구성원들과 함께 행동할 것을 요구하지 않는다. 구성원들도 특정한 사람을 리더로 결정할 필요가 없다. 구성원과 리더를 결정하는 것은 조직이다. 이런 형태의 조직 리더십을 다음에서 집중 논의해 본다.

리더십에 대한 두 가지 관점의 차이가 한 조직에 양쪽 유형의 리더가 동시에 존재할 수 있다는 가능성을 배제하지 않는다. 예를 들어, 코치는 조직 관점에서 운동팀의 리더이다. 그러나 그 팀에는 카리스마를 가진 또 다른 리더가 있을 수도 있다. 예를 들어, 유명한 농구선수 Larry Bird와 하키선수 Wayne Gretzky는 팀원들에게 영감을 줌으로써 팀원들이 더 노력하고 좋은 성과를 거둘 수 있도록 하였다고 알려져 있다. 경영학 연구서들에서는 이런 유형의 리더를 비공식적 지도자라고 한다.

공식적으로 지명된 리더는 공식적 지도자라고 불린다. 이 두 가지 유형의 리더들이 팀원과 그들의 활동에 영향을 미치지만 이 책에서는 공식적 지도자와 그룹과 그룹의 성과에 미치는 영향에 대하여서만 집중한다.

1. 리더십의 정의

목표의 정의, 목표를 달성하기 위한 활동의 정의, 개인업무 할당 및 일을 하기 위한 위치설정, 활동을 조율하는 관리인의 임명 등은 계획과 조직화 과정에서 완료된다. 이 작업이 완료된 후 모든 구성원들이 자신의 맡은바 역할을 다하도록 유지하는 것은 관리자의 책임이다. 이 역할이 리더십이다.

리더십에 대한 최근 정의는 "개인 또는 그룹이 목표를 달성하도록 하는 활동과정(Barrow, 1977, p.232)"이라고 하였다. 다른 사람에 대한 영향력은 리더십의 중요한 부분이다. Hollander와 Julian(1969)은 리더십과 영향력은 동의어라고 하였다. 더욱이 영향력이 행사되는 과정은 근본적으로 대인관계이다. 이 요구사항이 관리자의 다른 역할과 통솔을 구분해 준다. 계획, 조직화, 평가는 대인관계가 없이도 대부분 진행될 수 있지만 통솔은 관리자와 구성원 간의 대인관계를 필요로 한다.

위의 정의에 따르면 리더십은 활동 과정이기 때문에 관리자가 어떤 사람인가보다는 어떤 일을 하느냐가 중요하다. 이 점에 대해서는 일반적인 합의가 존재하지만 리더가 하는 일이 리더의 역할인지, 이것이 독립적인 요소로 작용하고 존재하는지에 대해서는 논란이 끊이지 않고 있다. 이 논란은 리더십에 관한 다양한 학설을 반영한다. 이러한 학설적인 접근은 세 가지의 분야로 분류된다. 경영자의 특성을 다루는 것(**특성 접근**), 경영자의 행동을 다루는 것(**행동 접근**), 경영자의 특성이나 행동을 특정한 상황(구성원과 조직을 모두 고려하여)에 적용하여 다루는 것이다(**상황적 접근**).

2. 특성 접근

리더십 초기 연구에서는 훌륭한 지도자를 구분하는 한정된 개인적 특성을 알아내기 위한 시도가 있었다. 연구된 개인적 특성에는 키, 몸무게, 나이, 외모 등의 신체적 특성과 지능 같은 정신적 특성, 공격성, 우월성, 외향성, 자존심, 성취동기, 직무 지향과 같은 성격 특성, 학벌과 사회 경제적 지위 등의 사회적 배경 특성, 사회적 대인관계 기술들이 포함되었다. 그러나 이 연구들에서 일관된 결과를 찾지는 못했다. 훌륭한 지도자의 일반적인 특성 집합이라는 것은 없다. 이것은 리더십 연구에서 일반적 특성 접근이 인기가 없는 중요한 이유다. 더욱이 Szilagyi와 Wallace(1980)가 지적했듯이 일반적 특성 접근은 지도자의 유효성보다는 그 출현에 더 관심을 가지고 있다.

3. 행동 접근

특성 접근의 무익함은 여러 연구자들로 하여금 리더가 그룹의 성과와 만족을 주기 위해 실제 어떠한 일을 하는지에 집중하였다. 이 연구들 중에서 가장 주목할 만한 것은 Ohio State University와 University of Michigan에서 수행한 프로그램들이다.

1) 오하이오 주립대 연구

오하이오 주립대의 주요 연구는 조직과 관련한 리더십의 행동을 정의하고 기술하는 것이다. 결론으로 오히이오 주립대학 연구에서는 수많은 리더활동을 9가지로 분류하였다(Hemphill and Coons, 1957). 그러나 그 결과로서 9가지 리더활동을 효과적으로 이용한다는 건 어렵다는 결론을 내렸다. 또한 이 9가지 활동은 서로 매우 밀접하게 관련되어 있다. 그래서 9가지를 4개의 리더활동으로 줄였다(Halpin and

Winer, 1957). 이후의 연구에서는 4개 조차도 2개의 큰 범주로 줄일 수 있음을 보여주었다. 즉 배려와 구조의 초기화이다(Halpin and Winer, 1957).

배려는 구성원들의 복지와 그룹 내에서의 온화하고 우호적인 관계에 대한 지도자의 관심을 반영하는 행동으로 정의된다. 시작구조는 리더와 구성원 모두의 역할을 명확하게 하고자 함과 그룹업무의 효율적인 수행에 대한 지도자의 관심을 반영하는 행동으로 정의된다.

2가지 분야의 리더활동을 측정하기 위해서 3가지의 척도가 개발되었다. **리더십 행동 묘사 질문서(LBDQ)**(Halpin and Winer, 1957)는 서로 다른 조직 환경에서 사용될 수 있는 일반적인 척도이다. Flrishman (1957a)의 **관리자 행동 묘사 질문서(SBDQ)**는 본래 산업용으로 만들어졌다. 그리고 마지막으로 Flrishman(1957b)은 리더의 행동태도를 평가하는 데 사용되는 **리더십 의견 질문서(LOQ)**도 만들었다. 세 가지 질문서 모두에서 동일하게 두 가지의 지도자 행동 부문(즉 **배려와 구조의 초기화**)을 측정한다. 어떤 리더는 양쪽 부문에서 모두 높을 수 있고 모두 낮을 수도 있으며, 하나는 높지만 다른 하나에는 낮을 수도 있다. 그러므로 어떤 리더의 유형은 <그림 6-1>의 4분면 중 하나에 해당되게 된다. 2분면(배려와 구조의 초기화, 양쪽으로 모두 높은)에 해당되는 지도자가 가장 효과적일 것이란 일반적인 예상을 연구결과는 뒷받침해 주지 않는다. 그 주된 이유는 오하이오 연구자들이 효율성에 영향을 주는 리더의 행동에 상호작용을 일으킬 환경요소들을 고려하지 않았기 때문이다.

〈그림 6-1〉 오하이오 대학의 리더십 스타일

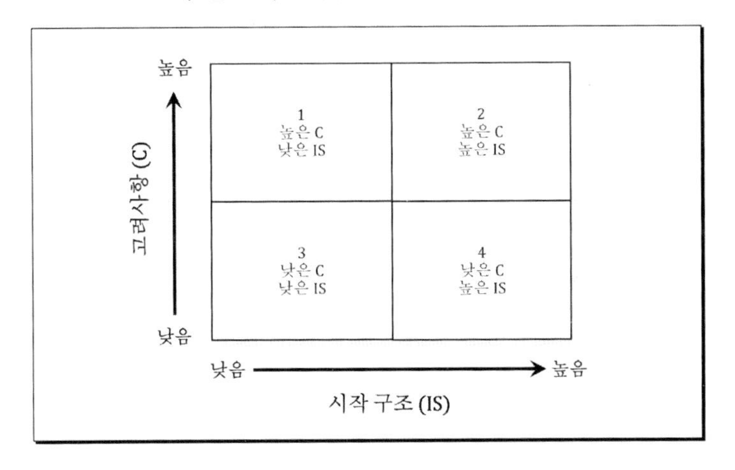

2) 미시간 대학의 연구

미시간 대학의 연구자(Katz, Maccoby, and Miorse, 1950; Katz, Maccoby, Gurrin and Floor, 1951)들도 리더십 행동 묘사에 관심을 가졌다. 오하이오 주립대의 연구자들과 동일한 방법으로 미시간 대학 연구자들도 리더행동의 두 가지 방식, **고용인 지향적** 또는 **고용인 중심** 리더십 방식과 **생산 지향적** 또는 **일 중심** 리더십 방식을 알아냈다. 고용인 중심은 일에서의 인간적인 면에 대한 리더의 관심을 반영한다. 반대로 일 중심은 일과 생산성의 기술적 측면에 대한 리더의 관심 정도를 반영한다.

미시간 대학이 수행한 연구에서는 어느 한 면만을 강조함으로써 거의 동일한 범위 안에서 생산성 증가의 결과를 보여주었다. 그러나 생산 지향적인 경우 많은 고용인들을 분개하게 하고 불만을 갖게 하였으며 이직하거나 결근을 하게 만들었다(Morse and Reimer, 1956). 오하이오 주립대 연구와 동시에 수행되었지만 독립적으로 이루어진 미시간 연구에서도 리더행동의 개념적 유사성이 명백하다.

1966년 Bowers와 Seashore는 미시간 대학과 오하이오 주립대의 지도자 행동 연구 결과를 종합하기 위하여 지도자 행동 4개 부문을 제안하였다. 여기에는 지지, 상호작용 촉진, 목표추구, 작업촉진 등이 포함되었다. 지지는 부하직원들의 개인적 가치와 중요성에 대한 감정을 향상시키기 위한 행동을 말하며, 상호작용 촉진은 그룹 내의 상호관계를 더욱 밀접하고 만족스럽게 하기 위한 행동, 목표추구는 그룹의 목표달성을 강조하는 행동, **작업촉진**은 그룹의 활동을 조율하고 기술적인 지침을 줌으로써 목표달성을 촉진하는 행동을 말한다. 이 지도자 행동 4개 부문을 측정할 수 있는 척도는 '**조직연구**'에 포함되어 있다(Taylor and Bowers, 1972).

전체적으로 볼 때 지도자 행동을 정의하고 범주로 나누고자 하는 초기의 연구들은 성공적이었다. 하지만 이 연구들은 다양한 이유로 비판되었다. 이유 중 하나는 리더십의 복잡성을 지도자 행동 2개로 충분히 설명될 수 없다는 것이다(House and Dessler, 1974; Stogdill, 1974; Yukl, 1981). 실제로 Stogdill(1974)의 LBDQ 확장판에서는 12개가 되었다. 유사하게 Yukl(1981)의 관리직 행동 연구(MBS)도 19개로 이루어졌다. 하지만 지도자의 행동을 몇 개로 나누는 것이 적당한가보다는 지도자의 행동과 그룹 성과 간의 관계가 더 중요하다. 지도자의 행동을 설명하기 위해 얼마나 많은 부문이 필요한가는 이것이 요구되는 그룹의 성과와 구성원의 만족과의 연관성을 보여주지 못한다면 중요하지 않다. 이 관점에서 볼 때 리더십에 관한 초기 연구들은 성공적이지 못하다.

초기의 연구들은 결정을 하는 방식과 결정의 본질을 혼동시켰다고 비판되었다. 예를 들어, LBDQ에, 초기구조를 평가하는 하부척도를 결정할 때 지도자가 어느 정도로 참여적인가를 반영하는 항목이 들어 있다. 유사하게 고려에 대한 하부척도에도 리더의 참여 지향적 정도를 보여주는 항목이 들어 있다. 리더십 관점에서의 의사결정(독재자 vs. 참여자 vs. 대표자 등등)은 다른 관점(업무지향 vs. 사람지향)과는 분리하여야 한다고 논란이 되었다(House and Dessler, 1974; House and Mitchell, 1974; Seridan, Downey and Slocum, 1975; Yukl, 1971; 1981). 이런 관점에서 볼 때 House와 Mitchell(1974)은 **참여적 행동**(의사결정에 구성원들이 참여할 수 있게 하는 행동)을 **도구적 행동**(활동을 통제하고 조절하는 행동)에서 분리하고 **성취지향 행동**(도전목표를 세우고 부하들에게 자신 있게 보이는 행동)을 **지원행동**(직원들의 복지와 일하기 좋은 환경을 만드는 행동)에서 분리하였다.

Yukl(1981)의 척도에서는 **결정관여**라는 부문이 있다. 이 부문은 "지도자가 부하 직원들의 의견을 참고하는 정도와 지도자의 결정에 직원들이 어느 정도 영향력을 미치는지(p.122)"를 측정한다.

마지막으로 오하이오 주립대와 미시간 대학의 연구에 대한 세 번째 일반적인 비판은 특정 상황에 적합한 지도자의 행동부분에 대해서는 평가하지 않았다는 것이다(House and Dessler, 1974; Seridan, Downey and Slocum, 1975; Yukl, 1971). 특정 지도자의 행동이 특정상황에서는 효과적일 수 있지만 다른 상황에서는 효과가 없다는 것이다. 이 문제는 리더십 상황 이론에 의거하여 다음에 논의된다.

3) 통솔 시 지도자의 행동

오하이오 주립대의 리더행동 부문 연구에 포함된 테스트를 이용하여 통솔행동을 연구하고자 하는 많은 시도가 있었다. 하지만 통솔과 가장 관련 있는 지도자의 행동들에 대해서 정의를 내리고 설명하려는 시도는 별로 없다. 하나 예외가 Chelladurai와 Saleh(1980)와 Chelladurai와 Carron(1981)의 연구이다. 고등학교와 대학교의 다양한 종목의 운동선수들에 대한 연구를 기반으로 스포츠에서의 5가지 지도자 행동 부문을 정의하였다. 이 5가지는 훈련과 교육, 사회적 후원, 긍정적 피드백, 민주적 행동, 독재적 행동이다. 이 5가지 부문은 <표 6-1>에 설명되어 있다. 훈련과 교육, 긍정적 피드백은 임무 성취과정과 임무 성취수준에 관계가 있다. 사회적 후원은 개인적으로나 조직적으로 구성원들의 사회적 필요성과 연관이 있다. 민주적 행동과 독재적 행동은 지도자가 각 구성원들에게 얼마나 의사결정에 참여할 수 있게 하는지와 관계가 있다.

〈표 6-1〉 스포츠에서의 5가지 지도자 행동

범위	설명
트레이닝과 지도 행동	코치의 행동은 선수의 성적을 진보시키는 데에 중시되어 있다. 이를 달성하기 위해 코치는 선수의 격렬한 트레이닝을 강조하고 스포츠의 기술, 테크닉과 전술을 가르치며 멤버들 간의 관계를 뚜렷하게 해주고 각 멤버들의 활동을 구성하고 조정한다.
민주적인 행동	코치의 행동은 선수들을 그룹의 목표나 훈련의 방식, 경기의 작전 행동과 전략을 결정할 때 더욱 참여하게 한다.
독재적인 행동	코치는 결정할 때 독립적으로 하며 자신의 권력을 강조한다.
사회적 후원 행동	코치는 운동선수들의 행복과 그룹의 좋은 분위기와 선수들 간의 따뜻한 대인관계에 대하여 걱정한다.
보답 행동 (긍정적 피드백)	코치는 선수의 좋은 성적을 인정하고 보상함으로써 선수를 지원한다.

4. 리더십 상황 이론

리더십의 시스템 관점에서 볼 때 상황은 리더, 구성원, 조직으로 이루어져 있다. 이 관점에서 리더십을 보는 이론들은 일반적으로 특정 요소를 다른 요소들에 비해 더욱 강조하는 경향이 있다. 이 장에서는 리더를 강조하는 이론(Fiedler, 1967; McClelland and Burnham, 1976), 구성원을 강조하는 이론(House, 1971), 조직을 강조하는 이론(Osborn and Hunt, 1975), 마지막으로 위 이론들의 종합판인 리더십 다차원 모델(Chelladurai, 1978)을 검토해 본다.

1) 리더십 효과의 불확실성 모델

리더십에 대한 상황적 접근은 Fiedler(1954, 1967, 1973)에 의해 처음 추진되었다. 그의 리더십 효과의 불확실성 모델은 지도자의 스타일(업무 지향적 vs. 고용인 혹은 대인관계 지향적)이 비교적 고정된 개성이라는 제안을 근거로 하고 있다. 그래서 지도자가 일하는 환경이 그 지도자에게 적합하거나 그렇지 않을 수 있으며(ex. 지도자가 부하직원들에게 영향력을 행사하기에 적합하다) 리더십의 효력은 지도자의 스타일과 적합한 환경에 따라 불확실하다는 것이다.

리더십 스타일: 이전에 언급되었듯이 리더십 스타일은 업무성취(업무지향) 또는 업무환경에서의 대인관계(고용인 지향) 중 어느 것을 강조하는지 각 개인의 경향을 말한다. Fiedler는 리더십 스타일을 평가할 수 있는 독특한 방법을 소개하였다. 응답자는 가장 싫어하는 동료(LPC)(응답자가 과거에 같이 일하기에 가장 힘들었던 사람)를 생각해 내도록 요청받는다. 그 뒤 응답자는 가장 싫어하는 동료를 16~20가지(사용된 양식에 따라 다름)의 항목에 의해 평가를 하게 된다. 아래는 3가지 평가의 예이다.

〈표 6-2〉 3가지 평가의 예

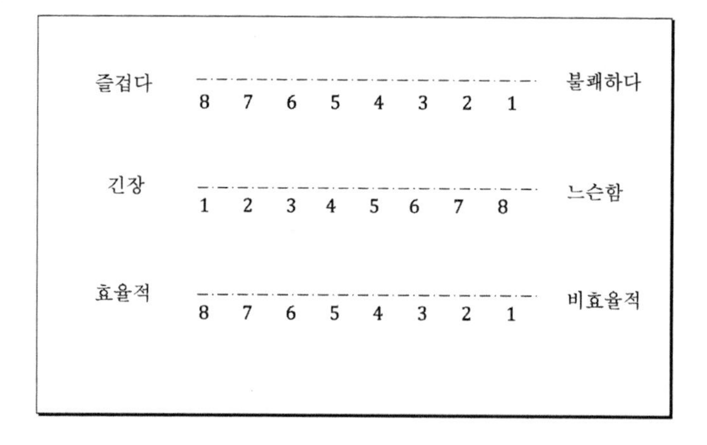

즐겁다	8	7	6	5	4	3	2	1	불쾌하다
긴장	1	2	3	4	5	6	7	8	느슨함
효율적	8	7	6	5	4	3	2	1	비효율적

개개인의 LPC 점수는 각 개인의 리더십 스타일을 나타낸다. Fiedler (1967)는 다음과 같이 말했다.

> 높은 LPC 점수를 주는 사람(가장 싫어하는 동료에게 비교적 호의적인 매너를 보이는 사람)은 성공적인 대인관계로부터 가장 큰 만족을 얻는 사람이라고 볼 수 있고 낮은 LPC 점수를 주는 사람(가장 싫어하는 동료를 매우 비우호적으로 묘사하는 사람)은 일에서 가장 큰 만족을 얻는 사람이라고 볼 수 있다(p.45).

그러므로 높은 LPC의 기본 동기는 주로 부하직원들과의 따뜻하고 우호적인 대인관계 형성이고 낮은 LPC의 기본 동기는 주로 업무성취이다. 이 이론의 개정판에서 Fiedler(1972)는 LPC 점수는 두 단계(일차적, 이차적)의 동기시스템을 보여준다고 하였다. 높은 LPC의 일차적 지향점은 대인관계이다. 높은 LPC 점수의 지도자는 대인관계가 완성된 후 업무성취에 집중한다(이차적 동기). 반대로 낮은 LPC는 업무 성취에 먼저 집중하고 그것이 달성되면 따뜻한 대인관계를 만드는 쪽으로 초점을 이동한다.

상황 선호도: 상황에 대한 선호도는 상황이 지도자에 영향을 미치는 정도를 반영한다. Fiedler에 의하면 상황 선호도에 영향을 주는 요소는 세 가지(리더와 구성원 간의 관계, 업무구조, 지도자의 권력 위치)가 있다고 한다.

지도자와 구성원 간의 관계는 구성원들이 지도자를 좋아하고 존경하는 정도의 척도가 된다. 그래서 구성원들이 우호적일수록 지도자가 영향력을 미치기 더 쉽다. Fiedler는 지도자와 구성원 간의 관계가 상황 선호도에 가장 큰 부분을 차지한다고 하였다.

지도자의 상황 선호도에 영향을 주는 두 번째 요소는 업무이다.

Fiedler에 의하면 업무가 구조화될수록 상황 선호도에 더욱 영향을 준다고 한다. 업무상황은 목표의 명확함(그룹의 요구가 명확하게 정의되어 있는 정도), 목표-과정의 다양성(업무를 완수하기 위해서 필요한 과정의 다양성 정도), 결정 검증성(결정의 결과가 쉽게 평가될 수 있는 정도), 해결책의 다양성(적합한 해결책이 몇 개나 가능한지 정도)에 따라 변한다. 목표가 명확하게 정의되어 있고 업무를 완수하기 위한 과정이 제한되어 있으면서 그룹의 생산성 평가가 용이하고, 단 한 개의 업무평가 기준만이 있다면 불확실성 모델에서 그룹의 업무도 상황 선호도에 관여한다. 정리하면 그룹의 업무가 구조화되어 있을수록 지도자가 그 그룹에 영향을 미치기가 쉽다.

상황 선호도의 마지막 요소인 지도자의 권력위치는 지도자의 직위가 갖고 있는 권력과 결재권의 정도를 나타낸다. 그러므로 지도자의 권력이 더 클수록 구성원들에게 더 큰 영향력을 미칠 수 있는 잠재력이 있다.

Fiedler의 연구는 매우 높거나 매우 낮은 선호도의 상황에서 업무지향적 리더들(low-PC)이 훨씬 효율적임을 밝혔다. 반대로 관계 지향 리더들(high-PC)은 적당히 선호되는 상황에서 효율적이다. 리더의 스타일과 상황 선호도 사이의 부수적인 관계를 <그림 6-2>에 설명하였다. 이 그림은 상황이 선호도에 따라 어떻게 배치되는지를 보여준다. 한쪽 끝에서는 가장 바람직한 상황을 볼 수 있다. 즉 리더와 구성원의 사이가 좋으며 업무가 잘 구조화되어 있고, 리더의 위치는 강력하다. 반대쪽 끝에서는 가장 바람직하지 않은 상황을 볼 수 있다. 즉 리더와 구성원은 화합되지 못하고, 업무는 구조화되어 있지 않고 리더는 힘이 없다.

〈그림 6-2〉 Fiedler의 리더십 효과의 불확실성 모델(Reproduced with permission from P. Chelladurai and A. V. Carron, Leadership, Ottawa: Canadian Association of Health, Physical Education and Recreation, 1978, p.25.)

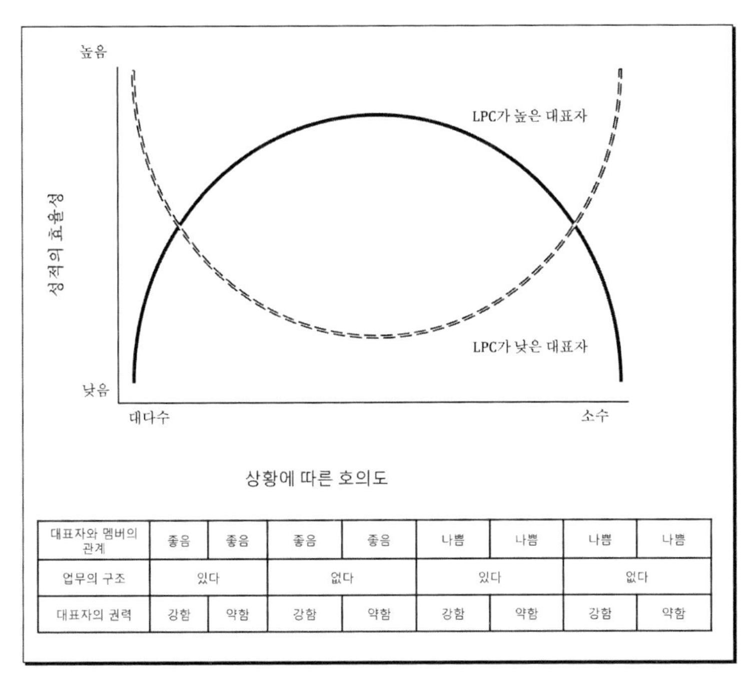

대표자와 멤버의 관계	좋음	좋음	좋음	좋음	나쁨	나쁨	나쁨	나쁨
업무의 구조	있다		없다		있다		없다	
대표자의 권력	강함	약함	강함	약함	강함	약함	강함	약함

Fiedler의 이론에는 어떠한 리더십 스타일도 상황과 선호도가 맞아떨어지면 효율적이라는 것이 내포되어 있다. 또한 리더십 스타일은 잘 바뀌지 않는 개성이기 때문에 상황을 바꾸는 것이 리더십 스타일을 바꾸는 것보다 더 쉽다는 뜻도 포함되어 있다. 조직은 리더-구성원 관계를 변경하기 위하여 그룹의 구성을 바꿀 수 있으며 업무규정과 절차에 변화를 줌으로써 업무구조를 변화시킬 수 있고 리더의 권한을 강화할 수 있다. 또한 이 이론은 개인이 자신의 리더십 스타일을 평가할 수 있는 기준을 제공하며 리더십에 주어지는 다양한 지

위를 평가하고 그 다음에 자신의 리더십 스타일과 일치하는 상황 선호도의 위치를 선택한다.

Fiedler의 불확실성 모델은 다른 조직 환경에서 확장 평가되었다. Fiedler와 그 동료들의 연구가 이론과 일치한 것이 놀라운 것이 아니다. 이 이론 자체가 이 연구를 기반으로 하여 만들어졌기 때문이다. 그러나 이어진 다른 연구들은 이 이론의 한계를 찾아냈다. 논란 중 하나는 LPC 평가가 실제 무엇을 측정하는가이다. 처음에는 개성을 측정한다고 보았지만 이후 Fiedler(1973)의 해석에서는 이것이 목표 계층을(업무 성취도 vs. 대인관계) 측정한다고 하였다. Larson과 Rowland (1974)는 LPC가 각 개인의 인지 복잡성(사람이 방대하고 복잡한 정보를 처리하고 받아들일 수 있는 정도)을 측정한다고 하였다.

위의 문제와 연관된 다른 문제는 리더의 지향점의 안정성이다. Fiedler의 모델에서는 그룹이 바뀐다고 해서 LPC의 점수가 변경된다는 것은 불가능하다. 게다가 이 모델에서 업무 지향과 대인관계 지향은 종단에 가서 동일한 연속체로 취급된다. 한 리더가 양쪽으로 지향적일 수 있다는 가능성은 이 이론에서 고려되지 않는다. 또 다른 한계로서 관리자의 리더십 스타일이 실제상황의 특성을 바꿀 수 있다는 가능성 또한 간과하고 있다. 예를 들어, 리더는 리더－구성원 간 불화상태에서도 일을 할 수 있다. 그 리더가 높은 LPC 점수(관계 지향적)를 갖고 있다면 그의 행동은 리더－구성원 간의 사이를 개선할 것이며 시간이 지나면 상황은 더 바람직해질 것이다.

이 이론과 연관된 다른 문제는 업무지향(또는 관계지향) vs. 의사결정 방식이다. 이론에 따르면 업무지향 리더들은 결정을 내릴 때 독재적이지만 관계지향 리더들은 민주적이다. 앞에서의 리더행동 설명에서 언급되었듯이 업무(혹은 관계) 활동을 특정 의사결정 방식과 연관시킨 가정은 맞지가 않다.

또한 선호도 연속선의 양쪽 최종단<그림 6-2>의 상황이 조직들에서 공통적인 것인지도 의심스럽다. 이 연속선에서 가장 바람직하지 않은 상황은 더 이상 지속할 수 없을 정도로 혼돈된 상황을 보여준다. 유사하게 연속선에서 가장 바람직한 상황은 유토피아적이다.

리더에게 가장 바람직한 상황은 스포츠일 것이다. 운동은 일반적으로 자발적인 행동이다. 각 개인이 자유롭게 참가 여부를 결정한다. 매우 빈번하게 선수들은 자신의 팀을 고를 수 있으며 결과적으로 코치도 선택할 수 있다. 더해서 코치와 선수들 모두 우수함을 추구하는 같은 조직의 목표를 가지고 있다. 마지막으로 그 조직의 모든 구성원들이 목표를 달성하기 위한 과정을 분명하게 이해하고 받아들인다. 결과적으로 세 가지 요소, 즉 리더, 구성원, 상황이 서로 일치된다. 그리하여 코치의 영향력을 행사하기에 가장 바람직한 환경이 된다(독재적인 코치는 매우 효율적이다). 간단히 하면 업무 지향적이며 독재적인 리더들이 매우 효율적이 될 수 있는 가장 바람직한 상황이 바로 스포츠라는 Fiedler의 주장은 타당하다. 실제 많은 연구들에서 코치들이 일반적으로 독재적이며 업무 지향적 리더십 스타일을 갖고 있다는 것이 밝혀졌다(ex. Hendry, 1968, 1969; Ogilvie and Tutko, 1966).

전체적으로 볼 때 여러 비판에도 불구하고 Fiedler의 불확실성 모델은 리더십을 상황 관점에서 본 첫 시도였다. Fiedler는 리더십 스타일 분석의 필요성을 상황 특성과 더불어 강조했다. 비록 LPC 점수의 의미가 의심스럽지만 이 이론은 리더의 개성과 지향점을 강조하였다.

2) 권력과 경영적 동기부여 필요성

일반적으로 사람의 행동에 영향을 주기 위해서는 성과, 소속체, 권력의 필요성이 중요하며 이것들은 조직과 특정한 연관성을 갖고 있다. 이것은 McClelland와 그의 동료들이 한 연구의 중점이었다(McClelland, 1965, 1970, 1975; McClelland and Burnham, 1976; McClelland and Winter, 1969). 성과의 필요성은 '전보다 더 나아지고 더 능률적이고 싶은 욕구'를 뜻한다(McClelland and Burnham, 1976, p.100). 이러한 욕구를 강하게 가진 사람은 아주 어렵거나 아주 쉬운 것보다는 적당하게 어려운 업무를 좋아한다. 이러한 사람들은 자신들이 얼마나 잘하고 있는지에 대한 신속하고 명확한 피드백을 좋아한다. 게다가 성과에서 동기를 갖는 사람들은 개인적 능력을 향상시키려 하기 때문에 직접 무언가를 하는 경우가 많다.

이러한 특성이 개인적 비즈니스나 소규모 회사의 소유주 또는 경영인에게는 이득이 된다. 그러므로 Yukl(1981)이 지적하였듯이 "성공적 기업 경영자의 강력한 동기는 성과의 필요이다. 또한 성공은 경영인의 동기뿐만 아니라 능력에도 의존된다(p.79)." 체육과 졸업생이 피트니스 사업을 시작하는 경우 그들이 강한 성과 지향적이라면 그렇지 못한 경우보다 성공할 확률이 높다.

인내와 헌신, 그리고 노동윤리는 성과 동기부여형 사람들이 갖고 있는 특징들이며 많은 이론가와 연구 참여자들은 성과의 필요성이 모든 성공한 경영인들의 절대적인 필수조건이 되어야 한다고 제안하였다. 그러나 이것은 경영자의 업무가 부하직원들의 업무보다 덜 중요한 큰 조직에서는 해당되지 않는 경우이다. McClelland와 Burnham

(1976)은 다음과 같이 제안하였다. "경영자의 일은 그 자신의 일을 잘 해낼 수 있는 사람보다는 다른 사람들에게 영향을 줄 수 있는 사람에게 적합하다. 동기부여 관점에서 말하자면 성공적인 경영인은 성취의 필요성보다는 '권력의 필요성'이 더 크다고 일반적으로 생각한다(p.101)."

권력의 필요성은 '강하고 영향력 있게 충격을 주고자 하는 욕구'를 뜻한다(McClelland and Burnham, 1976, p.103). 예를 들어, 체육과 학장의 성공은 그가 개인적으로 무엇을 이루었나보다 학과 교수들이 더 많은 노력과 성과를 올리도록 영향력을 행사한 정도에 토대를 둔다. 학장이 학과 교수들에게 영향을 줄 수 있는 의지와 능력이 개인적인 성과보다 중요하다. 대조적으로 앞에서 언급한 '피트니스' 업체에서는 성과의 필요성이 훨씬 더 중요하다.

McClelland와 Burnham(1976)은 권력의 필요성은 조직과 하급자들에 대한 배려에 의해 절제되어야 함을 연구하였다. "훌륭한 경영인의 권력은 본인의 힘을 강화하기 위해서가 아니라 자신이 일하는 기관을 위하여 강화되어야 한다. 이것은 개인적인 권력과 구별되는 '사회적' 권력의 모습이다(p.103)." 학장과 사업가가 서로 대조되는 점은 '사회적 권력'과 '개인적인 권력'의 차이점을 분명하게 해 준다. 성공적인 학장은 통제되고 사회적인 권력을 보여야 한다. 개인적 목표와 조직의 이익은 사업체의 경우에서 일치하다. 회사의 운영과 관련된 사람들이 많지 않기 때문에 개인적 권력의 동기는 회사의 성공에 해롭지 않을 수 있다.

McClelland는 전통적인 '인간 지향'과 독재적 경영 방식에 대한 전통적인 저항으로서 서로 대립하여 나타나는 권력동기에 대해서 강조하였다. McClelland와 Burnham은 다음과 같이 주장하였다.

> 독재주의 망령은 경영에서의 권력의 중요성을 경시하는데 사실상 잘못 이용되었다. 경영은 영향력 게임이다. 몇몇 민주적 경영의 제안자들은 이 사실을 잊은 듯하며 사람들이 일을 하게끔 도와주는 것보다는 사람들의 인간적 필요에 대해서 주로 관심을 갖도록 경영자들에게 강요하고 있다(pp.104 - 105).

그들은 경영에서 권력동기가 존재한다는 것이 경영자가 민주적 방식을 채택할 가능성을 배제하는 것은 아니라고 지적하였다. 실제 성공적인 경영자들은 권력의 필요성을 강하게 인식하고 조직에 대해서 많은 고려를 하며 민주적인 경영 방식을 채택하는 사람이라고 연구결과에서 밝혔다. 이러한 경영인 아래에 있는 하급자들은 높은 책임감을 갖고 조직을 명확하게 이해하고 높은 조직정신을 갖고 있다(McClelland and Burnham, 1976).

모임의 필요성은 어떤 그룹에서 환영받고 인정되고자 하는 욕구를 뜻한다. McClelland와 Burnham에 의하면 모임의 동기는 성공적인 경영에 별로 도움이 되지 않는다고 하였다. 실제 성공적인 경영에 해롭기까지 하다고 주장하였다. 모임의 필요성을 크게 느끼는 경영인들은 개인의 욕구를 만족시키기 위하여 다양한 규칙과 타협하는 경향이 있다. 이 우선적 대우를 받는 개인은 좋을지 몰라도 조직의 다른 사람들은 이 방식을 공정하지 못하다고 생각한다. 그러므로 그룹의 사기는 낮아질 것이다. McClelland와 Burnham은 다음과 같이 결론을 내렸다.

이상하게도 큰 회사의 훌륭한 경영자는 성과에 대해 큰 필요성을 못 느낀다. …… 그러나 조직 내에서는 많은 동기가 있다. 최고의 경영자들은……권력을 매우 필요로 하고 있고 다른 사람들에게 영향을 주는 것에 관심이 크다. 이것이 다른 사람들의 마음에 드는 것보다 더 중요하다. 경영자의 권력에 대한 관심은 사회적(개인이 아닌 조직 모두가 이득을 볼 수 있게)이어야 한다(p.109).

위의 결론은 큰 조직의 경영자들에게만 해당된다. 전에도 말했듯이 소규모 업체나 기업에서는 성취동기와 개인화된 권력이 경영 효과에 불리하지 않다.

전체적으로 보면 위에서 설명된 Fiedler의 리더십 효과 불확실성 모델과 McClelland의 경영 동기 연구는 리더의 특이한 개성의 중요성을 강조한다. Fiedler의 업무지향과 McClelland의 권력 동기는 업무성취에 초점을 두고 있다는 점에서는 서로 유사하지만 양쪽에는 중요한 차이점이 있다. Fiedler의 업무지향 리더가 독재적인 반면(정의에 의해서) McClelland의 권력 동기 경영자는 민주적인 방법으로서 그들의 권력 동기를 행사할 수 있다는 것이다. 이 차이에도 불구하고 Fiedler와 McClelland는 개인적인 특징이 효과적인 리더십에 매우 중요하다고 강조하였다.

3) 리더 효율성의 경로－목표 이론

앞에서 언급된 이론들과는 대조적으로 리더 효율성의 경로－목표 이론은 구성원과 그들의 개인적인 특성에 중점을 두고 있다. 이 이론은 Evans(1970)가 처음 제안하였으며 이후 House와 그의 동료들에 의해 확장되었다(House, 1971; House and Dessler, 1974; House and

Mitchell, 1974). House(1971) 이론의 핵심은 다음과 같이 요약된다.

> 리더의 동기부여 역할은 목표달성에 따른 임금인상과 과정을 명확히 함으로써 임금인상을 쉽게 하고, 장애물과 위험을 줄이는 이 과정에서 개인의 만족 기회를 늘리는 것이다(p.323).

이 이론은 구성원의 개인적인 목표, 조직의 목표에 대한 개인적 인식, 목표를 이루기 위한 가장 효율적인 경로 등에 집중하기 때문에 리더 효율성의 경로-목표 이론이라고 불린다. 이 이론은 구성원들이 원하는 목표/보상을 달성하기 위해 리더십이 어떻게 그 경로를 명확히 하여야 하는지를 정의하려고 한다.

리더행동의 분류에 대한 논의에서 언급되었듯이 리더의 행동의 네 가지(도구적 행동, 지원적 행동, 참여적 행동, 성취 지향적 행동) 유형은 경로-목표 이론에도 포함된다(House and Mitchell, 1975). 도구적인 행동은 전통적 시작 구조면과 비슷하다. 이것은 구성원들에게 무엇이 기대되는지를 명확히 하는 리더행동이다. 또한 계획과 조율과 관련된 리더행동을 포함한다. 지원적 행동은 구성원들의 복지와 우호적인 작업환경 조성에 대한 리더의 관심을 반영한다. 그래서 이런 면은 오하이오 주립대학 연구의 배려 측면과 유사하다. 참여적 행동은 리더가 구성원들과 정보를 공유하는 정도와 의사결정에 있어서 구성원 참여 허용 정도를 반영한다. 마지막으로 성취 지향적 행동은 어떠한 도전적인 목표를 세우고 얼마만큼의 효과적인 실행이 기대되고 구성원들이 얼마나 자신감을 갖고 있는지 정도를 나타낸다.

경로-목표 이론은 두 가지로 이루어져 있다. 첫 번째는 리더의 역할이 보급이라는 것이다. 이 말의 뜻은 리더의 행동이 즉각적인 보상과 만족 혹은 미래의 보상과 만족의 도구가 되는 것으로 여겨질 때에만 구성원들의 동기부여와 노력동원에 효과가 있다는 것이다. 또한 리더의 역할은 구성원들의 동기부여와 개인을 지원하는 요소들을 보급하는 것이다. 다른 말로 하면, 리더십은 조직 내에서 동기부여가 부족할 때 가장 필요해진다.

경로-목표 이론의 두 번째 주장은 리더십의 동기부여 효과는 구성원과 주변 환경의 압력과 요구로 만들어진 상황의 역할이다. 이론에 의하면 구성원들의 개성과 인지력은 리더의 특정한 행동에 대해 호응하고 반응하는 정도에 영향을 준다. 예를 들어, 모임을 크게 필요로 하는 부하직원들은 지원적 행동의 리더를 선호할 것이며 반면 성과 달성을 필요로 하는 부하직원들은 성취 지향적 행동의 리더십을 선호할 것이다(House and Dessler, 1974). 유사하게 개인적인 능력을 크게 지각하는 구성원은 덜 도구적인 행동의 리더십을 선호한다(실제 이런 구성원들은 도구적 리더십 행동에 부정적으로 반응한다).

환경의 압력과 요구는 업무특성, 조직요소, 주 작업그룹에 반영된다. 업무는 일상적인 과정인지 혹은 변화가 많은 것인지의 정도, 상호 의존도, 본질적으로 얼마나 만족스러운 것인지에 따라 다양해진다. 리더의 역할은 보급이기 때문에 리더의 행동은 업무의 요구에 따라 변화되어야 한다. 그래서 도구적 행동은 업무가 고정적이기보다는 다양할 때 더욱 적합하다. 유사하게 상호의존적인 업무는 그렇지 않은 업무보다 더 많은 조율을 필요로 한다. 따라서 리더의 도구적인 행동은 독립적 업무에서보다 의존적 업무에서 더 적합하다. 이 주장은 Chelladurai와 Carron(1982)에 의해 지지되었다. 서로에게 의존하는 운동경기(팀 경기), 선수들의 변화가 심한 운동경기(농구 같은) 선수들은 개인종목 또는 변화가 없는 경기(육상 같은) 선수들보다 더 강도 높은 훈련과 지시를 선호하였다(ex. 도구적 행동). 요약하면 구성원에게 받아들여질 수 있는 리더행동의 정도와 그 행동이 구성원들에게 얼마나 동기부여가 될 수 있느냐는 업무의 특성에 의존된다.

업무그룹의 특성은 리더행동 중 어떤 것이 필요하고 적절한지에 영향을 준다. 예를 들어, 촘촘하게 짜인 업무그룹에 있어서 그 그룹의 고참구성원이 필요한 가이드와 지시를 하게 된다. 이러한 상황에서는 리더의 도구적 행동은 과도한 것이다. 유사하게 지원적 행동 역시 그 응집된 그룹이 그 필요성을 충족시키기 때문에 불필요하다.

상황의 마지막 요소는 조직상태다. 이것은 조직의 목표, 규정과 절차, 다른 조직 업무들로서 리더행동의 필요를 결정하고 리더행동에 영향을 준다. 그래서 조직이 각 구성원이 하여야 하는 업무들에 대한 방대한 규정과 절차를 가지고 있으면 리더의 도구적 행동은 불필요하게 된다.

리더십의 경로－목표 이론은 개인적 동기부여 관점에서 보면 더 쉽게 이해될 수 있다. 이러한 관점을 발전시키기 위해서 Chelladurai는 Poter와 Lawler의 동기부여 모델(제5장)을 수정하여 제시하고 동기부여 과정에 대한 여러 지시 행동<그림 6-3>의 관련성을 검토하였다.

〈그림 6-3〉 리더의 행동과 개인의 동기부여
(Modified from Chelladurai, 1981)

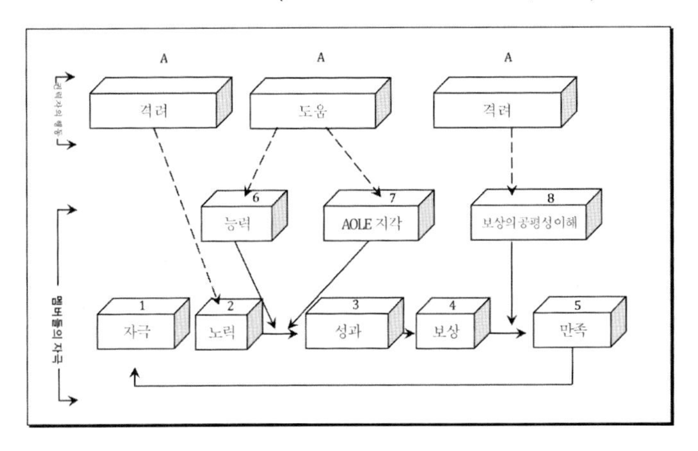

<그림 6-3>이 보여주듯이 동기부여는 보상가치 및 보상받을 수 있는 노력의 가능성 평가로 여겨진다. 노력 - 성과관계(2번부터 3번 박스)는 구성원들의 능력(6번 박스)과 업무의 인지 정확도(7번 박스)에 따라 적당하게 조절된다. 마지막으로 보상 - 만족 관계는(4번부터 5번 박스) 보상의 공정성에 대한 구성원들의 인식(8번 박스)에 영향을 받는다.

개인 동기부여 구조를 토대로 하여 동기 - 성과 - 만족 연속선에서 각 개인의 동기부여 상태를 향상시키기 위해 리더가 개입을 시도하여야 하는 여러 지점을 확인하는 것이 가능하다. 먼저 리더가 도전적인 목표를 세우고 그 목표를 달성할 수 있는 구성원의 능력에 신뢰를 보내면 본질적 보상에 관련된 개인의 가치가 높아진다(성과 지향 행동). 지원적 행동(박스 A)은 노력하는 단계를 즐겁게 하고 개인 간의 마찰에서부터 자유롭게 한다. 도구적 리더의 행동(박스 B)은 구성원

들의 능력을 향상시키고 각 역할에 대한 기대치를 분명하게 할 때 유익하다. 그러므로 도구적 행동은 노력과 성과의 관계를 강화한다. 참여적 행동은 구성원들의 역할을 명확하게 하고 결정에 참여하였다는 느낌을 갖게 한다. 참여적 행동은 역할성과를 향상시키는 효과가 있다. 마지막으로 리더의 개인적인 보상(ex. 동일성과에 동일보수)을 동등하게 분배하는 것은 구성원 사이에 동질성을 만든다.[1)]

전체적으로 보아 리더십의 경로－목표 이론은 많은 상황변수를 포함하고 있지만 구성원과 그들의 능력, 개인적 특성을 가장 강조한다.[2)] 구성원들의 개인적 목표달성(조직의 목표와 같을 경우)을 도와주는 과정으로서 리더십을 보여야 한다. Fiedler의 불확실성 모델과 반대로 경로－목표 이론은 리더가 자신의 리더십 방식을 상황의 위급함에 따라 변경할 수 있다고 함축적으로 가정하고 있다.

---

1) 개인적 보상에 대한 강조는 신중하여야 한다. 소규모 조직에서 관리자는 조직에 제공하는 보상에 대해 상당한 권한을 갖고 있다. 이와는 대조적으로 대규모 조직에서 관리자는 개인 보상을 결정하는 데 큰 영향력이 없다. 예를 들어, 관료조직에서 급료인상과 승진은 미리 설정된 요구조건과 연공서열에 의한다. 이런 환경에서 관리자는 칭찬이나 격려와 같은 개인적 보상에서 만족하여야 한다.

2) Hersey와 Blanchard(1969, 1977)는 그들의 리더십 상황이론을 "크지만 성취할 수 있는 목표(성취동기)를 설정할 수 있는 역량, 의지와 책임질 수 있는 능력, 개인이나 그룹으로서의 교육과 경험(Hersey and Blanchard, 1977, p.161)"으로 정의되는 구성원들의 성숙도에 대한 개념에 기반을 두었다. 그래서 그들의 이론은 능력과 개성을 하나의 구조물, 즉 성숙도로 결합하였다. 상황이론에 따르면 구성원들은 낮은 성숙도에서 적절한 수준의 성숙도로 발전시키기 위해서 리더는 직무활동(구조화된 활동)을 줄이고 관계활동(배려 등)을 늘려야만 한다. 적절수준의 성숙도를 넘으려면 리더는 직무활동과 관계활동 모두를 줄여야 한다. 요약하자면 상황이론은 개념적으로 경로－목표 이론과 유사하다. 차이는 그 개념의 운영상에서 나타난다.

4) 리더십 대체물

경로-목표 이론의 주장 중 하나로서 리더의 역할이 보급이란 것을 지적하였다. 리더는 가이드와 지시를 하고 구성원들의 활동을 구축하고, 작업환경에서 부족한 만큼만 사회적 지원을 하도록 요구된다. 이것은 리더의 모든 역할들이 환경의 다른 요소들의 일부라는 것을 뜻한다. Kerr과 Jermier(1978)는 **리더십 대체물**이라고 부르는 많은 요소들을 제시하였다. 가장 중요한 것들은 구성원들의 성격, 직업적 지향이나 모임, 업무와 작업 그룹-부서의 특성, 조직구조(정책과 절차를 포함하는)이다.

구성원들의 성격과 업무특성의 중요성은 앞에서 언급되었다. 작업그룹(동료그룹)은 리더의 대체물이 될 수 있다. 예를 들어, 대학 신입생은 오리엔테이션 기간 동안 다른 학생들로부터 도움을 받는다. 유사하게 작업환경에서 동료직원들이 업무를 위한 가이드와 지시를 한다. 더 중요한 것은 작업그룹이 개인적이거나 조직과의 문제가 생겼을 때 필요한 사회적인 지지를 해 준다는 것이다.

조직의 정책과 절차가 정교하고 직원들이 무엇을, 어떻게, 어떠한 상황(관료주의 경우처럼)에서 해야 하는지 분명하게 상술되어 있다면 리더의 도구적인 행동은 과다한 것이 된다. 직원들은 단순하게 규정을 따르면 된다. 제2장에서 언급되었듯이 소비자서비스 조직에서 서비스 표준화에 대한 관심은 작업을 분리하고 방대한 규정을 만드는 결과로 가는 경향을 보인다. 따라서 리더의 도구적인 행동은 불필요하다. 하지만 소비자서비스의 업무들은 상대적으로 일상적이며 반복적이기 때문에 리더는 우호적인 환경과 그룹 내 개인 간의 관계를 좋게 만들기 위해 노력해야 한다. 따라서 리더의 지원적 행동이 중요하게 된다.

전문서비스 조직에서는 구성원들의 전문적 지향과 다른 전문가들과의 관계가 리더십 대체물이 된다. 전문적 지향은 구성원들이 질이 좋은 서비스를 제공하는 것을 보증한다. 더욱이 전문협회는 성과표준을 제시하며 이 표준들은 구성원들에게 내면화된다. 더해서 동료들 간의 주기적인 모임, 전문서의 출판 또한 생산력을 늘리기 위한 가이드와 추진력이 된다. 전문서비스 조직의 이러한 지향 때문에 리더가 구성원들에게 영향을 주려고 하는 노력은 불필요하다.

리더십 대체물이 많은 상황에서는 리더가 구성원들에게 영향을 주려는 시도가 최소화되어야 한다. 그러지 않을 경우 리더십은 방해로 보일 수 있다.

5) 적응-반응 이론

Fiedler와 House는 그들의 이론에 조직 변수들을 포함하였지만 그 변수들에 대한 처리는 피상적이다. Osborn과 Hunt(1975)는 큰 조직시스템의 변수들은 리더와 구성원들 모두에게 영향력이 있기 때문에 불확실성 변수의 별개 종류로서 취급돼야 한다고 한다. 조직시스템에서의 변수 중 한 종류인 **거시변수**에는 부서크기, 기술수준, 조직의 형식적 구조 등이 포함된다. 두 번째 불확실성 변수의 종류인 **미시변수**에는 업무자체와 각 구성원들의 차이점들이 포함된다. 리더에게 영향을 주는 이 두 가지 변수를 토대로 하여 Osborn과 Hunt는 리더십 행동을 **적응행동**과 **반응행동**으로 나누었다.

적응행동은 리더가 조직시스템의 요구에 얼마나 적응하느냐를 뜻한다. 조직의 성격과 절차가 지도자의 행동을 특정한 방향으로 요구하게 된다. 미식축구 팀과 배드민턴 팀은 스포츠의 좋은 예이다. 첫째, 미식축구팀은 배드민턴 팀보다 크다(팀의 크기). 그래서 통제나 필요한 지시가 4명의 선수가 있는 배드민턴 팀의 코치와 40명의 선수를 보유하는 미식축구 팀의 코치에게서는 서로 다르다. 둘째, 미식축구는 고도로 분업화되고 전문화된 포지션으로 이루어졌으나 배드민턴은 그렇지 않다. 그러므로 팀 크기나 기술수준은 서로 다른 형태의 구조를 필요로 하게 한다(미식축구에는 각기 다른 분야의 책임을 갖는 본질적으로 계급화된 많은 코칭스텝이 있다). 이런 것이 서로 다른 리더행동을 보여주게 된다.

Osborn과 Hunt 이론의 미시적 변수들(업무와 개인의 차이)은 경로-목표 이론의 것들과 동일하다. 미식축구와 배드민턴의 차이점은 업무특성의 중요성을 보여준다. 미식축구 선수들은 더 많은 대형근육들을 갖고 있지만 배드민턴에서는 정교하게 움직일 수 있어야 한다. 또한 미식축구는 서로에게 의존하는 조직경기이지만 배드민턴은 개인경기이다. 이러한 차이점은 리더의 행동에 영향을 준다. 예를 들어, 미식축구 팀의 코치가 선수들에게 큰 소리로 말하고 고함치는 것은 팀에 좋은 영향을 줄 수 있다. 그러나 이러한 행동이 배드민턴 선수들에게는 좋지 않다. 이전에 언급하였듯이 개개인의 성격과 능력에 연관된 차이점은 리더행동에 영향을 준다. 업무와 개개인의 차이에 영향을 받는 리더행동을 반응행동이라고 한다. 이것은 구성원들의 필요와 요구에 대한 리더의 반응을 나타낸다.

적응 - 반응 이론에 따르면, 조직변수(거시변수)는 한 종류의 리더 행동을 통제하고 강제한다(적응행동). 이것은 또한 리더가 조직의 요구에서 크게 벗어나지 않게 한다. 반대로 미시변수는 주로 리더의 통제하에 반응행동을 이끌어 낸다. 적응 - 반응 이론의 가장 중요한 가정은 반응행동이 리더 재량권의 영향력을 나타낸다는 것이다. 결과적으로 구성원들의 요구나 선호와 일치하는 범위까지에서만 동기부여가 될 수 있다.

6) 리더십의 다차원적 모델

지금까지 소개된 이론들에서는 서로 다른 관점에서의 리더십을 보여주었다. 하지만 어느 관점에서나 한정된 변수만이 적절한 것으로 고려되었다. 예를 들어, Fiedler(1967)의 불확실성 이론에서는 리더십 스타일과 상황 선호도(리더 - 구성원 관계, 업무구조, 직위권력으로 설명됨)를 중요시하였다. 하지만 구성원들의 특성으로 인한 효과는 무시되었다. 반대로 House(1971)의 경로 - 목표 이론에서는 구성원들의 요구와 업무는 고려되었지만 리더의 특성은 고려되지 않았다. 유사하게 Osborn과 Hunt의 적응 - 반응 이론에서도 리더특성은 빠져 있다.

시스템 관점에서 보면 리더십에 대한 게슈탈트(형태)적 통찰을 위해서는 다양한 이론의 관점을 통합하여야 할 필요가 있다. 리더십의 다차원적 모델(Chelladurai, 1978; Chelladurai and Carron, 1978)은 이미 존재하는 리더십 이론들을 종합하고 조합하기 위한 것이다. 이 모델의 주요한 구성 요소들은 <그림 6-4>에 나타나 있다.

〈그림 6-4〉 리더십의 다차원적 모델(Modified from Chelladurai, 1978)

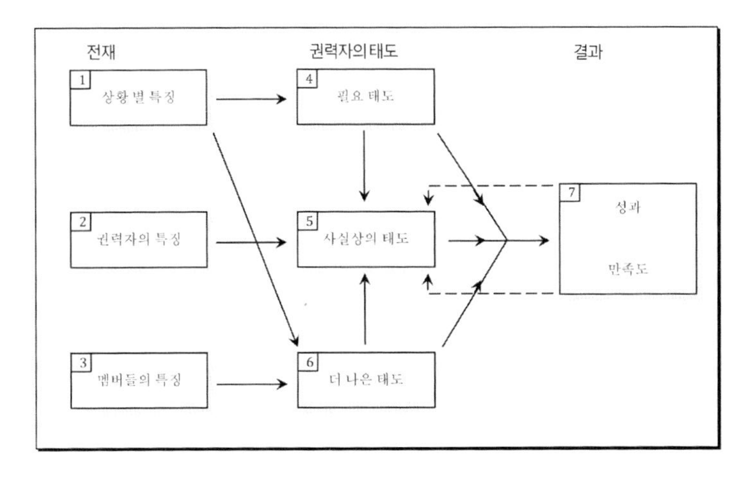

본질적으로 이 모델은 리더의 세 가지 행동(필수, 선호, 현실)에 집중한다. **리더십 행동을 결정하는 선행 변수들은 상황특성, 구성원특성, 리더특성으로 분류된다.** 이 모델의 결과(결과 또는 의존변수)는 **그룹의 성과**와 **만족도**이다.

필수적인 리더의 행동: Osborn과 Hunt(1975)가 언급하였듯이 리더의 행동은 조직과 주변환경의 요구와 압력에 의해 조정된다. Osborn과 Hunt가 제시한 상황특성(그룹의 크기, 기술, 공식적인 구조)들은 다차원적 모델에 포함되어 있다. 또한 그룹의 업무와 조직의 목표, 특정사회의 표준은 리더의 행동에 영향을 미치는 다른 상황적 특성이다.

리더십 구축은 그룹을 뜻하고 그룹의 업무, 절차, 성과에 의해서 리더의 행동을 연구하는 것이 필요하기 때문에 그룹의 업무는 거시적 변수로 여겨진다. 이 사실은 한 조직 내(예를 들어, 체육학과)에 다른 업무를 위한 별도의 부서(그룹)가 포함될 수 있다는 데에서 명백하게 설명된다. 체육학과에는 대학 재학생, 대학원생, 대학 간 대항이나 교내 안의 프로그램을 포함한다. 이 점은 대학교 내의 다른 운동 팀에게도 동일하게 적용된다. 각 팀과 코치에게는 그 그룹의 업무가 상황의 일부분이 된다. 따라서 그룹의 업무(다른 거시변수뿐만 아니라)는 그룹구성원들에게 공통된 요구와 압박을 가한다.

다차원적 모델에서 조직목표는 리더를 포함해서 그룹 전체에 영향을 주는 요소로 취급된다. 예를 들어, 제조업체에서 질이냐 양이냐에 관한 잠재적 관심사는 경영자와 직원들의 행동에 영향을 미친다. 운동경기에 있어서 프로팀의 코치에게는 교육기관의 코치와는 다른 행동이 기대된다. 이 기대의 차이는 소속된 선수들의 행동에도 영향을 미친다.

주어진 사회 환경의 규범이나 일반적인(혹은 새롭게 대두되는) 행동규범들도 상황 특성에 역시 포함된다. 예를 들어, 코치와 고등학교 교장의 사회적 규범을 비교해 보자. 운동경기의 사회적 규범을 따르면 코치는 선수들에게 소리를 지를 수 있지만 그러한 행동은 교장의 경우 허용되지 않는다.

요약하면 상황환경(부서크기, 기술, 공식적 구조, 부서업무, 조직목표, 규범, 특정 사회 상황에서 기대되는 행동)은 리더행동 일부에 영향을 주며 통제한다. 리더행동의 부분을 통제하는 상황요소들을 **필수적 리더행동**이라고 한다. 필수적 행동들은 업무 지향적인 경향이 있으며 그룹의 목표를 구현하는 도구가 된다(Osborn and Hunt, 1975).

구성원들이 선호하는 리더행동: 구성원들이 선호하는 특정한 리더행동은 상황특성과 구성원특성 양쪽에서 파생한다. 업무의 영향력은 구성원들이 무엇을 선호하는지를 바로 결정하게 한다(House, 1971;

House and Dessler, 1974). 부서의 크기, 기술, 목표, 규범, 구성원들이 리더에게 무엇을 바라는지에 영향을 준다.

개인차 요인들도 특정 리더행동에 대한 구성원들의 선호에 영향을 준다. 예를 들어, 적절한 업무능력의 효과는 경로-목표 이론에서 강조되었다(House, 1971; House and Dessler, 1974). 유사하게 모임의 필요성이나 목표달성의 필요성과 같은 수많은 개인적 특성들도 경로-목표 이론에서는 리더행동에 대한 구성원들의 선호에 영향을 미친다고 여겼다. Lorsch와 Morse(1974), Morse(1976)는 권위에 대한 개인의 사고방식이 서로 다른 종류의 관리에 대한 반응에 영향을 미친다고 하였다. 인식의 복잡성은 개개인이 정보를 처리하는 방법을 뜻한다. 또한 인식의 복잡성이 구조화된 리더행동의 선호를 결정하기를 기대한다(Wynn and Hunsaker, 1975). 독재와 독립의 필요성은 리더가 결정을 내릴 때 참여하게 할 것인지에 관한 구성원들의 선호에 영향을 준다(Vroom, 1959). 성과동기가 큰 구성원들은 도전과 책임, 피드백을 제공하는 리더를 선호한다(McClelland, 1961). 대인관계의 필요성(모임의 필요, 의존성 등) 또한 특정 리더행동의 선호에 영향을 준다.

실제적 리더행동: 세 번째, 명백히 가장 중요한 리더행동은 실제행동이다. 실제 리더행동을 결정하는 두 가지 요소는 거시적 변수와 앞에서 언급된 구성원들의 선호도이다. Osborn과 Hunt(1975)는 리더의 거시적 변수의 적응을 적응행동이라고 하였으며, 직원들의 필요와 요구에 대한 반응을 반응행동이라고 하였다. 리더가 적응행동 혹은 반응행동 또는 두 가지 모두에 어느 정도로 중점을 두느냐는 개인적인 특성(특히 개성과 능력)에 달려 있다.

리더의 개성을 행동결정 요소로 보는 논의에는 Fiedler(1967)의 포괄적 이분법, 즉 업무 지향과 그룹 지향적 리더스타일이 반드시 포함되어야 한다. 실제 리더행동에 영향을 줄 수 있는 다른 개성 특성들에는 권위주의, 독단주의, 지배, 인식 복잡성, 성취 필요성, 모임 필요성, 권력 필요성 등이 있다.

다차원적인 모델에서 리더는 융통성이 있고 조직의 변화에 따라 자신의 행동을 수정할 수 있다고 간주한다. 이 관점은 Fiedler의 입장과 일관된다. 그는 업무지향 리더들은 업무가 완료된 후에 자신들의 집중범위를 넓히며, 관계지향 리더들은 구성원들과의 좋은 관계를 확보한 다음에 업무에 집중할 것이라고 제안하였다. <그림 6-5>의 피드백은 리더행동의 변화 과정을 보여준다.

리더의 능력은 두 가지의 구성요소로 만들어져 있다. 그룹 직무의 다양한 면에 대해 리더가 가진 특정한 지식과 전문적 기술, 그룹의 목표를 달성하기 위해 필요한 절차는 두 가지 구성 요소 중 하나이다. 이런 특정한 능력은 리더십 상태에 따라 달라진다. 정부 관료제에서는 그룹 활동을 통제하는 모든 복잡한 법과 규정에 대한 지식이 이런 류의 능력을 나타낸다. 이런 뜻에서 능력이라는 것은 Katz가 도입한 전문적 기술과 유사하다(제1장).

능력의 두 번째 구성요소는 문제의 복잡성을 분석하고(개념적 기술)효율적인 특별한 접근방법으로 부하직원들을 이끌어 가는(대인기술) 리더의 능력이다. 이것은 일반적으로 상황을 초월하는 능력이다.

성과와 만족: 세 가지 리더행동의 결과는 성과와 만족이다<그림 6-5>. 세 가지 리더행동 상태의 일치하는 정도(선호하는 행동과 필수적인 행동이 서로 조화된 실제적 행동)가 성과와 만족도에 영향을 준

다는 것이 다차원 모델의 가설이다. 리더행동의 어떤 상태도 제한요소가 될 수 있다.

예를 들어, 어떤 관료조직에서는 시대에 뒤지고 역기능적인 법률과 규정들이 그 조직의 요구가 될 수 있으며 관리자에 의해 강제될 수 있다. 하지만 고용인들이 이 규정들을 매우 싫어할 수도 있기 때문에 성과와 만족이 감소될 수 있다. 유사하게 리더의 실제행동이 조직의 요구와 구성원의 선호에서 벗어나게 되면 성과와 만족에 불리한 영향을 주게 된다.

〈그림 6-5〉 Vroom - Yetton 모델의 의사결정(Reproduced with permission from V. H. Vroom and P. W. Yetton, Leadership and Decision - Making, Pittsburgh, University of Pittsburgh Press, 1973, p.194)

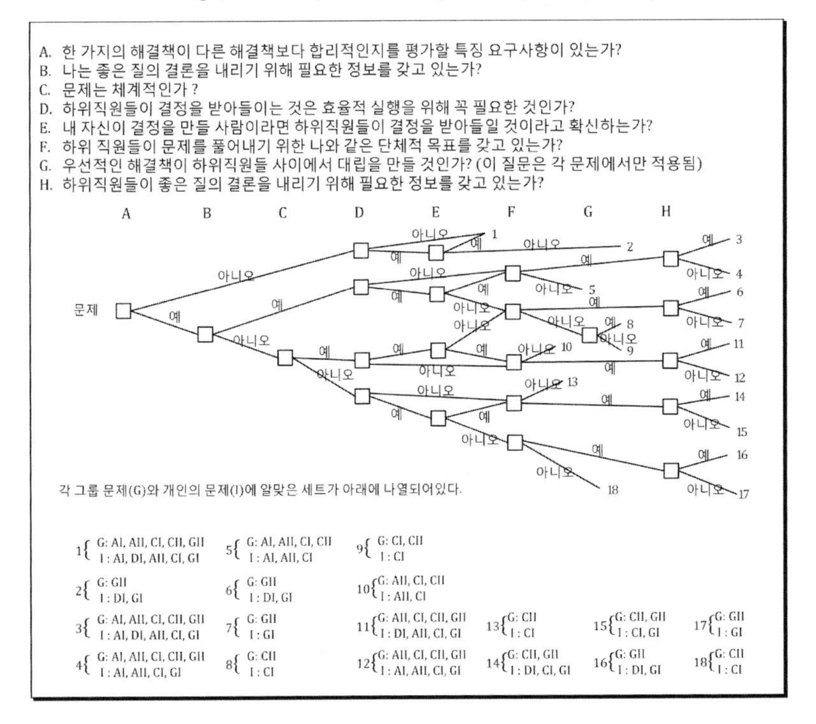

전체적으로 보아 다차원적 모델은 상황, 지도자, 구성원의 특성을 고려하며 세 가지 리더행동(필수, 선호, 실제 리더행동)을 개념화한다. 이 세 가지 리더활동의 조화는 그룹의 성과와 구성원들의 만족과 연관되어 있는 것으로 본다.

5. 리더십과 의사결정

앞부분에서 결정을 내리는 방식과(리더가 결정과정에 구성원들을 참여하게 하는 정도) 다른 리더십 행동을 구분하는 것이 필요하다고 여러 번 강조되었다. 이 관점의 배경은 구성원들을 결정에 참여할 수 있게 하는 것이 결정이 이루어지는 상황의 기능이라는 것이다. 어떤 경우에서는 독단적인 접근이 핵심이 되며, 또 다른 경우에서는 참여적인 접근이 가장 효과적이며, 또 어떤 경우에서는 결정이 위임되어야 한다. 물론 현대적 경영에서는 결정단계에서 구성원들의 참여도를 늘려야 한다고 강력하게 권장한다. 이러한 현대적 권장은 참여적인 결정이 (1) 상황에 대해 더욱 많은 정보가 제시되기 때문에 합리성을 증가시키고, (2) 구성원들의 참여가 커지고, 그러므로 (3) 더 좋은 실행이 이루어진다고 보고 있다(Likert, 1967; Maier, 1974; McGregor, 1960). 더욱이 또 다른 면에서 참여적 방식의 결정은 구성원들의 자존심과 성장에 기여한다(Likert, 1967; McGregor, 1960).

하지만 참여적인 결정에는 실용성과 유효성이 감소된다는 단점이 있다. 첫째로 참여적인 결정은 구성원들로 하여금 다양한 문제를 토론하게 할 시간이 필요하기 때문에 더 많은 시간을 소비한다. 종종 이런 토론은 주제와는 상관없는 사소한 문제들을 다루기도 한다. 둘째로 구성원들이 문제와 관련된 더 많은 정보를 제공할 수 있다는 가설이 항상 옳지는 않다. 리더 혼자서 모든 구성원들을 합친 것보다 더 많은 정보를 갖고 있을 수도 있다. 이러한 상황에서는 합리성이 더 강화되지 않는다(사실 그룹의 토론은 '무지한 자의 집단'보다 조금 나은 정도일 수도 있다). 마지막으로 참여적인 결정은 그룹의 구성원들이 통합되었을 때만 그룹 참여도를 향상시킬 수 있다. 그룹이 내부적 경쟁과 개인적인 충돌을 겪고 있다면 참여적인 결정은 그룹을 분열시키는 다른 요소가 될 수도 있다.

결정을 내리는 모든 상황에 다 효과적인 방법이란 것은 없기 때문에 참여의 여러 가지 모델이 제안됐다. 각 모델은 서로 다른 불확실성 요소를 포함한다(ex. Bass and Valenzi, 1974; Heller and Yukl, 1969; Maier, 1963; Tannenbaum and Schmidt, 1973; Vroom and Yetton, 1973). Nroom과 그의 동료(Vroom and Jago, 1978; Vroom and Yetton, 1973)들이 만든 모델이 가장 종합적이며 경험적으로 확인되었기 때문에 이 책에서 논의된다.

초기에 Vroom과 그의 동료들은 결정을 내리기 위한 사회적 절차와 관련된 5가지의 과정을 확인했다. 이것은 구성원들의 참여도에 따라 변화한다.

독재 I (A I) – 리더가 유용한 정보를 가지고 혼자서 결정을 내린다.

독재 Ⅱ(AⅡ) - 리더가 구성원들로부터 필요한 정보를 확보하고 혼자서 결정을 내린다.

협의 Ⅰ(CⅠ) - 리더가 관련 구성원들과 개인적으로 문제를 공유하고 그들의 아이디어를 사용하여 혼자서 결정을 내린다.

협의 Ⅱ(CⅡ) - 리더가 그룹의 모든 구성원들과 문제를 공유하고 그들의 의견을 고려한 뒤 혼자서 결정을 내린다.

그룹 Ⅱ(GⅡ) - 리더가 그룹과 문제를 공유하고 그룹이 대안을 만들고 평가하여 일치된 의견을 만들게 한다. 이 결정 과정에서 리더의 역할은 사회자와 같다.

마지막 과정(GⅡ)만이 진정하게 민주적(구성원이 실제결정을 내린다)이란 사실에 주목하여야 한다. 다른 상황들에서는 리더만이 단 하나의 결정자이다. 하지만 리더가 구성원들로 하여금 결정에 영향을 미치도록 하는 정도는 완전히 독재적인 과정(AⅠ)에서부터 모든 그룹과 상담을 하는 과정(CⅡ)으로 증가하게 된다.

Vroom 모델의 기본 가정은 어떤 주어진 문제에 대한 다섯 가지 결정 과정의 적절함은 그 문제의 특성에 달렸다는 것이다. 모든 결정상황에서 다양한 정도로 존재하는 8가지 특성을 확인한 다음 Vroom과 Yetton은 자신의 모델을 결정트리의 형태로 제시하였다. 이 결정트리는 <그림 6-5>에 설명된다. 8가지 문제 특성들은 질문의 형태로서 결정트리의 맨 위에 표시되어 있다. Vroom과 Yetton에 의하면 리더는 질문의 답에(문제특성) 따라 나뭇가지(정해진 결정방식)를 따라갈 수 있다. 각 가지의 끝에는 그 문제에서 리더가 사용할 수 있는 가능한 결정방식이 제시되어 있다.

이 모델에 들어 있는 8가지 문제 특성들 중 첫 번째는 요구되는 결정의 품질이다. 예를 들어, 그 문제가 이성적인 결정을 내려야 할 만큼 중요한지 혹은 만족할 결정이 가능한지이다(최대화 결정과 최소만족 결정에 대해서는 제3장 참조).

두 번째 특성은 그 문제와 구성원들의 선호도에 관해서 리더가 가지고 있는 정보의 수준이다. 또한 훌륭한 결정을 내리기 위한 **구성원들이 가지고 있는 정보**의 양도 상황문제의 특성이 된다.

결정 과정에 영향을 주는 또 다른 요소는 **문제가 구조화되어 있는 정도**이다. 적은 양의 정보만이 필요할 때와 문제를 풀기 위한 특정한 절차가 있을 때 문제는 구조화된다. 구조화되지 않은 문제는 구성원들 간에 넓게 퍼져 있는 복잡하고 다양한 정보를 처리할 것을 요구한다.[3)]

그룹의 승인 또는 공약은 결정 과정의 선택에 영향을 주는 다섯번째 특징이다. 그룹 활동 밖에서 발생한 문제들은 그룹이 관여하지 않는다. 더욱이 몇몇 경우에서는 그룹의 공약이 아닌 승낙을 필요로 한다.

그룹의 승인이 미묘한 경우에도 그룹은 리더의 독재적인 결정을 받아들이도록 이미 사전 조치가 되어 있을 수 있다. 이러한 **사전적 수락**은 리더의 합법적 권력에 대한 인식, 보상과 처벌에 대한 리더의 통제력, 리더의 전문기술과 지식, 리더에 대한 구성원들의 호의에 의해 이루어진다(French and Raven, 1959).

문제의 7번째 특성은 그룹의 목표를 달성하기 위한 **구성원들의 동기부여 정도**이다. Vroom과 Yetton(1973)이 말했듯이 "결정의 가치는

3) 먼저 나오는 이 4가지 태도는 결정 과정의 합리성과 관계되어 있다. 이것들은 결정의 질에 영향을 미친다. 마지막에 나오는 4가지 태도는 내려진 결정에 대한 그룹의 순응과(혹은 참여) 관계되어 있다.

정보와 참여한 사람들의 전문 기술뿐만 아니라 문제에서 규정된 목표의 서비스에 정보를 사용하는 경향 또한 포함된다(p.29).”

마지막으로 결정 과정의 선택은 **선호되는 방법 간의 대립**에 역시 영향을 받는다. 이러한 의견대립은 각 구성원들이 다른 부분의 정보를 갖고 있거나 개인적인 이해관계에 따른 다른 견해를 갖고 있기 때문에 생겨난다.

Vroom과 Yetton의 모델은 <그림 6-5>의 결정트리의 형태로 대부분 설명된다. 가능한 결정방식의 선택은 기본적으로 한 개 이상의 결정 과정을 각 문제유형에 따라 제거하는 특정한 규칙을 적용함으로써 이루어진다. 예를 들어, 결정의 가치는 중요하나 리더가 필요한 정보와 전문기술을 갖고 있지 않다면, AⅠ 결정방식은 가능한 대안들에서 제거된다. 유사하게 결정의 가치가 중요하고 구성원들이 조직의 목표를 공유하지 않는다면 GⅡ 결정방식은 가능한 대안들에서 제거된다.

Vroom과 Yetton(1973)은 하나 이상의 결정 과정이 가능할 때 리더는 가장 빠른 과정을 선택해야 한다고 제안하였다. 그러므로 <그림 6-5>의 단말 #3에서는 5개의 결정 과정이 가능한 것으로 되어 있다. Vroom과 Yetton에 의하면 AⅠ 방식이 가장 빠르기 때문에 리더가 합리적으로 사용할 수 있다고 한다.

경영과 산업에서의 Vroom과 Yetton 모델에 대한 연구는 상황적 특성이 개인차이 요소보다 거의 4배나 더 리더의 결정에 영향을 준다고 일관되게 보여주고 있다. 또한 운동경기의 경우 농구선수들의 특정한 결정방식에 대한 선호는 각 개인의 차이보다 문제특성에 더 큰 영향을 받고 있음을 보여준다(Chelladurai and Arnott, 1985).

전체적으로 Vroom과 Yetton 모델은 독재적 또는 민주적으로 상황이 특성화될 수 있다는 주장과 문제의 특성이 가장 효과적인 결정 과정을 결정한다는 사실에 기반하고 있다. 이 모델은 경영인이 문제 상황을 분석하고 올바른 결정방식을 선택하는 데 필요한 논리적이고 이성적인 틀을 제공한다.

결정을 할 때 리더는 인식적인 과정과 사회적인 과정 모두를 고려하여야 한다. 인식적인 과정은 대안을 만들고 평가하는 것과 관련이 있으며 결정의 합리성에 기여한다. 사회적인 과정은 각 구성원들이 얼마나 결정에 참여하는지를 뜻한다.

요 약

리더십은 다른 이론적 관점에서 영향력 과정이라고 정의를 내렸다. 다양한 이론들에 의하여 리더, 구성원, 조직에 대해 상대적인 강조가 주어졌다. 이 서로 다른 지향들은 리더십의 다차원적 모델을 만들었다. 마지막으로 스포츠조직에서 이 이론들의 적절함이 논의되었다.

토론을 위한 질문

1. 당신은 임무지향적인가? 관계지향적인가? 그렇게 생각하는 근거는?
2. 운동 팀에서 '리더십 대안'의 요소는 무엇인가?
3. 스포츠는 일반적으로 독재적인 상황이라고 한다. 당신은 이 주장에 동의하는가? 그렇지 않은가? 이유는?
4. 당신의 직장 경험을 떠올려 보고 이 장에서 논의되었던 리더십의 이론들 중에 당신의 상관은 어떤 리더십을 가지고 있었는가?

참고문헌

Barrow, J. C.(1977), The variables of leadership: A review and conceptual framework. Academy of Management Review, 2, 231 – 251.

Bass, B. M., and Valenzi, E. R.(1974), Contingency aspects of effective management styles. In J. G. Hunt and L. L. Larson(Eds.), Contingency approaches to leadership. Carbondale, Ill.: Southern Illinois University Press.

Bowers, D. G., and Seashore, S. E.(1966), Predicting organizational effectiveness with a four – factor theory of leadership. Administrative Science Quarterly, 11, 238 – 263.

Chelladurai, P.(1978), A contingency model of leadership in athletics. Unpublished doctoral dissertation. University of Waterloo, Canada.

Chelladurai, P.(1981), The coach as motivator and chameleon of leadership styles. Science Periodical on Research and Technology in Sport. Ottawa: Coaching Association of Canada.

Chelladurai, P., and Arnott, M.(1985), Decision styles in coaching: Preferences of basketball players. Research Quarterly for Exercise and Sport, 56, 15 – 24.

Chelladurai, P., and Carron, A. V.(1978), Leadership. Ottawa: Canadian Association for Health, Physical Education, and Recreation.

Chelladurai, P., and Carron, A. V.(1981), Applicability to youth sports of the Leadership Scale for Sports. Perceptual and Motor Skills, 53, 361 – 362.

Chelladurai, P., and Carron, A. V.(1982), Task characteristics and individual differences and their relationship to preferred leadership in sports. Psychology of motor behavior and sport – 1982: Abstracts. Maryland: North American Society for the Psychology of Sport and Physical Activity.

Chelladurai, P., and Saleh, S. D.(1980), Dimensions of leader behavior in sports: Development of a leadership scale. Journal of Sport Psychology, 2, 34 – 45.

Evans, M. G.(1970), The effects of supervisory behavior on the path – goal relationships. Organizational Behavior and Human Performances, 5, 277 – 298.

Fiedler, F. E.(1954), Assumed similarity measures as predictors of team effectiveness. Journal of Abnormal and Social Psychology, 49, 381 – 388.

Fiedler, F. E.(1967), A theory of leadership effectiveness. New York: McGraw – Hill Book Company.

Fiedler, F. E.(1973), Personality and situational determinants of leader behavior. In E. A. Fleishman and J. G. Hunt(Eds.), & Current development in the study of leadership. Carbondale, Ill.: Southern Illinois University Press.

Fleishman, E. A.(1975a), A leader behavior description for industry. In R. M. Stogdill and A. E. Coons(Eds.), Leader behavior: Its description and measurement. Columbus: The Ohio State University.

Fleishman, E. A.(1975b), The leadership opinion questionnaire. In R. M. Stogdill and A. E. Coons(Eds.), Leader behavior: Its description and measurement. Columbus: The Ohio State University.

French, J. R. P., and Raven, B.(1959), The bases of social power. In D. Cartwright(Ed.), Studies in Social Power. Ann Arbor, Mich.: Institute for Social Research.

Halpin, A. W., and Winer, B. J.(1957), A factorial study of the leader behavior description. In R. M. Stogdill and A. E. Coons(Eds.), Leader behavior: Its description and measurement. Columbus: The Ohio State University.

Heller, F. A., and Yukl, G.(1969), Participation, managerial decision – making, and situational variables. Organizational Behavior and Human Performance, 4, 227 – 234.

Hemphill, J. K., and Coons, A. E.(1957), Development of the Leader Behavior Description Questionnaire. In R. M. Stogdill and A. E. Coons(Eds.), Leader behavior: Its description and measurement. Columbus: The Ohio State University.

Hendry, L. B.(1968), The assessment of personality traits in the coach – swimmer relationship and a preliminary examination of the 'father – figure' stereotype. Research Quarterly, 39, 543 – 551.

Hendry, L. B.(1969), A personality study of highly successful and 'ideal' swimming coaches. Research Quarterly, 40, 299 – 305.

Hersey, P., and Blanchard, K. H.(1969), Life cycle theory of leadership. Training and Development Journal, May, 16 – 34.

Hersey, P., and Blanchard, K. H.(1977), Management of Organizational Behavior. Englewood Cliffs, N. J.: Prentice – Hall, Inc.

Hollander, E. P., and Julian, J. W.(1969), Contemporary trends in the analysis of leadership processes. Psychological Bulletin, 71, 387－397.

House, R. J.(1971), A path－goal theory of leader effectiveness. Administrative Science Quarterly, 16, 321－338.

House, R. J.(1977), A 1976 theory of charismatic leadership. In J. G. Hunt and L. L. Larson(Eds.), Leadership: The cutting edge. Carbondale, Ill.: Southern Illinois University Press.

House, R. J., and Dessler, G.(1974), The path－goal theory of leadership: Some post hoc and a priori tests. In J. G. Hunt and L. L. Larson(Eds.), Contingency approaches to leadership. Carbondale, Ill.: Southern Illinois University Press.

House, R. J., and Mitchell, T. R.(1974), Path－goal theory of leadership: Journal of Contemporary Business, 3, 81－97.

Katz, D., Maccoby, N., Gurin, G., and Floor, L. Productivity, supervision, and morale among railroad workers. Ann Arbor, Mich.: University of Michigan.

Katz, D., Maccoby, N., and Morse, N.(1950), Productivity, supervision, and morale in an office situation. Ann Arbor, Mich.: University of Michigan.

Kerr, S., and Jermier, J. M.(1978), Substitutes for leadership: Their meaning and measurement. Organizational Behavior and Human Performance, 22, 375－403.

Larson, L. L., and Rowland, K.(1974), Leadership style and cognitive complexity. Academy of Management Journal, 17, 36－45.

Likert, R.(1967), The human organization. New York: McGraw－Hill Book Company.

Lorsch, J. W., and Morse, J. J.(1974), Organizations and Their Members: A Contingency Approach. new York: Harper and Row.

Maier, N. R. F.(1974), Psychology in industrial organizations. Boston: Houghton Mifflin.

McLelland, D. C.(1961), The achieving society. New York: Van Nostrand.

McLelland, D. C. and Burnham, D. H.(1976), Power is the great motivator. Harvard Business Review, 54, 100－110.

McLelland, D. C. and Winter, D.(1969), Motivating Economic Achievement. New York: The Free Press.

McGregor, D.(1960), The human side of enterprise. New York: McGraw－Hill Book

Company.

Morse, J. J.(1976), Person－Job Congruence and Individual Adjustment and Development. Human Relations, 28, 841－861.

Morse, N. C., and Reimer, E.(1956), The experimental change of a major organizational variable. Journal of Abnormal and Social Psychology, 51, 120－129.

Osborn, R. N., and Hunt, J. G.(1975), An adaptive－reactive theory of leadership. The role of macro variables in leadership research. In J. G. Hunt and L. L. Larson(Eds.), Leadership frontiers. Kent: Kent State University.

Ogilvie, B. C., and Tutko, T. A.(1966), Problem athletes and how to handle them. London: Pelham Books.

Sheridan, J. E., and Downey, H. K., and Slocum, J. W.(1975), Testing causal relationships of House's path－goal theory of leadership effectiveness. In J. G. Hunt and L. L. Larson(Eds.), Leadership frontiers. Kent: Kent State University.

Stogdill, R. M.(1963), Manual for the Leader Behavior Description Questionnaire －Form XII. Columbus: Ohio State University.

Szilagyi, A. D., and Wallace, M. J.(1980), Organizational behavior and performance. Santa Monica: Goodyear Publishing Company, Inc.

Tannenbaum, R., and Schmidt, W. H.(1973), How to choose a leadership pattern. Harvard Business Review, 51, 162－180.

Vroom, V. H., and Jago, A. G.(1978), On the validity of the Vroom－Yetton model. Journal of Applied Psychology, 63, 151－162.

Vroom, V. H., and Yetton, R. N.(1973), Leadership and decision－making. Pittsburgh: University of Pittsburgh Press.

Wynne, B. E., and Hunsaker, P. L.(1975), A human information－progessing approach to the study of leadership. In J. G. Hunt and L. L. Larson(Eds.), Leadership frontiers. Kent: Kent State University.

Yukl, G. A.(1971), Toward a behavioral theory of leadership. Organizational Behavior and Human Performance, 6, 414－440.

Yukl, G. A.(1971), Leadership in organizations. Englewood Cliffs, N. J.: Prentice －Hall Inc.

제7장 평가

제1장에서 지적하였듯이 조직 전체로서, 여러 단위로서, 개인으로서 착수한 일의 성취 정도를 산정하는 것을 평가라고 정의할 수 있다. 또한 4가지 경영기능(계획, 조직화, 통솔, 평가)은 서로 복잡하게 뒤얽힌 진행과정으로 볼 수 있다고 지적하였다. 그러므로 계획단계가 조직의 시작인 반면 평가기능은 조직 활동의 새로운 판짜기 혹은 재조직화를 위한 근본적 토대를 제공한다. 이런 관점에서 평가는 모든 조직의 경영에 매우 중요하다.

위에서 정의되었듯이 평가는 그 조직 자체, 그 조직에서 나누어진 단위들, 그 조직의 구성원들을 모두 포함하는 포괄적인 개념이다. 이론가와 실무자들은 전통적으로 조직과 단위의 평가(조직 유효성)와 개개인의 실적평가(성과평가)를 구분하여 왔다. 본서는 스포츠조직에 관련된 거시적 문제들만을 취급하므로 조직 유효성의 개념만 언급될 것이다.

조직 유효성은 아마도 경영에 관련된 가장 논란 많고 복잡한 개념이다. 연구서들을 보면 많은 연구자들이 다름 관점에서 다른 기준을 사용하여 조직 유효성에 대하여 연구해 왔다(Campbell, 1977; Steers, 1975). 예를 들어, 일부는 단일 유효성 기준을 사용한 반면, 다른 연구자들은 복수 기준을 이용하였다. 일부는 규범적(의무적인) 관점에서 문제에 접근했다(단순히 조직에 대한 이론적인 기대치를 반영하는 관점이다). 반면에 다른 연구자들은 묘사적인 접근 방식을 추구하였다.

최근 연구서들의 요약에 의하면 유효성의 개념은 불명확하다. 유효성의 정의에 대해 일치된 의견이 없으며 평가도 마찬가지다(Campbell, 1977; Molnar and Rogers, 1976). 하지만 조직 유효성에 관하여 다양한 이론적 지향점들을 융화시키고, 그 구성체의 게슈탈트(형태)적인 관점을 제공하는 것은 가능하다. 이 책에서는 이런 접근방법을 사용하였다.

특히 조직 유효성의 4가지 주요 모델(목적 모델, 시스템 자원 모델, 과정 모델, 다중 고객층 모델)이 시스템 관점에서의 일반적인 틀 안에서 연구되었다(제2장 조직의 시스템 관점에 대한 긴 논의가 있다). 이 모델에 관한 용이한 논의를 위해서 시스템의 입력-처리-출력 모델을 〈그림 7-1〉에 보였다. 이것은 유효성 모델들이 입력-처리-출력 순환의 구체적인 요소들과 어떻게 연관되어 있는지 보여준다.

〈그림 7-1〉 조직 유효성 모델

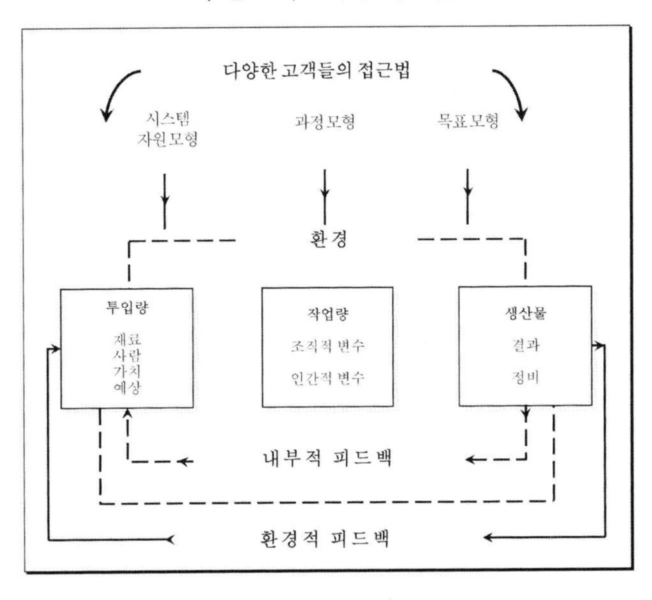

1. 조직 유효성 목표 모델

조직 유효성 연구에 있어 가장 기본적인 접근 방법은 위에서 언급된 정의에 들어 있다. 즉 유효성은 조직의 목적 성취 정도를 나타내는 것이다(Etzioni, 1964; Price, 1972).[1] 이 정의에서는 조직이 특정한 목적을 달성하기 위해 존재하기 때문에 조직 유효성은 조직의 목적 성취 정도를 보여주는 기능이라는 가정을 하고 있다. 그래서 어떤 피트니스 업체가 특정한 이익금을 목표로 하고 달성하였다면 유효적인 조직이라고 할 수 있다. 유사하게 국립 스포츠조직은 국가대표 팀이 2년 안에 세계 랭킹 10위 안에 드는 것을 목표로 할 수도 있다. 이 기간이 다 지나가도 대표 팀이 고작 15위에 머물고 있다면 유효한 조직

---

1) 유효성(effectiviness)과 효율성(efficiency)은 일반적으로 서로 바꾸어 쓸 수 있는 말이다. 그러나 조직 측면에서 보면 완전히 다른 말이다. 유효성이 목표성취를 의미하는 반면 효율성은 목표성취에 유용하게 사용된 자원의 양과 관련되어 있다(Etzioni, 1964). 이 차이를 설명해 줄 운동 경기의 예가 있다. 186센티미터 키의 사람이 높이뛰기에서 186센티를 뛰고 반면에 170센티미터 키의 사람이 180센티를 뛰었다고 하자. 키 큰 사람이 6센티를 더 뛰었기 때문에 더 유효하다(목표성취). 그러나 키 작은 사람이 키(자원)에 비해 더 높이 뛰었으므로 더 효율적이다. 비용 대비 이익비율은 많은 조직에서 효율성을 반영하기 위해서 사용된다. 이런 조직들에서는 효율성을 유효성의 동의어가 아니라 척도로 사용한다.

이 될 수 없다. 목표 모델 제안자들에게 유효성 개념은 모든 조직분석에 있어서 최종적인 상관변수가 된다.

유효성 목표 모델의 두 가지 주요 조건은 위에서 언급된 예로부터 분명해진다. 첫째, 목표는 명확하게 정의될 수 있는 것이어야 한다. 위에서 나온 두 가지 예에서 보면 피트니스 업체는 특정한 이익금이, 국가대표팀은 세계 랭킹 순위가 된다. 두 번째 조건으로서 조직의 성과는 반드시 명확하게 측정될 수 있어야 한다. 피트니스 업체가 올린 수익금이나 국가대표 팀이 얻은 세계 랭킹은 측정하는 데 어려움이 없다. 이 두 가지 예에서 유효성의 기준은 투명(목적이 분명하고 정확한)하고, 확인할 수 있고, 측정이 가능하여야 한다.

1) 목적의 명백함

제3장에서도 언급되었듯이 많은 조직들은 그들의 목적을 광범위하고 포괄적인 표현으로 선언하는 경향이 있다. 즉 사업범위를 규정하기 위해 조직의 목적을 만들고 조직의 정관, 공고 등을 공식화하여 조직의 존재를 합리화하고 상위공동체로부터의 지지를 정당화한다(Perrow, 1961). 그러나 포괄적인 표현(Perrow 용어로는 '공식목표')으로서는 조직분석에 집중할 수 없다. 처음부터 어디로 가고 싶은지 모른다면, 어떻게 그곳에 도착했다고 말할 수 있는가!

Price(1972)는 조직목적 정의의 어려움을 인정하며 이런 한계를 극복하는 방법이 있다고 제안했다. 예를 들어, 그는 결정권자에게 주목하면 현실적이며 유효한 조직 목표를 정의하는 것이 가능하다고 생각하였다. 주요 조직업무(예산이나 고용 등)에 대한 결정권자의 발언이나 결정은 조직의 우선순위를 밝혀 준다. 그는 또한 조직의 실제 활동과 구성원들에 의해서 조직이 추구하는 목표를 명확히 할 수 있다고 주장하였다.

Price의 제안은 가치가 있지만, 실행에서 문제가 있다. 예를 들어, 조직 목적에 대한 주요 결정권자들 사이에 일치된 의견이 있을 것이라는 Price의 가정은 모든 경우에 적용되는 것이 아니다(Lawrence and Lorsch, 1967). 게다가 제3장에서 언급되었듯이 조직의 활동 목적이 오랜 기간 변함없이 유지되지 않을 수도 있다. 주요 결정권자가 변덕이 심할 수도 있고, 그들의 결정권한이 바뀔 수도 있어 조직의 활동목적 또한 변경될 수 있다. 그러므로 목표모델을 적용하기 위해 필요한 명백함과 초점을 얻는 것 자체가 불가능한 일일 수도 있다.

많은 조직들이 다목적을 추구하며 이것은 조직 유효성 분석에 대한 접근방법으로서 목표모델을 사용하는 데 제한요소가 된다. 앞에서 예를 들었던 경우에서 스포츠조직은 소속 조직의 수를 늘리고 세계 랭킹을 올리려는 두 가지 목적을 가지고 있다. 목표달성을 평가하기 전 각각의 목표의 상대적인 중요성을 확인하는 것이 필요하다.

다목적에서의 문제는 목표 간의 충돌로 인해서 더욱 복잡해진다는 것이다(제3장 참조). 이런 경우 한 가지 목표달성은 또 다른 목표의 실패로 이어진다. 즉 조직은 단일목표에서는 효과적이나 서로 충돌하는 목표에서는 비효율적이다. 예를 들어, 대학 간 대항 경기의 경우 많은 경기종목을 지원하는 목표와 우승을 하는 목표는 제한된 자원으로 이루기 힘들다. 여러 상호 충돌적인 목표들의 이런 문제점은 목표 모델에서 나오지 않는다.

2) 목표달성의 평가

앞에서 언급되었듯이 목표 모델의 두 번째 가정으로서 활동 결과는 목표달성을 위해 만들어 놓은 순위에 의해서 측정되고 비교될 수 있다는 것이다. 하지만 객관적으로 결과를 측정하는 것은 서비스 조직에서의 문제점이다. 예를 들어, 많은 대학에서 '모든 사람의 건강촉진'을 대학 간 대항 경기의 목적으로 하고 있다. 이 목적이 어느 수준으로 달성되었는지 혹은 어느 수준까지 접근하였는지를 평가하는 것은 명백히 불가능하다. 유사하게 대학은 '젊은이들의 교육'을 목적으로 세울 수도 있다.[2] 이런 목적은 쉽게 계량화될 수 없다. 간단히 말해서 상품과는 대조적으로 형체를 갖지 않는 서비스는 그 품질을 용이하게 확인할 수가 없다. 그래서 결과 측정에서의 문제점은 모든 서비스 조직에 존재하며 특히 전문서비스 조직에서는 더 심각하다. 결과적으로 이런 경우 목표 모델은 유용하지 않다.

전체적으로 보아 목적 모델은 유효성의 척도로서 목적달성 정도에 초점을 맞춘다. 그 결과 조직에서 목적이 정의되고 명확하고 오랫동안 유지되며, 조직의 성과가 객관적으로 측정될 때 의미가 있다. 이런 것이 합리적이기 때문에 이런 성격의 조직들은 목표 모델을 채택하는 경향이 있다. 전문 스포츠 팀이 코치를 해고하였다면 그 팀이 최

---

2) 졸업생 수나 표준학력 시험성적과 같은 계량적 척도가 교육기관들에서 유용성 지표로 종종 사용된다. Hoy와 Miskel(1982)이 주장하였듯이 이러한 척도에 의한 학교 유용성 평가는 이론보다는 편의에 기반을 둔다. 이러한 계량적 척도는 사용하기 용이하며 학교들의 '성적책임'을 요구하는 사람들에게 쉽게 이해된다. 이러한 척도가 그 자체로서 중요하지만 젊은이의 교육이란 관점에서는 유용성을 보여주지 못한다. 예를 들어, 졸업생 숫자라는 것은 최저 기준의 반영에 불과하다. 표준학력 시험이 측정하는 인지기술도 그런 것이다. 이런 것들은 "동기, 창조성, 자신감, 포부와 같이 이후 학교생활과 어른이 된 후의 삶에 필요한 것들(Hoy and Miskel, 1982, p.330)"과 같은 정서적 영역을 측정할 수 없다.

소한의 승수(勝數)도 못 올렸기 때문이다. 그 코치가 대신 다른 무엇을 성취하였다 하여도 상관이 없다. 조직의 관점에서 보면 유효성의 결정적인 핵심은 승률이다. 이런 결과는 명백하고 쉽게 측정될 수 있다. 하지만 많은 조직들은 명확하게 정의된 목표라는 사치를 누릴 수도 없거니와 목표달성도 객관적으로 측정되지 않는다. 이럴 경우에는 다른 평가 모델을 도입하여야 한다.

2. 조직 유효성 시스템 자원 모델

유효성의 또 다른 모델인 **시스템 자원 모델**은 조직의 입력에 초점을 맞추고 있다<그림 7-1>. 이 모형을 제안한 Yuchtman과 Seashore (1967)는 유효성을 "희귀하고 가치있는 자원을 획득하는 환경을 개발하는 조직의 능력(절대적이든 상대적이든)"으로 정의하였다(p.898). 모든 조직은 더 큰 사회로부터 자원을 끌어오기 위하여 다른 조직들과 경쟁하여야 한다. 그러므로 효과적인 조직은 동일한 환경의 다른 조직들보다 상대적으로 유리한 흥정 위치를 확보한다.[3)]

대학이 1학년 학생들의 상대평가를 하거나 교수진이 확보한 연구비의 상대평가를 할 때, 시스템 자원 모델을 사용한다. 유사하게 코치와 팀 관리자들이 여러 팀에서 활동한 선수들의 수와 실력, 입장권 판매량을 유효성 측정방법으로 사용한다면 그들은 시스템 자원 모델을 이용하는 것이다.

---

3) 환경적 측면에서 본 조직 내 교섭위치의 중요성이 4장에서 강조되었다. 제도적 관리 하부체제의 구성원들은 말단 요소들과 직무환경에 각기 영향을 줄 수 있는 역량을 가지고 있어야만 한다.

얼핏 보아 목표 모델과 시스템 자원 모델은 서로 매우 달라 보인다(전자는 결과, 후자는 입력을 강조한다). 그러나 실제는 그렇지 않다. 조직을 개방시스템으로 본다면 내부적으로 연결되어 있다<그림 7-1>. 개방시스템으로 보면 어떤 조직이든 반드시 주변 환경과 이득을 나눌 수 있는 위치에 있어야 한다. 즉 조직은 환경으로부터 기본적인 입력을 얻어야 한다. 그러나 조직의 결과물이 그 환경에서 받아들여질 수 있다는 기본이 계속 전제할 때만 가능하다. 따라서 그 조직이 자원을 확보할 수 있는 정도를 측정하는 것은 사실상 조직 결과물의 수용도와 유용성인 것이다. 많은 학생들이 특정대학에 입학하고 싶어 한다면 그 대학에서 제공하는 프로그램들이 높은 수준이라고 가정할 수 있다. 유사하게 고객들이 어떤 테니스 클럽을 선택한다면 이는 그 클럽의 시설과 서비스가 우월하다는 뜻이다. 요약하면 조직이 제공하는 서비스의 질은 그 서비스에 대한 수요로부터 추정할 수 있다. 이런 수요는 조직의 입력으로 변환된다. 따라서 시스템 자원 모델은 어떤 한 요소(입력)의 양을 측정하고 이것을 계량하기 어려운 다른 요소(결과)의 대치 값으로 사용한다.

다른 관점에서 보면 조직 활동 목적은 주위환경으로부터 자원을 얻는 것이라 할 수 있다. 자원획득의 범위를 측정하는 것은 목적달성을 측정하는 것과 동일한 것이다. Yuchtman과 Seashore(1967)은 이에 대해 이렇게 말했다.

> 조직의 교섭 위치가 유리할수록 다양하며 매우 일시적인 목적[활동 목적]을 달성할 역량이 커지며, 구성원들의 개인적인 목적을 달성시킬 능력을 갖게 된다. 조직의 **'목표 형성', '목표 대치'** 과정이 유효성의 절대기준은 아니지만 조직의 교섭위

치를 유리하게 하기 위하여 구성원들이 받아들인 전략이라고 볼 수 있다(p.898).

Yuchtman과 Seashore가 조직 유효성의 시스템 자원 모델의 개략을 만들고 있을 때 모든 조직에서 유효하게 적용될 수 있으리라 생각하였다. 많은 경우 이 모델이 유용한 프레임을 제공한다는 것은 사실이다. 예를 들어, 전문서비스 조직의 산출물은 객관적으로 측정될 수 없으므로 시스템 자원 모델은 전문서비스 조직과 매우 관련이 깊다. 결과적으로 조직의 유용성은 그 서비스에 대한 요구 정도로서 가장 잘 평가될 수 있다. 유사하게 시스템 자원 모델은 자원 봉사자, 비영리적인 조직들과도 관련된다. 이런 조직들의 주요 자금원은 더 큰 공동체의 구성원들로부터의 기부와 기증이다. 결과적으로 이런 조직들이 재정적 지원을 끌어낼 수 있는 정도가 유효성을 평가하는 방법이다.

하지만 공공부문과 제3부분 조직들이 합법적으로 시스템 자원 모델을 이용할 수 있는가에 대한 의문이 있다. 이런 조직들의 구별되는 특징은 그들의 자원이 상위의 조직(ex. 정부)에 의해 보장(적어도 어떤 범위로든)된다는 것이다. 예를 들어, 공립학교의 경우 그 공동체의 아이들은 반드시 특정학교를 다녀야 한다. 그래서 그 학교는 학교를 다니는 학생들을 위한 정해진 액수의 금융을 보장받는다. 이런 상황에서 학교가 학생 수와 정부에서 받는 자금에 근거하여 유효성을 주장한다면 적합하지 못하다.

비슷하게 스포츠 기관에서 만들어진 기금은 일반적으로 적절한 유효성의 평가가 될 수 있다. 그러나 정부가 보조금을 제공한다면 이 평가는 무의미해진다. 또한 대학교가 수업료를 부과하고 징수한다면 대학 간 대항 경기는 학생들이 지불하는 경기 요금을 유효성의 평가

방법으로 사용할 수 없다. 학생들의 수업료는 대학에 입학할 때의 요구 조건이다. 수업료 총액은 모든 그 학교 학생 수를 판별하게 한다.

하지만 위에서 제시된 예와 같이 제3부문 조직이 정부지원이 아닌 다른 자원획득에 근거하여 유효성을 주장한다면 이것은 적합하다. 스포츠 기관은 스폰서십이나 사적인 기부를 통해 엄청난 액수의 자금을 만들 수도 있다. 또한 선수들, 자원 코치들, 관리자들과 같은 인적자원을 확보할 수도 있다. 이것들은 모두 유효성의 적합한 표시라고 볼 수 있다.

전체적인 관점에서 보면 시스템 자원 모델은 조직이 환경요소에 영향을 미치고 필요한 자원을 확보하는 정도가 그 조직의 유효성을 평가하는 방법이라는 가정을 담고 있다. 이런 입력단계의 강조는 조직의 생산물이 쉽게 측정되지 않으며 적절한 권위로서는 자원이 보장되지 않는 범위에서만 의미가 있다.

3. 조직 유효성 과정 모델

조직의 생산물을 객관적으로 평가할 수 없기 때문에 목표 모델을 사용할 수 없다면 조직의 자원이 정부의 규정에 의해 보장되기 때문에 시스템 자원 모델을 적용할 수 없다면 어떻게 유효성을 평가할 수 있는가? 많은 연구자들(Pfeffer, 1977; Steers, 1977)은 부분적인 해결책으로서 조직의 결과보다는 내부 과정에 초점을 맞추어야 한다고 제안하였다. 시스템 관점에서 봤을 때 이것은 입력과 출력을 연결시키는 처리(throughput)를 강조하는 것이다<그림 7-1>.

유효성 과정 모델의 근본적 원리는 입력을 유효한 출력으로 변환하는 것은 조직이 채택한 처리과정에 기반을 둔다는 것이다. 그리고 이런 처리과정이 내부적으로 논리적이고 일관성이 있으며 어떠한 충돌도 없다면 이 조직은 유효하다고 볼 수 있다. 더해서 Mott(1972)가 주장했듯이 조직의 과정들은 그 주위환경의 변화에 적응할 수 있어야 하며, 변동하는 작업량을 융통성 있게 수용할 수 있어야 한다. 즉 조직은 목적과 환경의 면에서 합리적인 일을 한다는 것이다.

과정 모델은 젊은이들의 교육이 목적인 학교에서 볼 수 있다. 이전에 언급되었듯이 목표 모델이나 시스템 자원 모델은 학교의 유효성을 평가할 때 적절하지 못하다. 학교에서 가장 중요한 과정은 교과과정의 설계와 그 전체 교과과정에서의 논리적인 진보, 가르치고, 평가하는 방법에 쏟아부은 노력이라고 볼 수 있다. 이런 과정에 대한 평가가 학교의 상대적 유효성 평가방법이라고 볼 수 있다. 다른 평가방법으로는 일반적인 정책과 절차, 교수들과 학생들의 만족감, 교내에서의 갈등 방지 등이라고 볼 수 있다.

목표 모델이나 시스템 자원 모델인 경우에 비해서 유효성 과정 모델은 여러 장점을 가지고 있다. 그러나 내부과정 평가 또한 문제점을 가지고 있다. 과정 모델은 전문가들이 특정 과정의 적합성을 평가할 수 있다는 것을 전제로 삼는다. 전문가들의 평가는 옳다고 받아지기 때문에 모든 학교들이 따라올 수 있도록 '적합한' 과정들과 진행절차를 미리 구체화하는 경향이 있다. 만약 이렇게 된다면 이 과정을 따르는 모든 학교를 유효하다고 평가하여야 한다.

이런 경향은 재정지원을 정부에 전적으로 의존하고 있는 제3부문 조직에서 명백하다. 예를 들어, 많은 정부들이 특별한 프로그램으로서 스포츠 기관에 재정지원을 한다. 이런 프로그램들로서 스포츠 기관이 더 잘 운영되고 국가대표 팀의 선발과 훈련이 더 잘 진행되리라 여겨진다. 스포츠 기관은 정부의 지원을 받기 위해서 반드시 지침을 따라야 하며 제안된 프로그램을 시행하여야 한다. 그래서 모든 스포츠 기관의 내부 과정이 동일해지는 경향이 있다.

Weber의 관료주의 개념은 내부과정에 연관되어 있는 문제점들이 강조되는 또 다른 예이다. Weber의 관료주의 처방은 모든 조직이 효율적이기 위해서는 관료화되어야 한다는 의미에서 규범적이다. 하지만 과정 모델을 이용한 최상의 조직평가는 조직이 더욱 혹은 덜 관료화되었는가이다. 하지만 관료화의 정도를 유효성에 연관시키는 것은 부적합하다.

그러므로 유효 과정 모델을 이용하는 데 따르는 위험은 조직들이 유효성과는 무관하게 과정을 극히 중요시하는 경향이 있다는 것이다. 과정에 대한 강조는 시스템 관점에서 비생산적일 수도 있다. 동일결과(제2장)의 개념은 두 개의 서로 다른 처리 과정을 가진 두 조직이 모두 동일한 효과를 낸다는 것이다. 결과로서 내부과정을 근거로 하여 효과적이라거나 비효과적이라고 주장하는 것은 적절하지 않다. 전체적으로 보아 유효성 과정 모델은 압력과 산출을 연결시키는 처리과정의 중요성과 내부과정이 조율이 되고 목표 지향적이어야 할 필요를 강조한다. 만약 이런 과정들이 내부적으로 일관성이 있고 목표지향적이라면 목적달성에 기여한다고 할 수 있다. 결과적으로 처리과정들은 조직 유효성의 지표로 사용될 수 있다. 하지만 특정 처리과정이 가장 효과적인 것으로 밝혀지면 동일한 처리 과정이 모든 조직에 처방될 가능성이 매우 크다.

4. 유효성 다중 관련자 모델

Connolly, Conlon과 Deutsch(1980)는 "단일 평가기준에 도달하는 것이 가능하며 또한 바람직하다(p.212)."라는 전제하에 유효성 목표 모델과 유효성 시스템 자원 모델을 모두 비판하였다. 대신 그들은 이렇게 제안하였다.

> 대상이 된 조직에 따라 다양하고도(잠재적으로 많은) 서로 다른 유효성 평가방법이 만들어지는 조직 유효성의 관점은 '관련자'인 개인과 그룹의 평가척도를 반영한다(Connolly 등, 1980, p.212).

관련자라는 것은 소유주, 경영인, 고용인, 고객, 공급자, 다른 지분을 갖고 있는 자들이다. 관련자 그룹은 조직 내에 있을 수도 있고(ex. 최고위 임원들, 고용인 그룹) 주위환경(ex. 소비자 그룹, 공급자)에 속할 수도 있다. 체육학과 교수진의 경우 학생들, 교수들, 직원들, 학장, 다른 관리 임원들은 내부 관련자로 형성된다. 외부 관련자에는 대학의 이사들, 이사회, 다른 교수진들이 포함된다.

Connolly 등은 유효성은 복수의 개념으로 고려되어야 한다(유효성이 아니라 유효성들이다)고 제안하였다.

유효성에 대한 다차원적인 접근과 다중관련자 접근의 차이점을 구별하는 것은 중요하다. 첫 번째 접근 방식에서 조직은 다차원적(자원획득, 생산성, 내부 과정의 원만한 진행 등)으로 평가되어야 한다고 간단히 제안했다(Evan, 1976; Steers, 1975).[4] 그러나 다중적 관련자 모델에서 대상 조직은 동일한 차원에서 다양한 그룹에 의해 평가되어야 한다. 예를 들어, 스포츠 기관에서의 국가대표 팀 준비는 선수, 클럽, 이사회에 의해 다르게 평가될 수 있다. 그러므로 다중적 관련자 접근방법은 무엇을 평가되어야 하는지 보다는 누가 평가하는지에 더 초점을 맞춘다. 이런 관점에서 다중 관련자 접근방법은 <그림 7-1>과 같이 유효성의 다른 모든 모델을 포함하고 있다.

Connolly 등은 유효성에 대한 다중 관련자 접근방법은 조직의 다른

---

4) Evan(1976)은 다음과 같이 주장하였다. "시스템 이론의 도움을 받아 조직 유효성을 평가하기 위해서는 상호관계뿐만 아니라 4가지 시스템 처리 절차를 모두 고려하여 성과를 측정하여야만 한다(p.19)." Evan이 언급한 4가지 시스템 절차는 입력, 처리, 산출, 피드백 등이다(<그림 7 - 1> 참조). Evan은 여러 다양한 조직에서 시스템 유효성을 나타낼 수 있는 지표들의 예를 제시하였다. 예를 들면, 단과대학이나 종합대학은 졸업생의 수(산출), 연간 예산(입력), 정보처리 비용(처리) 등이 시스템 유효성 지표로 사용할 수 있다. 유효한 산출 평가가 곤란하거나 가능하지 않은 조직들에서는 입력 - 처리 - 산출의 다른 면에서 유효성을 평가하는 것이 필요하다. 예를 들어, Szyszlo(1984)는 캐나다 체육부 관리들이 엘리트 스포츠 프로그램을 개발하기 위한 목표 모델 접근법을 승인한 것을 발견하였다. 그러나 이 접근법은 대중 스포츠 프로그램 개발용으로는 거절되었다. 물론 이것은 엘리트 프로그램이 목표성취의 객관적 측정이 용이하다는 사실을 반영한다(ex. 국가대표 팀의 국제경기 전적). 그러나 대중 스포츠 프로그램에서의 객관적 측정은 유효하지 않다. 상기 제3부문 조직들이 유효성 척도로서 재정 안정성을 고려하지 않는다는 점도 역시 지적되었다. 재원의 대부분이 정부지원금이기 때문에 유효성 지표로서의 재정문제는 제3부문 조직들의 능력을 반감시키게 된다. Szyszlo가 체육부 관리들의 행동에서 발견한 이런 관점에서의 일관성은 엘리트 스포츠나 대중 스포츠 모두의 유효성 지표로서 소요된(입력된) 인적 자원의 중요성을 소요된 재원보다 훨씬 크게 강조한다. Szyszlo의 연구에서 관리들은 결국 엘리트 스포츠나 대중 스포츠 모두를 위해 유효성 과정 모델을 채택하였다. 본질은 그들이 다면적 접근을 하였다는 것이다.

그룹들이 서로 다른 목표를 추구한다는 개념과 통합된다고 지적하였다. 제3장에서 언급되었듯이 조직들은 목표(훨씬 포괄적이고 모호하게 작성된 공식적 목표)를 설정함으로써 이런 문제들을 해결한다. 포괄적인 목표는 개인이나 그룹이 조직의 목표를 다른 관점에서 보지 않도록 한다. 조직목표에 대한 다른 관점이 있게 되면 조직적인 유효성에 대한 다른 관점도 존재할 수 있게 된다.

예를 들어, 대학 간 대항 경기의 포괄적 목표는 '우수성의 추구'가 될 수 있다. 이 대학 간 대항 경기에서 두 다른 이익집단이 프로그램에 대해 다른 기대치를 가질 수 있다. 한쪽에서는 모든 종목이 홍보, 예산, 시설사용 등에서 동일하게 대우받아야 한다고 주장할 수 있다. 다른 쪽에서는 가치평가가 높게 선정된 종목에 특혜가 있어야 한다고 주장할 수 있다. 공식적 목표(우수성의 추구)가 양쪽 이해집단에서 동일하게 추구된다고 하여도 양쪽의 프로그램을 평가하는 방법은 극적으로 다르다.

많은 조직에서 한 그룹이 다른 그룹보다 우월한 권력을 가질 수 있고, 그리하여 이 그룹의 관점이 지배적일 것이다. 실제 Pennings와 Goodman(1977)은 유효성은 반드시 '우세한 그룹'의 관점에서 바라봐야 한다고 주장했다(제3장). 유사하게 일부 조직에서는 주요 결정권자(그룹과는 상관없이)의 경향이 유효성 평가의 기본이 될 것이다(Price, 1972). Connolly 등의 경우는 유효성에 대한 다중 관련자 접근방법에 포함된다. "조직 유효성의 다중 관련자 관점은 유효성의 개념에 대한 기존의 관점들을 포괄하고 있는 것으로 여겨진다(Connolly 등, 1980, p.213)."

Connolly 등은 모델의 유연성(오랜 시간 동안 관련자들의 권력구조

변화에 적응하는 의미로서의 유연성)을 강조하였다. 조직이 성과 향상을 위하여 서로 다른 평가 방법들(관련자들에 의한)을 사용하였는지에 대해서는 명확하지 않았다. 모델의 실제 응용은 서로 다른 관계자들로부터 주기적인 조직평가를 하기 위해서 조직의 주요 결정권자가 하게 된다. 이것은 Chelladurai, Haggerty, Campbell과 Wall(1981)에 의해 대학 간 대항 경기를 위하여 제안된 접근법이다. 하지만 이런 평가방법을 사용하고 적합한 과정을 결정하는 책임이 주요 결정권자에 있다는 것은 명백하다.

5. 조직적인 유효성 개요

이 장의 처음 부분에 언급되었듯이 유효성의 다양한 모델은 유효성의 게슈탈트(형태)적인 관점으로 통합될 수 있다. Yuchtman과 Seashore(1967)가 주장하였듯이, 개방시스템의 세 가지 과정(자원의 획득, 입력물의 변환(처리 과정), 생산 결과물의 처분)은 서로 필수적으로 연결되어 있으며 시스템의 유효성은 입력－처리－출력 순환 중 어떤 지점에서도 측정될 수 있다. 이것은 유효성의 각 모델이 이 순환요소들 중 하나에 집중하고 있다는 사실에서 강조된다<그림 7-1>.

이런 네 가지 모델에 대한 신중한 연구는 사실상 모델 전부가 목적달성이 유효성 평가에 있어서 가장 중요한 관심사라는 것을 보여주고 있다. 예를 들어, 시스템 자원 모델에서는 조직의 자원 확보능력은 주변 환경이 이 조직의 생산물을 받아들이는 정도의 반영이라고 전제한다. 따라서 조직의 자원 확보 정도가 조직의 목표달성을 보여준다. 유사하게 유효성 과정 모델에서는 조직의 과정을 조직의 생산과 연결한다. 마지막으로 다중 관계자 접근 방법에서 다른 그룹들이 가지고 있는 활동 목표를 강조한다. 조직이 여러 관계자의 목표를 이루는 정도가 유효성의 척도이다.

전체적으로 보면 유효성의 모든 모델은 목표달성에 직접적이거나 간접적인 척도를 사용한다. 그러므로 목표 모델은 목표가 명백하고 목표달성이 계량적인 경우에 사용되어야 한다. 특정한 목표가 정의되지 못하고 측정될 수도 없다면 실용적인 해결책은 자원획득과 결과물의 수용을 연결하는 시스템 자원 모델을 채택하는 것이다. 유효성 과정 모델은 전자의 두 모델이 적절하게 사용될 수 없는 경우 고려된다. 미리 정해진 과정에 과다한 중점을 두지 않도록 신중을 기하여야 한다. 요약하면 조직 유효성 기준을 선정하는 데 있어 경영인들은 Campbell(1976)이 "마지막 청산으로의 근접"이라고 한 것에 대해서 우려를 하여야 한다. 즉 목표와 밀접한 연관이 있는 기준이 그보다 덜한 기준에 앞서서 채택되어야 한다는 것이다.

마지막 제안은 조직 유효성의 평가에서 객관성 vs. 주관성 개념에 적합하다. Campbell(1976)은 "어떤 변수들을 조직 유효성 기준으로 분류하여야 하는지를 정의하는 과학적 알고리즘 같은 것은 존재하지 않는다. 그것은 가치평가로 시작되어 정치적 판단으로 끝난다."라고 하였다(p.40). 가치는 주요 결정권자들에 의해 결정되며 유효성에 대한 그들의 평가는 활동목표와 연관되어 있으며 처음에는 주관적이다. 이것이 현실이지만 모든 객관적인 계산으로서도 이 사실을 가릴 수 없다는 것을 현실로 받아들이는 것이 필요하다.

요 약

유효성의 다양한 모델들(목표, 시스템 자원, 과정, 다중 관련자 모델)을 조직의 시스템 관점에서 제시하였다. 모든 모델이 목표 지향적이지만 목표달성 측정에서의 문제점으로 인해 간접적 측정 방법에 초점을 맞추도록 강조되었다. 각 모델이 적합한 조직의 조건들이 논의되었으며 마지막으로 유효기준의 채택은 그것이 최종기준(목표의 달성)을 얼마나 반영하는가에 기초하여 이루어져야 한다.

토론을 위한 질문들

1. 스포츠조직을 선택한다. 조직의 유효성을 평가하기 위해 어떤 기준을 이용할 것인가? 이유는?
2. 유효성의 네 가지 모델(목표, 시스템 자원, 과정, 다중 관련자 모델)이 각기 적합한 스포츠조직의 예를 제시하라.
3. 어떤 스포츠조직의 유효성 기준을 최대한 많이 열거하라. Campbell(1976)의 "마지막 청산으로의 근접"에 연결하여 보자.
4. 교수진이나 부서를 평가하는 데 이용되는 유효성의 기준은 무엇인가? 누가 이 기준을 결정하는가? 활동 목적을 이 기준으로부터 추론할 수 있는가?

참고문헌

Chelladurai, P., Haggerty, T. R., Campbell, L., and Wall, S.(1981), A factor analytic study of effectiveness criteria in intercollegiate athletics. Canadian Journal of Applied Sport Sciences, 6, 81 – 86.

Chelladurai, P., Inglis, S. E., and Danylchuk, K. E.(1984), Priorities in intercollegiate athletics: Development of a scale. Research Quarterly for Exercise and Sport, 55, 74 – 79.

Campbell, J. P.(1976), Contributions research can make in understanding organizational effectiveness. In L. S. Spray(Ed.), Organizational effectiveness: Theory – research utilization. Kent, Ohio: Graduate School of Business Administration, Kent State University.

Campbell, J. P.(1977), On the nature of organizational effectiveness. In P. S. Goodman and J. M. Pennings(Eds.), New Perspectives on organizational effectiveness. San Francisco: Jossy – Bass.

Connolly, T., Conlon, E. J., Deutsch, S. J.(1980), Organizational effectiveness: A multiple – constituency approach. Academy of Management Review, 5, 211 – 217.

Evan, W. M.(1976), Organization theory and organizational effectiveness: An exploratory analysis. In L. S. Spray(Ed.), Organizational effectiveness: Theory – research – utilization. Kent, Ohio: Graduate School of Business Administration, Kent State University.

Etzioni, A.(1964), Modern organizations. Englewood Cliffs, N. J.: Prentice – Hall, Inc.

Hasenfeld, Y.(1983), Human service organizations. Englewood Cliffs, N. J.,: Prentice – Hall, Inc.

Hoy. W. K., and Miskel, C. G.(1982), Educational Administration: Theory, research, and practice. New York: random House.

Lawrence, P. R., and Lorsch, J. W.(1967), Organization and environment: Managing differentiation and integration. Cambridge, Mass.: Harvard Graduate School of Business Administration.

Molnar, J. J., and Rogers, D. L.,(1976) Organizational effectiveness: An empirical comparison of the goal and system resource approaches. Sociological Quarterly, 17, 401 – 403.

Mott, P. E.(1972), The characteristics of effective organizations. New York: Harper & Row.

Pennings, J. M., and Goodman, P. S.(1977), Toward a workable framework. In P. S. Goodman and J. M. Pennings(Eds.), New Perspectives on organizational effectiveness. San Francisco: Jossy – Bass.

Perrow, C.(1961), The analysis of goals in complex organizations. American Sociological Review, 26, 854 – 866.

Pfeffer, J.(1977), Usefulness of the concept. In P. S. Goodman and J. M. Pennings(Eds.), New Perspectives on organizational effectiveness. San Francisco: Jossy – Bass.

Price, J. L.(1972), The study of organizational effectiveness. Sociological Quarterly, 13, 3 – 15.

Steers, R. M.(1975), Problems in the measurement of organizational effectiveness. Administrative Science Quarterly, 20, 546 – 558.

Steers, R. M.(1977), Organizational effectiveness. A behavior view. Pacific Palisades, Cal.: Goodyear Publishing Company, Inc.

Szyszlo, M. J. D.(1984), A model of effectiveness for national sport governing bodies: Perceptions of their administrators. Unpublished master's thesis. University of Ontario, London.

Yuchtman, E., and Seashore, S. E.(1967), A system resource approach to organizational effectiveness. American Sociological Review, 32, 891 – 903.

■ 저 자

P. Chelladurai

Faculty of Physical Education
University of Western Ontario

■ 역 자

신경하

동덕여자대학교 대학원 체육학 박사
한국권투위원회 심판
WBC 국제심판
세계우드볼협회 국제심판
한국레저스포츠학원 편집위원
한국걸스카우트 조직위원
동덕여자대학교, 상명대학교, 중앙대학교 등 강사

한지희

상명대학교 대학원 체육학 박사과정 중
(주)에델바이스 아웃도어 이사
한국걸스카우트 조직위원
상명대학교, 국제대학 강사

이희화

상명대학교 대학원 체육학 박사과정 중
한국 체육과학연구원 인턴사원
상명대학교 강사

스포츠경영

초판인쇄 | 2010년 8월 31일
초판발행 | 2010년 8월 31일

저　　자 | P. Chelladurai
역　　자 | 신경하·한지희·이희화
펴 낸 이 | 채종준
펴 낸 곳 | 한국학술정보(주)
주　　소 | 경기도 파주시 교하읍 문발리 파주출판문화정보산업단지 513-5
전　　화 | 031) 908-3181(대표)
팩　　스 | 031) 908-3189
홈페이지 | http://ebook.kstudy.com
E-mail | 출판사업부 publish@kstudy.com
등　　록 | 제일산-115호(2000. 6. 19)

ISBN 978-89-268-1434-5 93690 (Paper Book)
978-89-268-1435-2 98690 (e-Book)

이담Books는 한국학술정보(주)의 지식실용서 브랜드입니다.

책에 대한 더 나은 생각, 끊임없는 고민, 독자를 생각하는 마음으로 보다 좋은 책을 만들어갑니다.

스포츠경영